EAST ASIA HISTORY

동아시아사 강의

김형열 지음

신아사

머리말

교양강의나 전공강의에서 학생들에게 꼭 한 번씩 하는 질문이 있다. "역사는 왜 배우는 것일까?" 물론 제각각의 답변이 쏟아지지만 그 중에서 적어도 반 이상을 차지하는 것은 "과거의 잘못을 되풀이하지 않기 위해서"라는 대답이다. 역사는 과거를 비추는 거울과 같아서 과거의 오류를 오늘날 다시 범하지 않음으로써 더 나은 미래를 만들 수 있다는 뜻이다. 얼핏 보면 역사는 되풀이되는 것 같아서 과거 100년 전의 상황이 현재 재현되고 있는 듯이 보이기도 하니 과거 사실을 잘 살펴보고 기억하면 똑같은 실수를 반복하지 않을 것 같기도 하다. 역사를 배우는 목적이 과거의 사실로부터 옳고 그름을 배워 현재와 미래에 적용하는 것이라면 지금껏 그래왔듯이 역사 공부는 과거 사실의 암기에 머무르는 것이 당연할 것이다. 그리고 역사기록이 오래된 나라일수록 과거의 잘못을 수정할 기회가 더 많았을 것이므로 더 부강한 나라로 올라설 가능성이 높을 것이다. 과연 그럴까?

역사기록이 더 오래된 나라가 곧 더 부강한 나라라는 등식이 성립되지 않는 것은 과거의 동일한 상황이 현재에 똑같이 재현되지 않는다는 것을 보여주는 지표임과 동시에 그 결과물이기도 하다. 물론 동일한 잘못을 지속적으로 되풀이하는 나라도 존재하겠지만, 적어도 우리가 과거의 잘못을 기록을 통해 배우고 현재에 그것을 바로잡으려 하는 시도를 하였다 하더라도 그것이 곧 국가의 부강으로 연결되는 유일한 변수가 아님을 알아차릴 수 있다. 그렇게 본다면 역사를 배우는 목적이 반드시 과거의 사실을 기억하여 동일한 실수를 되풀이 하지 않음으로써 더 나은 내일을 만드는 것만은 아닐 것이다. 역사 공부가 암기 위주의 학습이 아니어야 하는 이유이다.

역사는 시간과 공간을 둘러싼 맥락의 학문이다. 어느 한 사건을 둘러싼 수많은 내적·외적 요인들과 변수들이 마치 씨줄과 날줄처럼 촘촘히 엮여 있어 어느 한 요소만 변하여도 그 사건의 결과는 판이하게 달라질 수 있다. 과거의 역사적 사실과 유사한 상황이 오늘날 발생할 수 있어도 동일한 상황은 존재할 수 없는 것이다. 역사를 공부한다는 것은 과거 사실을 둘러싼 여러 요인들의 인과관계를 분석하여 그러한 사실이 발생할 수 있었던 원인과 그로부터 파생된 결과를 이해하게 된다는 것을 의미한다. 즉 역사 학습은 과거의 사실 또는 그 사실과 영향관계에 있는 제 사실들이 생겨난 맥락을 파악하는 훈련이다. 역사 연구를 본업으로 하는 연구자가 아니고서는 많은 학생들이 굳이 "과거 사실이 어떠하였는가?"만을 알기 위해 역사를 공부할 필요는 없다. 그것보다는 과거 사실의 인과관계를 파악하는 훈련을 통해 오늘날 우리를 둘러싼 사회의 제 사건들이 어떠한 맥락 속에서 발생하고 있는지 그리고 그것을 가능하게 한 근본 원인은 무엇인지를 알아냄으로써, 국가 및 국제관계, 사회 및 사회관계를 더 잘 이해할 수 있도록 도와주는 과목으로서 역사를 공부해야 한다.

오늘날 우리나라의 역사 교과서는 국가사(國家史) 위주의 통사 서술방식에 매몰되어 있다. 이 때문에 고대부터 현대에 이르는 한국의 역사를 배우는 것이 곧 역사 학습의 전형임을 많은 학생들은 자연스럽게 받아들이고 있다. 학생들은 이전의 "국사"를 계승한 "한국사"가 서술하고 있는 많은 역사적 사건을 시간 순으로 배우고 있는 것이다. 본인이 속한 국가의 역사를 고대부터 현대에 이르기까지 속속들이 알아두어야 한다는 것은 역사 교육의 목적 중 민족 정체성 교육에 가장 큰 비중을 둔 것이라고 할 수 있다. 하지만 이러한 민족 정체성 교육은 국가의 영광과 좌절이 곧 국민의 영광과 좌절을 의미한다는 정치적 목적에 이용당할 수 있으므로 역사 서술에 신중을 기해야 하다. 만약 역사 교육의 목적이 전술한 바와 같이 사실의 인과관계를 파악하여 현재의 국가와 사회 더 나아가 국제관계와 사회관계를 더 잘 이해하기 위해서라면 꼭 한 국가의 전 역사를 배울 필요는 없다. 그보다는 과거의 한 사회 또는 한 지역을 중심으로, 사람과 사람 또는 집단과 집단 또는 민족과 민족 간의 관계를 알아보는 것이 그들을 둘러싼 역사적 제 사건들의 인과관계를 파악하는 훈련을 통해 국가와 사회를 둘러싼 맥락을 파악하는 데 더 도움을 줄 것이다.

근대 국가의 수립 이래로 발생한 역사 인식 상의 오류 중 하나는 단일한 역사공간을 국가라는 정치적 범위와 국경이라는 영토적 범위의 틀 안에 가두게 된 것이라고 할 수 있다. 그렇게 해서 국가사는 그 국가를 구성하는 주된 민족의 역사와 문화를 대표하는 기본적이고 고유한 역사단위로 탄생하게 되었다. 하지만 자국사를 포함하여 국가사가 보여주는 역사에는 한계가 있다. 그 대표적인 것이 역사주체의 활동무대라고 할 수 있는 영토와 국경의 문제이다. 오늘날 흔히 동북아시아 3국이라고 할 수 있는 한국, 중국, 일본의 현재 국경을 중심으로 역사를 서술하다 보면 과거 역사를 주도했던 수많은 역사주체로서의 민족들이 온데간데없이 사라지고 만다. 그리고 현재의 국경을 중심으로 정치체를 주도하고 있는 사람들에 의한 자국 중심의 역사 왜곡이 지속적으로 발생하게 된다.

국가사의 한계를 넘어설 수 있는 방법은 역사단위를 세계사 범위로 확대하는 것이다. 그리고 다시 세계사를 서로 연결되어 있는 지역사의 총합으로 구성하는 것이다. 지역은 역사 문화적으로 긴밀한 연관관계를 형성하고 있는 역사공간으로 국가의 범위를 넘어선 공간이거나 아니면 국가 내부의 지역사회일 수도 있다. 현재 우리가 누구인지 알기를 원한다면 우리 선조가 누구이고 그들이 무슨 일을 했는가에만 집중할 것이 아니라, 그들이 어디에 있었으며 어떠한 정치적, 군사적, 경제적, 문화적 교류와 영향 속에서 왜 그러한 일들을 했는가를 분석해야 할 것이다. 그렇게 한다면 국가와 영토의 범위를 넘어서, 정치체의 정치적, 이념적 한계를 넘어서 그 이면에 자리한 역사적 배경을 깨닫게 될 것이고 그것을 통해 역사적 사건의 인과성을 찾아낼 수 있을 것이다. 바로 세계사의 일부로서 지역사를 공부해야 하는 이유가 거기에 있다.

이 책은 국가사 서술방식에서 탈피한 지역사 서술의 일환으로서, 동북아시아 지역을 중심으로 인구이동과 정치적, 군사적, 경제적, 문화적 교류를 주로 다루고 있다. 동북아시아 지역은 중원 왕조 또는 정복왕조를 중심으로 국제질서가 형성되었으며 지역 국가들은 각기 스스로 천하관을 형성하고 상호간에 책봉-조공 체제라는 외교형식을 통해 교류하였다. 전쟁과 이주를 통한 인적 교류와 그것을 통해 발생한 정치적, 문화적 교류는 지역을 유사한 문화권 내에 통합시키는 작용을 하였다. 또 동아시아 지역 내 국가들은 독자적인 발전을 통해 다른 국가와 차별성을 유지하면서도 한자와 율령, 유교, 불교라는 공통적 요소를 기반으로 밀접하게 연결되었다.

비록 동아시아라는 용어는 과거 일본의 제국주의적 침략에서 사용한 선전 문구로 말미암아 그 지역명칭으로서의 객관적 의미가 많이 훼손되었지만, 역사 문화적 연관성을 드러내는 지역사의 범주로서는 손색이 없다고 할 수 있다. 앞으로 과거 감정의 편린들에 의해 가려진 동아시아 지역의 과거를 있는 그대로 객관적으로 파악하고 과거의 상처를 극복해 낸다면, 통합과 협력의 새로운 미래를 창조하는 또 다른 지역 공동체로서 거듭날 수 있으리란 기대를 해 본다. 그런 의미에서 동아시아 지역의 역사를 동일한 주제들을 통해 함께 바라보며 서로의 공통성과 차별성을 이해하고자 하는 시도는 끊임없이 계속되어야 할 것이다.

2019년 9월
엄광산 자락에서
저자 김형열

목차

II. 근현대 시기의 동아시아

I.

전근대 시기의 동아시아

1. 신석기 시대의 동아시아 문명

(1) 신석기 시대의 개시

1) 동아시아 문명

기원전 1만년 무렵 마지막 빙하기가 끝남으로써 구석기 시대가 종료되었다. 기원전 5000년경에는 신석기 문화가 동아시아 각 지역에 독자적으로 출현하여 발전하였다. 동아시아 신석기 문화는 황허(黃河) 유역을 중심으로 생성된 문화가 주변으로 확대된 형태가 아니라, 기원과 계통이 다른 문화가 동시다발적으로 발전한 것이었다. 종래의 황허 문명[1]이란 명칭은 황허 지역의 문명만을 지칭하는 것이므로 동아시아 각 지역에서 발전한 문명을 현재는 동아시아 문명으로 부르고 있다.

2) 초기 신석기 시대 동아시아 각 지역의 문화

① 허무두(河姆渡) 문화 : 기원전 5000년경에 형성되었다. 창장(長江)[2] 하류 유역의 상하이(上海) 남부지역에 해당한다. 목조 가옥, 흑도, 채도, 방추차 등이 발굴되었고 목제 농기구를 제작하였음을 알 수 있다. 재배 볍씨가 출토되어 농경이 시작되었음을 보여준다. 돼지그림 토기가 유명하며 이후 량주(良渚) 문화로 발전하였다.

② 양사오(仰韶) 문화 : 기원전 5000년경에서 기원전 3000년경 사이에 형성되었다. 황허 중류지역에 해당한다. 검은색과 붉은색 채색도기가 다수 발견되어 채도문화라고도 한다. 대표적 유적지는 황토고원에

그림 1 양사오 문화의 채도

위치한 산시성(陝西省) 시안(西安)의 반포(半坡) 유적지와 린통(臨潼)의 강채(姜寨) 유적지를 들 수 있다. 양사오 문화의 주창자는 스웨덴의 지질학자 앤더슨으로 1921년 허난성(河南省) 민지현(澠池縣) 앙소촌(仰韶村)을 발굴하였다. 서아시아 지역에서 생산된 채도와의 유사성 때문에 양사오 문화의 서방전래설을 주장하였다.

③ 다원커우(大汶口) 문화 : 기원전 5000년경에 형성되었다. 산둥성(山東省) 지역에 해당한다. 양사오 문화와 접촉하여 출토 유물에서 비슷한 채도 풍격을 보여준다. 시신을 관에 넣어 매장하였고 묘혈 주위에 목곽을 만들어 관을 보호하였다. 일부 무덤에서 옥, 돌, 도기 구슬 등으로 만든 목걸이나 팔찌 등이 발견되었다. 윗 앞니를 뺀 유골이 많이 발견되어 후대에 이를 당시 사람들의 야만적 습관으로 저술하기도 하였다.

④ 홍산(紅山) 문화 : 기원전 5000년경에서 기원전 3500년경에 형성되었다. 랴오닝성(遼寧省) 지역에 해당한다. 유목과 농경이 합류된 문화를 보여주며 돌로 만든 호미, 삽, 칼 등 생산도구가 발견되었다. 정교하게 다듬은 옥기를 생산하였는데 옥으로 만든 장신구, 거북, 새, '돼지 모양을 한 용'과 같은 작은 입상 등이 출토되었다. 요서(遼西) 대릉하(大凌河) 유역에서 대형 종교 건축 유적지가 발견되었다.

그림 2 홍산문화의 옥기

동아시아 초기 신석기 문화의 특징은 간석기와 토기를 사용하였고 점차 구석기 시대의 생산방식인 채집경제에서 농업 및 목축업과 같은 생산경제로 전환하였다는 것을 들 수 있다. 곡식으로는 조, 기장 및 쌀 등이 재배되었고 가축으로는 돼지와 개 등이 사육되었다. 농기구로는 돌로 된 호미, 가래, 삽, 돌칼, 돌낫, 돌맷돌, 돌절구, 돌절구공이,

돌방망이 등이 사용되었다. 농업방식은 주로 화경농법을 이용하였는데 이는 농사지을 자리를 불태워서 비옥한 땅을 만든 후에 농사짓는 초보적인 방식의 농법으로 보리, 수수, 조 등을 재배할 수 있었다. 주거양식은 원형 또는 방형의 움집을 만들어 거주하였으며 여성중심의 매장법을 통해 모계사회를 유지하고 있었음을 알 수 있다.

강의노트

초기 신석기 시대 동아시아 각 지역의 문화

① 허무두(河姆渡) 문화 : B.C.5000년 경. 양자강 유역 상해 남부. 목조 가옥, 흑도, 채도, 방추차, 목제 농기구 제작. 재배 볍씨 출토. → 량주 문화로 발전.
② 양사오(仰韶) 문화 : B.C.5000년 ~ B.C.3000년 경. 황하 중류지역. 검은색과 붉은색 채색도기 다수 발견(속칭 채도 문화). 대표적 유적지는 황토고원에 위치한 산시성 시안의 반포(半坡) 유적지와 린퉁(臨潼)의 강채(姜寨) 유적지. → 허난 룽산 문화로 발전
③ 다원커우(大汶口) 문화 : B.C.5000년 경. 산둥성 지역. 양사오 문화와 접촉(비슷한 채도 풍격). 시신을 관에 넣어 매장, 묘혈 주위에 목곽을 만들어 관을 보호. 일부 무덤에서 옥, 돌, 도기 구슬 등으로 만든 목걸이나 팔찌 등 발견. → 산둥 룽산 문화로 발전
④ 홍산(紅山) 문화 : B.C.5000년 ~ B.C.3500년 경. 랴오닝성 지역. 유목과 농경이 합류. 돌로 만든 호미, 삽, 칼 등 생산도구 보유. 정교하게 다듬어진 옥 생산. 옥으로 장신구, 거북, 새, '돼지 모양을 한 용'과 같은 작은 입상 만듦.

(2) 후기 신석기 문화의 전개

1930년에서 1931년 무렵 산둥성 역성현(歷城縣) 용산진(龍山鎭) 성자애(城子崖) 유적이 발견되면서 룽산(龍山) 문화가 알려지게 되었다. 또한 1931년 허난성 안양현(安陽縣) 허우강(後岡) 유적에서는 양사오 문화, 룽산 문화, 은(殷) 문화 유적층이 밑에서부터 차례로 층을 이루고

있는 것이 발견되어 양사오 문화 → 룽산 문화 → 은 문화로 이어지는, 신석기 시대에서 청동기시대에 이르는 문화의 추이를 밝혀주었다.

룽산 문화는 기원전 3000년경에서 기원전 2000년경 중국 화북지역의 황허 중류에서 하류에 걸쳐 퍼져 있는 신석기 시대 후기의 문화로 흑도가 발달하여 흑도 문화라고도 한다. 룽산 문화는 양사오 문화가 발전한 지역에 형성된 중원 룽산 문화(허난 룽산 문화와 산시 룽산 문화) 및 다원커우 문화가 발전한 지역에 형성된 산둥 룽산 문화로 나눠진다. 산둥성과 허난성을 중심으로 북으로는 랴오둥(遼東) 반도에서부터 남으로는 장수성(江蘇省) 북부까지 걸쳐 있다. 시기적으로 신석기 후기부터 청동기 시대인 상주(商周) 시대까지 분포하고 있다.

룽산 문화의 내용을 살펴보면, 돌로 된 호미와 가래, 뼈로 된 호미, 목재로 된 호미, 반월형 돌칼, 돌도끼 등의 농기구가 사용되었고 돼지, 개, 소, 말, 양, 닭 등의 가축이 사육되었다. 토기는 갈아서 광택을 낸 흑도(黑陶)가 대표적이며 수혈식 움집에서 주거하였다. 여성과 남성이 따로 매장되었던 양사오 문화의 무덤양식과는 달리 남녀합장의 장묘문화를 통해 일부일처제가 형성되어 있었음을 유추할 수 있다. 이를 통해 당시 모계사회에서 부계사회로 전환되고 있었음을 알 수 있다. 또한 강력한 지배자와 더불어 사유재산제가 형성되었으며 점복문화가 존재하였다. 당시 정교한 옥기를 제작하였고 동으로 기물을 제련하였으며 방대한 성보(城堡)를 축조하였고 대규모 무덤을 조성하였던 것으로 보아 씨족제도가 막을 내리고 초기 문명사회로 진입하였음을 알 수 있다. 또한 산둥성 추평(鄒平) 정공(丁公) 유적지에서 여러 부호가 새겨진 문양이 발견되었는데 이를 통해 문자를 가지고 간단하게 기록하는 시대로 진입하였음을 볼 수 있다.

강의노트

동아시아 후기 신석기 문화(룽산 문화)

○ 룽산 문화의 발견 : 1930-1931, 산둥성 역성현 용산진 성자애(城子崖) 유적 발견
○ 문화 발전단계 : 1931년 하남성 안양현 허우강 유적, 양사오 문화·룽산 문화·은 문화 3기층 유적층 발견, 양사오 → 룽산 → 은.
○ 룽산 문화(흑도 문화) : B.C.3000년 ~ B.C.2000년 경 산둥지방 중심, 북으로는 랴오둥 반도, 남으로는 장수성 북부, 시기적으로는 은주시대까지 분포. 다원커우 문화가 발전한 형태.
○ 룽산 문화의 내용 (씨족제도의 종결 → 초기 문명사회로의 진입)
- 농구 : 돌로 된 호미, 가래, 뼈로 된 호미, 목재로 된 호미, 반월형 돌칼, 돌도끼
- 가축 : 돼지, 개, 소, 말, 양, 닭
- 토기 : 흑도(黑陶). 갈아서 광택을 냄.
- 주거 : 수혈식 움집
- 관습 : 남녀합장, 일부일처제, 사유재산제, 모계사회 → 부계사회, 점복
- 기술 : 정교한 옥기 제작, 동으로 기물 제련, 방대한 성보(城堡) 축조, 대규모 무덤

2. 동아시아 고대국가의 성립

(1) 황허 유역의 초기 국가－상(商), 주(周)

1) 기록상의 최초 국가－하(夏) 왕조

사마천은『사기(史記)』에서, 중국의 역사는 삼황오제(三皇五帝)로부터 시작되어 하(夏), 은(殷), 주(周)의 삼대(三代)로 이어진다고 하였다. 그는 기전체(紀傳體) 사서인『사기』를 집필하면서 본기(本紀)에서 천하의 실세를 잡은 제왕의 일대기와 국가 대사를 연대순으로 기록하였다. 그는「오제본기(五帝本紀)」를 시작으로 하여,「하본기」,「은본기」,「주본기」를 차례로 서술하였다. 따라서 문헌상으로 볼 때 하 왕조는 중국 역사상 최초의 국가가 되는 셈이다. 하 왕조는 황하의 치수(治水) 사업에 실패했던 아버지를 계승해 순(舜)임금으로부터 천거 받아 치수 사업을 성공시킨 전설로 유명한 우(禹)임금을 시조로 한다. 중국 학자들을 중심으로 하여 하 왕조의 수도를 중국 허난성(河南省) 얼리터우(二里頭) 유적지로 보고 하 왕조의 실체를 고고학적으로 증명하려는 시도가 진행되어 왔다. 얼리터우 후기 유적지에는 궁전으로 추정되는 거대한 건물터가 발견되어 일부 학자들은 이를 근거로 하 왕조의 역사적 존재를 주장하기도 한다. 하지만 하 왕조의 도읍지로 보이는 다른 유적지가 발굴되면서 하 왕조의 근거지에 대한 이설(異說)이 제기되는 등 국제적으로 하 왕조의 고고학적 실체는 아직 규명되지 못하고 있다.[3)]

2) 갑골문

1899년 허난성 샤오툰촌(小屯村)에서 그 동안 용골(龍骨)이라 불리며 약재로 쓰이던 뼈 조각의 실체가 발견되었다. 그 뼈 조각은 점치는 내용인 복사(卜辭)가 새겨져 있는 점복(占卜)판이었다. 그 위에 보이는 글자는 거북의 배딱지(甲)나 짐승의 견갑골(骨)에 새겨져 있었으므로 갑골문(甲骨文)이라 칭하게 되었다. 갑골문은 상(商)의 정인(貞人)[4]들이 짐승의 뼈 등에 점칠 내용을 적어 넣고 이에 열을 가하여 나타난 균열에 따라 왕이 길흉을 파악하면 이를 토대로 점친 결과를 새겨 넣은 글자를 말한다. 갑골문의 형식으로 점을 친 날짜, 정인의 이름, 점을 친 내용, 왕의 길흉 판단, 결과가 기록되었다.

갑골문은 전설 시대의 왕조라고 생각되었던 상(商)이 역사적으로 실존하였다는 것을 증명하는 중요한 자료이다. 뒤이어 1920년대부터 시작되어 중일전쟁 전까지 이루어진 발굴조사에서 허난성 안양시(安陽市) 서북쪽 교외의 상 왕조 유적이 발견되었다. 상은 제20대 왕인 반경(盤庚)이 은(殷)으로 천도한 뒤 은으로 일컬어졌는데, 그 도읍지 유적인 은허(殷墟)의 궁전 유지와 왕묘가 발굴된 것이었다.[5]

그림 3 상대의 갑골문(교육과학기술부, 『사료로 보는 동아시아사』, 2011, p.32)

강의노트

갑골문(甲骨文)

- 갑골문 : 짐승의 뼈나 거북의 배딱지에 점칠 내용을 새겨 점을 친 것
- 22대 무정(武丁)시대 ~ 은 말기까지 발달
- 상대의 갑골문자 → 주대의 고문자(古文字) → 진대의 문자통일 → 한대의 한자
- 갑골문의 해독 : 현재까지 약 1400여자, 한자의 구성 원칙 완비, 은인의 정신문화 이해
- 상대 사람들의 정신세계 : 천신(上帝) → 인간에게 복과 화를 내리는 절대자, 점복을 통해 신의 뜻을 물음.
- 점복의 대상 : 자연의 변화현상, 수확, 제사, 정벌, 왕비간택, 질병, 사냥, 일상생활

3) 상(商) 왕조

전기 상 문화는 황허 유역의 신석기 초기 문화에 해당하는 허난 양사오(仰韶) 문화의 기반 위에 형성된 신석기 후기 허난 룽산(龍山) 문화의 영향을 받아 만들어 졌다. 허난 성 뤄양과 정저우 사이에 있는 옌스(偃師)현 얼리토우(二里頭) 유적[6]은 허난 룽산 문화로부터 상 문화로 변화해 가는 과정을 명확하게 드러내 주었다. 후기 상 문화에 해당하는 것이 은허 유적으로 상이 멸망할 때까지 도읍지로 사용되었다.

기원전 약 1600년 경 하(夏)의 마지막 왕인 걸의 군대를 명조(鳴條)에서 물리치고 상을 건국한 탕(湯)은 박(亳 ; 안후이 성 박현 부근)에 도읍하였다. 이후 몇 번에 걸쳐 도읍을 옮기면서 근 600여 년간 지속된 은(상)[7] 왕조는 모계 사회의 유풍이 잔존하고 있는 부계 사회로 형제 상속, 인신 제물, 갑골문, 노예제, 청동기 등을 특징으로 한 역사시기의 첫 번째 국가였다.[8] 상의 지배계급은 국왕을 최고 정점으로 하여 왕족이 있고 그 아래에는 여러 계층의 귀족이 있었다. 국왕이 직접 통치하는 왕기(王畿)에는 여러 관리가 정사를 관리하였고, 지방에는 방백

을 제후로 임명하여 지방을 다스리도록 하였다. 피지배계급으로는 민(民)으로 불리는 백성들이 있었고, 그 아래 전쟁 포로로 잡혀온 많은 노예가 있었다. 이들 노예가 농업과 수공업에 종사하면서 생산 활동을 담당하였다.[9]

상에서는 왕이 제사장을 겸하여 전쟁, 농사, 풍흉, 제사, 사냥 등 나라의 중요한 일을 점을 쳐서 결정하는 신정 정치가 행해졌다. 제사장으로서의 역할을 통해 왕은 통치자로서의 권위를 인정받고 대읍인 '은'과 더불어 다른 족읍들을 관할하였다. 족읍은 곧 하나의 읍제국가로서 주변의 소읍들을 관장하였고 대읍과 족읍, 소읍으로 구성된 상 문화권은 여러 읍제국가의 연맹 형태를 의미하는 것이었다.

그림 4 안양 1001호 묘 (상왕 묘)

강의노트

상(商)의 국가조직과 정치

(1) 상의 건국과 국가형태

○ 상의 역사적 실체 : 『사기』 은본기(殷本紀), 은허(殷墟)에서 출토된 갑골문자
○ 상 민족의 생활 : 산동 방면 흑도 문화, 반농반목생활 → 소둔촌(小屯村) 침입, 은 발전
○ 은허 : 19대 반경(盤庚) 이후 도읍, 강력한 왕권, 형제상속 → 부자상속
○ 국가조직
　① 도시국가설 : 고대국가 발전단계(씨족사회 → 도시국가 → 영토국가 → 통일제국)
　　- 상대후기 ~ 춘추시대 : 도시(읍제)국가
　　- 전국시대 : 영토국가
　　- 진한시대 : 통일제국
　② 읍제국가론(邑制國家論) : 상·주 사회 사회구조에 초점 (읍이 하나의 도시국가)
　　- 전국시대 이전 : 읍제국가체제 (춘추전국시대 : 씨족제 읍 공동체 해체 시기)
　　- 읍(상대) : 혈연관계로 결합된 씨족공동체, 대읍(大邑 ; 王都) → 족읍(族邑) → 소읍(小邑)
　　- 읍에 속하지 않은 이민족 : 이방(夷方), 읍방(邑方), 토방(土方) → 방백(方伯)
　　- 서주시대 ~ 춘추시대 : 국(國) → 도(都) → 비(鄙), 國의 지배층 - 人, 피지배층 - 民

(2) 상대의 정치와 군사

○ 신정정치(神政政治) : 점복(占卜)에 의해 신의 뜻을 묻고 이에 따라 정치를 행함.
○ 왕 : 점괘 판단, 신의 뜻 해석, 신의 세계와 인간세계 매개자
○ 상대의 국가형태 : 도시국가 연맹체(맹주), 방백(方伯) - 지방 도시국가 관할
○ 상의 발전 : 지방 방백 → 방백의 장 → 중원 군림(왕)
○ 상의 통치형태 : 상왕은 지방 후(侯), 백(伯)을 통해 간접적으로 읍제(도시)국가 통치
○ 읍제(도시)국가 → 상에 부역, 병역 의무 ; 상(중앙정부) → 지방을 외적으로부터 보호
○ 제례활동 : 제사는 국가의 가장 큰 행사, 조상제사
　- 왕묘 : 제사의 대상, 종교의례에 의해 축조, 제정일치의 유풍, 선왕의 종묘에 열좌

4) 주(周) 왕조

기원전 1066년 경 주(周) 무왕은 주변의 여러 제후들과 연합하여 상의 마지막 왕인 주(紂)의 군대를 목야(牧野)에서 물리치고 상을 멸망시

켰다. 무왕의 주왕 타도는 요, 순의 전설에서 보이는 선양(禪讓)의 풍습을 어그러뜨리고 무력이라는 비정통적인 방식을 통해 왕조를 교체하는 형식을 띠고 있었다. 상주(商周) 교체에서 보이는 이러한 혁명(革命)은 이전 왕조의 가계에 내려진 하늘의 명(命)이 다했으므로 이를 바꾼다(革)는 의미를 지니고 있으므로 역성혁명(易姓革命)이라고 한다. 『시경』에는 주 문왕인 서백(西伯) 창(昌)에게 상의 주왕을 벌하라는 천명(天命)이 내려지는 구절이 나온다. 하늘(天)이 인간의 한 가계에 하늘을 대신하여 인간세계를 다스리라는 명을 내리되, 하늘에 제사를 잘 지내지 않거나 백성들을 덕으로 다스리지 않는 등 하늘의 뜻을 저버리면, 이 명을 거두어 인간세계에 대한 통치권을 다른 가계에 다시 위탁할 수 있다는 천명사상(天命思想)은 중원 왕조의 통치체계 및 유가의 사상에 영향을 주었다. 천명사상은 주 왕조가 지닌 하늘(天)에 대한 관념을 드러낸다. 하늘은 세상을 만들고 인간사를 통제하는 존재로서 유덕자(有德者)에게 인간세계의 지배를 명하여 맡기는 것이니 덕이 없고 포악한 왕조를 멸하는 것은 하늘의 뜻을 따르는 것이라 할 수 있었다. 또한 하늘을 대신하여 인간세계를 다스리는 사람은 하늘의 뜻을 대행하는 사람이므로 천자(天子)이고 천하가 곧 그 지배영역에 해당하였다.[10)]

주 왕조는 도읍 부근의 직할지만 왕이 직접 통치하고, 나머지 읍들은 왕족이나 공신에게 분봉하는 봉건제를 실시하였다. 봉건제는 상 말기부터 실시되었는데 상대에는 각 읍을 통치하고 있던 수장들을 제후로 삼아 형식적으로 다시 분봉하였던 데 반해 주대에는 각 읍을 통치할 제후를 왕이 직접 파견하여 분봉하였다. 그리고 주 초에 있었던 이성 제후들은 점차 동성 제후로 교체되었고 혈연관계를 바탕으로 한 종법 질서는 주대 봉건제의 특징이 되었다. 상대와 마찬가지로 제후가 통치한 봉토는 도성을 거점으로 가까운 주변에 영향력을 미치는

그림 5 서주시대의 전차

읍제국가에 해당하였는데 제후는 땅과 백성에 대한 통치를 위임받은 대신 왕에게 경제적 공납과 군사적 보호의 의무를 졌다.

주대에는 상대와 달리 신과 인간 사이의 관계보다는 인간과 인간 사이의 지배 질서가 더 중시되었으므로 예악에 근거한 국가 체계를 세우고자 하였다. 무왕의 동생인 주공 단이 편찬하였다고 전해지는 『주례』는 예제를 기반으로 한 법제와 윤리 법칙을 내용으로 담고 있었다. 또한 왕의 권위와 왕권의 정통성을 강화하기 위하여 천명사상이 내세워졌다. 봉건적 질서 속에서 이상적인 토지 제도로 제시된 것이

『맹자』에 나오는 정전제(井田制)였다. 정전제는 토지를 우물 정자 모양으로 나누어 이를 여덟 농가가 나누어 경작하게 하고 가운데 땅은 공동으로 경작하여 생산물을 조세로 바치게 한 제도였다. 씨족공동체의 공동생산에 기반 한 정전제는 중국 등 동아시아 지역에서 이상적인 토지 제도로 여겨졌다.

강의노트

서주(西周)시대의 정치와 사회

(1) 주(周)의 건국

○ 주의 시조 : 후직(后稷) - 농업의 신
○ 주족 발흥 지역 : 위수(渭水) 분지
→ 12대 고공단보(古公亶父) 때 주원(周原 ; 산시성陝西省 기산현岐山縣)으로 천도
→ 은 말기 문왕(文王 ; 昌)이 풍(豊 ; 西安)으로 천도
○ 주 무왕(武王)이 은(상)의 주(紂)왕을 죽이고 은(상)을 멸함(B.C.1066).
○ 무왕은 호경(鎬京)으로 천도, 봉건제도 실시
○ 주공(周公) 단(旦) : 성왕(成王) 섭정, 삼감(三監)의 난 평정,
○ 양경(兩京)체제 : 종주(宗周 ; 호경), 성주(成周 ; 낙양)

(2) 서주시대의 봉건제도

○ 봉건제후 : 왕실의 일족, 공신
○ 유가적 봉건론
- 주의 봉건제도는 주공에 의해 기틀이 마련. 봉건의 목적은 혈연관계를 중심으로 하여 새로 정복한 광대한 국토를 일족과 공신에게 분봉해 줌으로써 왕실의 울타리로 삼고자 함.
○ 봉건영토 : 주왕실의 직할지 - 왕기(王畿) ; 제후에게 봉건된 읍(邑) - 국(國) ; 경(卿)·대부(大夫)에게 사여된 읍 – 도(都)
○ 종법(宗法)제도 : 종주, 종국, 종읍, 종묘, 종족
→ 부계씨족제 + 적장자상속제 기반, 종가(宗家 ; 大宗), 분가(分家 ; 小宗)
- 종적 관념 : 주 왕실을 종주라 하고 제후국을 종국, 대부의 읍을 종읍이라 함
- 봉건체제를 유지하는 정신적 결합의 원리가 혈연적 유대관념
- 동양사회의 씨족 내지 가족질서의 기반으로 발전

---

5) 춘추전국시대(春秋戰國時代)

기원전 770년 주는 견융이라 불린 북방 유목 민족의 침입을 받아 수도를 동쪽에 있는 낙읍으로 옮겼는데 이 이후의 주를 동주라고 부른다. 동주 시기 전반에 해당하는 시대가 춘추시대(B.C.770-B.C.403)인데 그 명칭은 공자의 저작으로 전해지는『춘추』에서 따온 것이었다. 춘추시대에 주 왕실은 권위가 땅에 떨어져 더 이상 제후를 통제할 힘을 갖지 못하였다. 이에 따라 주 왕실의 봉건적 통치 질서를 대신하게 된 것이 패자라고 일컬어진 유력 제후들(齊, 晉, 楚 吳, 越)을 중심으로 한 회맹 질서였다. 회맹 질서 속에서 패자는 다른 여러 제후들을 한 곳에 모이게 하여 맹약을 맺고 주왕을 대신하여 정국을 주도하였다. 비록

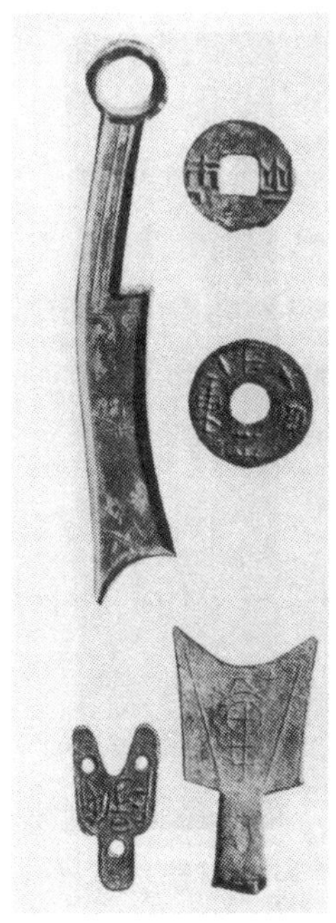

그림 6 춘추전국시대의 화폐

주 왕실의 통치 권위는 떨어졌지만 춘추시대 초기의 패자들은 주 왕실의 명목상 권위에 따른 봉건적 서열 질서를 유지하기 위해 이민족의 침입으로부터 주 왕실을 보호한다는 존왕양이(尊王攘夷)의 명분을 내걸었다. 또 씨족 공동체의 혈연적 서열에서 높은 자리를 차지하는 경, 대부 등의 귀족들이 토지와 인민에 대한 지배권을 가졌다.

기원전 403년 진(晉)이 육경(六卿)의 발호로 인해 결국 한(韓), 위(魏), 조(趙)의 세 나라로 나눠지면서 명목상으로나마 남아 있던 주 왕조의 봉건 질서가 무너지게 되었다. 이어서 실력 위주의 약육강식과 적자생존의 법칙만이 존재하는 전국시대(B.C.403-B.C.221)가 도래하였다. 전국시대의 명칭은 유향이 지은『전국책』에서 유래한 것이었다. 전국시대에 제후 왕들은 더 이상 주 왕실과 종법적 질서에 얽매이지 않고 나라와 자신의 권위를 강화하기 위해 부국강병을 추진하며 다른 국가들과 전쟁을 계속하였다. 전국시대의 국가들은 춘추시대까지의 읍제 국가 범위에서 벗어나 영토를 확장하고 다른 나라와의 경계를 분명히 구분 지으면서 영역 국가로 발전하였으며 최종적으로 일곱 개의 나라가 세력을 확장하며 전국 7웅(秦, 楚, 燕, 齊, 韓, 魏, 趙)이라고 불렸다. 이들은 새로 정복한 지역에 군과 현을 설치하면서 직접적인 통치 영역을 확보하였다.

전국시대의 국가들은 다른 나라와 경쟁하는 과정 속에서 철제 무기와 유목 민족의 기마술을 도입하여 군사력을 강화하는 한편, 우경과 철제 농기구를 보급하여 생산력을 높였다. 그 결과 농업이 발달하고 이를 바탕으로 상공업과 화폐 유통, 도시 발달도 촉진되었다. 각국의 군주들은 봉건제적 씨족공동체를 해체하고 군주권을 강화하기 위해 개혁을 실시하였다. 그 중 가장 성공적이었던 것이 진(秦) 효공 때 상앙이 실시한 개혁이었다. 상앙은 제자백가 사상 중 법가사상을 채택하여 2차에 걸친 변법(B.C.359-B.C.350)을 통하여 씨족공동체적 혈연성을 파괴하고 중앙집권체제를 확립하여 군주가 인민을 일원적으로 지배하는 제민지배체제를 완성하였다. 개혁을 성공적으로 완수한 진은 이를 바탕으로 부국강병을 이루어 진시황 때에 전국을 통일할 수 있었다.

춘추전국시대에는 제후국들의 대립으로 어지러워진 사회 환경 속에서 부국강병을 도와줄 인재들에 대한 국가적 수요가 증가하면서 국가의 운영과 개인의 처신에 대한 해답을 제시하는 제자백가가 출현하였다. 더불어 진(秦), 초, 오, 월 등과 같이 이민족으로 분류되던 지역이 한족(漢族)의 범위 내로 들어오면서 민족구성이 단일화되고 화하(華夏)와 이족(夷族)의 구분이 명확해지면서 화이사상이 형성되었다. 또 창장 중하류에 초, 오, 월 등의 나라가 성장하면서 강남 지역이 개발되기 시작하여 한족의 활동 공간이 확대되었다.

강의노트

춘추전국시대의 사회

(1) 춘추전국시대의 시대구분

- 서주 → 동주 : 유왕(幽王)의 실정, 견융(犬戎)의 침입, 호경(鎬京) → 낙읍(洛邑) 천도(동주시대 : B.C.770~B.C.221).
- 춘추시대(B.C.770~B.C.403) : 공자(孔子) 편찬 노(魯) 역사서 『춘추(春秋)』에서 기원.
- 전국시대(B.C.403~B.C.221) : 진(晋)이 한(韓), 위(魏), 조(趙)로 분열, 유향(劉向)의 『전국책(戰國策)』에서 기원.

(2) 춘추전국시대의 성격

- 성격 : 고대사회 재편성, 진한(秦漢) 통일제국 형성 위한 변혁의 격동기, 정치·사회·경제·문화 발전기

○ 정치

① 춘추시대

- 봉건질서 유지. 존왕양이(尊王攘夷).
- 제후간의 패권다툼, 춘추오패(春秋五覇) → 제(齊), 진(晋), 초(楚), 오(吳), 월(越)
- 경·대부 등 귀족이 정치 장악(귀족권력 강화)
- 봉건제도 실시
- 읍제(도시)국가

② 전국시대

- 봉건제도 붕괴, 주 왕실은 낙양 근처만 차지,
- 경·대부들이 제후국의 지위 찬탈(하극상), 강국이 약소국 병합. 약육강식(弱肉强食),
- 전국칠웅(戰國七雄) → 진(秦), 초(楚), 연(燕), 제(齊), 한(韓), 위(魏), 조(趙),
- 가부장적 군신관계(군주권력 강화)
- 중앙집권적 군현제 실시
- 영역(영토)국가

○ 사회

① 춘추시대 :

- 춘추시대 중기부터 씨족공동체 붕괴
- 귀족이 토지 소유(賦稅가 귀족의 경제적 기반)

② 전국시대 :

- 실력주의 시대, 지식계층 활약, 평민계층 지위상승(布衣將相 속출)
- 군주가 토지 소유(부세가 국왕에게 돌아감)

○ 민족

① 춘추시대 :

- 한민족(漢民族) 범위 협소, 춘추오패 중 제(齊), 진(晋), 송(宋)은 중원의 문화하민족으로 화하(華夏) 자칭, 변방 진(秦), 초(楚), 오(吳), 월(越) 등을 오랑캐로 야만시

② 전국시대 :

- 융적(戎狄)은 모두 제하국(諸夏國)으로 통일,
- 민족구성이 화하(華夏)로 단일화, 진(秦), 초(楚), 오(吳), 월(越)도 중화문화에 흡수 동화,
- 한민족의 민족적 통일 추진, 중국(中國)으로 발전,
- 춘추시대 이전 각 지방의 다양한 언어, 풍습이 전국시대를 거치며 중국으로 들어옴.

(2) 만주 · 한반도 지역의 초기 국가 – 고조선, 고구려, 삼한

청동기 문화를 바탕으로 랴오둥 일대와 한반도 서북부 지역에 성립된 고조선은 황허 유역이 춘추시대의 분열을 겪고 있던 기원전 7~6세기경부터 존재했던 것으로 보인다. '조선'이라는 명칭이 기원전 7~6세기 무렵의 사정을 내용으로 담고 있는 『관자』라는 문헌에 처음 등장하기 때문이다. 기원전 4세기경에는 중국에서 전해진 철기의 사용으로 농업 생산력이 늘어났다. 기원전 3세기경에는 부왕과 준왕이 왕위를 세습하며 상, 대부, 장군 등의 국가 조직을 갖추었고 요서 지방을 경계로 연(燕)과 대립할 만큼 성장하였다. 『위략』에 따르면 기원전 300년 경 연이 세력을 확대하면서 연 장수 진개(秦開)가 침입하여 고조선은 2,000여 리의 땅을 빼앗겼으며, 연과 만번한(滿潘汗)을 경계로 하게 되어 랴오둥 지방을 상실하고 중심부가 한반도 쪽으로 이동한 것으로 보인다.

진·한 교체기의 혼란한 상황 속에서 옛 연(燕), 제(齊), 조(趙) 지역에서 많은 사람들이 혼란을 피하여 고조선 방면으로 이주해 왔다. 그들 유민 중 위만(衛滿)은 고조선 준왕(準王)의 신망을 얻어 북방수비를 맡아 오다가 준왕을 몰아내고 왕이 되었다. 이것이 위만조선(衛滿朝鮮)의 성립이다. 위만은 유민의 세력을 배경으로 고조선의 지배권을 얻었다. 그러나 그가 정치권력을 구축하기 위해서는 유민만으로는 불가능하였으므로, 토착 부족장 세력을 포섭하여 집권층에 참여시켰다. 즉 선진적인 철기 문화를 소유한 유민세력과 청동기 문화 단계에서 완전히 탈피하지 못한 토착부족과의 연맹체적인 정권이 성립된 것이다. 이 무렵 위만조선은 한과 외교 관계를 맺어 철제 무기와 물자를 받아들이고 한반도 남부 및 왜와 한의 중계무역을 독점하여 경제적 이득을 취하였다. 이를 바탕으로 위만조선은 진번, 임둔 등 주변 소국을 정복하여 영토를 확장하였으며, 한과 대립하였다.

기원전 4세기 무렵 만주의 쑹화 강 일대에서는 예맥족이 세운 부여가 성장하였다. 그 일파가 세운 고구려도 기원전 2세기 이전에 압록강 지류인 동가강 유역에서 정치체를 형성하였다. 고구려는 철기 문화를 바탕으로 주변 세력을 통합하여 연맹 왕국으로 발전하였다. 고구려 5부족은 소국끼리의 연맹관계를 기반으로 해서 고대왕국으로 나아갔으며, 또 이를 기반으로 하여 동해안, 압록강 중류, 고조선 등의 지역으로 뻗어가는 강력한 고대국가가 될 수 있었다.

한편 2세기~3세기의 삼한 지역에는 70여 개의 소국(小國)이 분립되어 있었다. 고대국가 성립의 모태가 된 소국들은 물을 얻기 쉬운 구릉 사이에 존재하였으며 소극적 의미의 법률이 있었다. 압록강 중류에서 한강으로 이주한 고구려 유민에 의해 형성된 백제는 백제국(伯濟國)이라는 작은 소국이 마한의 소국들을 통합해서 그를 모태로 하여 충청도, 강원도 일부까지 팽창할 수 있었으며 3세기에는 명실상부한 고대왕국으로 확립되어 갔다. 한반도 동남부에서는 사로국을 중심으로 유민 세력과 토착민 집단이 결합하여 신라를 세웠고, 한반도 남부에는 가야가 성립되었다.

(3) 일본 열도의 초기 국가 - 야마타이국

일본 열도에서는 한반도로부터 금속기와 농경이 유입되면서 기원전 3세기경 야요이(弥生) 문화가 형성되고 생산력이 증가하였다. 이에 따라 잉여 생산물의 축적으로 빈부의 차이와 계급이 발생하면서 기원

전후에 수많은 소국이 출현하였다. 이들은 3세기 경 30여 개의 소국 연합체로 통합되었는데 그 중 히미코 여왕이 다스리던 야마타이국이 가장 강성하였다.

히미코는 239년 대방군을 통해 위(魏)의 황제에게 사신을 보내어 조공하였고, 그 회사(回賜)로서 '친위왜왕(親魏倭王)'의 칭호와 금인(金印) 및 동경(銅鏡) 등을 하사받았다. 이후 때때로 위에 사신을 파견하면서 그 권위로 대립적인 관계에 있던 구노국(狗奴國)을 억제하려 하였다.[11] 히미코는 무녀로서의 종교적 권위를 이용해서 통치하였고 그 아래에 남동생으로 하여금 자신을 보좌하게 하였는데 실질적인 정치는 남동생이 맡아 하였다. 야마타이국은 30여 개의 소국을 거느린 7만호 규모의 연합 국가였다. 한 호에 5명이 살았다고 한다면 인구는 약 35만 명 정도였고 어느 정도의 통치조직과 조세·형벌 제도도 갖추었으며, 교역을 위한 시장도 열렸던 것으로 추정된다.[12]

야마타이국의 소재지에 대해서는 지금도 학자들 사이에 논쟁이 계속되고 있다. 그 소재지가 긴키(近畿) 지방의 야마토(大和)라는 기나이(畿內)설과 규슈(九州) 북부였다는 규슈설로 나뉘어 있는 것이다. 기나이설을 따른다면 이미 3세기에 긴키 지방에서 서일본에 이르는 광대한 정치세력이 존재하였으며 이것이 야마토 정권과 연결되어 야마토 정권의 지배력 하에 들어갔다는 것이 되며, 규슈설을 따르면 히미코가 이끈 연합 국가는 규슈 북부를 영역으로 하는 작은 규모의 연합체로서 3세기 말에서 4세기 초 무렵 멸망하여 야마토 정권의 지배 아래 들어갔거나 야마토 지역을 정복하며 그 곳으로 동천했다는 것이 된다. 이는 야마토 정권의 성립 및 일본의 통일 시기를 가늠하는 데 중요한 근거가 되는 쟁점 중의 하나라고 할 수 있다.[13]

(4) 유목 지역의 초기 국가 – 흉노

기원전 4세기 후반 유라시아 대륙 서쪽에 위치한 스키타이 족의 기마술이 동아시아와 중앙아시아의 초원 지역에 전해졌다. 그 결과 유목민이 기마 군사화하면서 동호, 흉노, 임호, 누번, 정령, 월지, 오손 등의 집단이 등장하였다. 기원전 3세기가 되면 몽골 초원에 알타이계의 언어로 말하는 유목민족인 흉노가 나타나서 중국 주변에서 중앙아시아에 이르는 대국가를 건설하였다. 진(秦) 말 한(漢) 초에 흉노의 묵특선우(冒頓單于)는 궁병(弓兵) 30만 명을 이끌고 동쪽으로 동호(東胡)를 병합하고 북쪽으로 혼유(渾庾)와 정령(丁零)을 패퇴시켰으며 서쪽으로 대월지(大月氏)를 몰아내고 남쪽으로 누번(樓煩)과 백양(白羊)을 병합하며 오르도스 지방을 점령하였다.[14)]

흉노 제국의 최고 군주는 '선우'라고 불렸으며 허련제(虛攣鞮)씨라는 군주 씨족집단에서 배출되었다. 선우의 부인은 '연지'라고 불렸으며 호연(呼衍)씨 등의 배우자 씨족집단에서 배출되었다. 흉노는 단일한

그림 7 흉노분묘에서 출토된 펠트조각

그림 8 흉노족 금속장식물

부족 또는 민족으로 구성된 것이 아니라 부족연합체로 이루어져 있었다. 흉노 제국의 구조를 살펴보면 핵심집단, 연맹집단, 종속집단, 부용집단이 피라미드 형태를 이루며 상하로 연합되어 있었다. 먼저 제국의 건설을 주도했고 군주를 독점적으로 배출하는 군주씨족 및 이들과 결혼을 통한 결합을 이루면서 군주의 배우자를 배출하는 인척씨족이 핵심집단을 형성하였다. 다음으로 제국 건설 초기에 지배집단과 연합하여 문화적·혈연적으로 일체감을 형성하게 된 연맹집단이 출현하였다. 여기에 핵심집단과 연맹집단에 의한 정복전쟁의 결과 복속된 종속집단과 정주지역에 대한 약탈전쟁으로 강제 이주한 농경민, 수공업자들이 형성한 부용집단이 더해져 흉노라고 하는 부족연합체를 이루었던 것이다.[15] 흉노의 국가조직은 3부로 나뉘어져 중앙부는 선우정(單于庭), 동부지역은 좌현왕(左賢王), 서부지역은 우현왕(右賢王)이 통치하였는데 좌현왕의 통치지역은 동쪽으로 조선과 예맥에 이어졌으며 우현왕의 통치지역은 서쪽으로 월지, 저(氐), 강(羌)과 접하였다. 좌우현왕 아래에 좌우곡려왕(左右谷蠡王), 좌우대장(左右大將), 좌우대도위(左右大都尉), 좌우대당호(左右大當戶), 좌우골도후(左右骨都侯) 등이 일정한 지역을 통할하였고 그 아래에 각 부족과 씨족의 수령들인 천장(千長), 백장(百長), 십장(什長) 등이 있었다.[16]

흉노는 중원 지역을 막 통일한 한과의 대결에서 우위를 점하였으므로 한의 공주를 요청하여 이와 결혼하였고 비단 등의 공물을 제공받았다. 흉노는 한과 서역 국가 사이에서 비단 등에 대한 중계무역을 통해 이익을 얻었다.

강의노트

흉노(匈奴)의 발전과 국가구조

ㅇ 발전 : 진말 한초 묵특선우(冒頓單于)가 궁병 30만 이끌고 동쪽으로 동호(東胡) 병합, 북쪽으로 혼유(渾庾)와 정령(丁零) 패퇴, 서쪽으로 대월지(大月氏) 패퇴, 남쪽으로 누번(樓煩) 백양(白羊) 병합, 오르도스 지방 점령

ㅇ 국가의 구조

① 선우정(單于庭) - 선우가 통치, 흉노의 중부

② 좌현왕(左賢王) - 태자가 통치, 동부지역 통할

③ 우현왕(右賢王) - 서부지역 통할

좌우현왕 아래에 좌우곡려(左右谷蠡), 좌우대장(左右大將), 좌우도위(左右都尉), 좌우대당호(左右大當戶), 좌우골도후(左右骨都侯)가 일정한 지역 통할, 그 아래에 천장(千長), 백장(百長), 십장(什長) 존재.

사료 읽기

무왕은 선대의 훌륭하신 제왕들을 추모하고 나서 신농씨의 후손을 포상하고 초(焦)에 분봉하였다. 또 황제(黃帝)의 후손은 축(祝)에 분봉하고, 요임금의 후손은 계(薊)에 분봉하고, 순임금의 후손은 진(陳)에 분봉하고, 우임금의 후손은 사(杞)에 분봉하였다. 그리고 나서 공신(功臣)과 모사(謀士)들에게도 분봉하였는데, 군사(軍師) 태공망에게 가장 먼저 분봉하였다. 태공망은 영구(營丘)에 봉하고, 봉국의 이름을 제(齊)라 하였다. 동생 주공단은 곡부에 분봉하고, 봉국의 이름을 노(魯)라 하였다. 소공석은 연국(燕國)에 봉하였다. 셋째 동생 숙선은 관국(管國)에 봉하였다. 다섯째 동생 숙도는 채국(蔡國)에 봉하였다. 기타 사람들은 등급에 따라 각기 분봉을 받았다.

『사기』, 「주본기」

고구려는 요동의 동쪽 천리 밖에 있다. 남쪽은 조선·예맥과, 동쪽은 옥저와, 북쪽은 부여와 경계를 접하고 있다. 환도(還都)의 아래에 도읍 하였는데, 면적은 사방 2천리가 되고, 호수는 3만이다. 큰 산과 깊은 골짜기가 많고 넓은 들은 없어 산골짜기에 의지하여 살면서 산골의 물을 식수로 한다. 좋은 전지(田地)가 없으므로 부지런히 농사를 지어도 식량이 충분하지 못한다. 그들의 습속은 음식을 아껴 먹으나 궁실(宮室)은 잘 지어 치장한다. 거처하는 좌우에 큰집을 건립하고 (그곳에서) 귀신에게 제사지낸다. 또 영성(靈星)과 사직(社稷)에도 제사를 지낸다. 그 나라 사람들의 성질은 흉악하고 급하며, 노략질하기를 좋아한다. 그 나라에는 왕이 있고, 벼슬로는 상가(相加)·대로(對盧)·패자(沛者)·고추가(古雛加)·주부(主簿)·우태(優台)·승(丞)·사자(使者)·조의(皂衣)·선인(先人)이 있으며, 신분의 높고 낮음에 따라 각각 등급을 두었다. 동이의 옛말에 의하면 (고구려는) 부여의 별종(別種)이라 하는데, 말이나 풍속 따위는 부여와 같은 점이 많았으나, 그들의 기질이나 의복은 다름이 있다.

『삼국지』, 「위서동이전」

그들의 풍속은 한가할 때는 가축을 기르면서 새나 짐승을 사냥하는 것을 생업으로 삼고, 위급할 때는 모두가 싸움에 참여하여 침략하고 공격하는데 이것이 그들의 천성이다. 그들이 먼 거리에 쓰는 무기로는 활과 화살이 있고, 가까운 거리에 쓰는 무기로는 칼과 작은 창이 있었다. 싸움이 유리하면 앞으로 나아가고 불리하면 뒤로 물러서며 달아나는 것을 부끄러운 일로 여기지 않았다. 그들은 조금이라도 이익이 있으면 달려가 예의라는 것을 알지 못했다. 군왕을 비롯하여 모든 사람이 가축의 살코기는 먹고 그 가죽은 옷을 만들어 입거나 침구로 썼다. 장정들이 살지고 맛있는 고기를 먹고 노인은 그 나머지를 먹었다. 건장한 자를 소중하게 여기고 노약자를 가볍게 여기는 것이다. 아버지가 죽으면 아들이 아버지의 후처를 아내로 삼고, 형제가 죽으면 남아 있는 형제가 그 아내를 데려다 자기 아내로 삼았다. 그들의 풍속은 이름 부르는 것을 꺼리지 않으며, 성이나 자가 없었다.

『사기』, 「흉노열전」

그 나라 또한 본래 남자가 왕으로 7~80년을 이어오다 왜국에 난이 일어 여러 해에 걸쳐 공벌(攻伐)하였다. 이에 한 여인을 왕으로 함께 세웠는데 이름은 히미코(卑彌呼)라 한다. 귀도(鬼道)를 행하고 능히 백성을 미혹시켰는데 나이가 먹도록 남편이 없었다. 남자 동생이 있어 치국(治國)을 보좌했다. 왕이 된 이래 (그녀를) 본 자가 적었다. 계집종 천명이 시중들게 하고 오직 남자 한 명이 음식을 공급하며 말을 전했다. 거처에 출입하는 자를 궁실의 망루에서 감시하고 성책을 엄중히 지었고 항상 병장기를 갖춘 위병이 지켰다.

『삼국지』, 「위서왜인전」

3. 동아시아 고대국가 간의 전쟁과 교류

(1) 진 · 한 제국

1) 통일제국 진(秦)

전국 7웅의 하나였던 진(秦)은 법가 정책을 통해 적극적으로 부국강병을 추진하였다. 진은 전국시대의 사상적 배경이던 제자백가 중에서 법가사상(法家思想)을 채택하여 대내적인 통일과 부국강병을 이루게 되는데, 특히 상앙의 변법은 2차에 걸쳐 진 전역에 실시되었다. 제1차 변법(B.C.359)이 씨족공동체적 혈연성의 파괴 즉, 주대의 종법질서를 부정하는 데 있다고 한다면 제2차 변법((B.C.350)은 군주권의 강화와 중앙집권체제의 확립에 있었다.

먼저 1차 변법의 내용을 보면, 호적을 작성하고, 이웃의 5가나 10가를 단위로 십오제(什五制)와 연좌제를 만들어 서로 감시케 함으로써 상부상조의 향리공동체를 없애버렸다. 이로써 씨족공동체는 국가통제 하에 재편성되었다. 다음에는 분가정책(分家政策)으로 같은 집(戶)에 성년남자 두 사람의 동거를 금함으로써 소가족제를 강력히 추진하였다. 또, 군공(軍功)에 따라 작위를 수여하는 군공수작제를 실시함으로써 전공에 따라서 평민도 작위를 얻을 수 있는 반면에 귀족이라도 군공이 없으면 작위가 몰수되었다. 따라서 모든 백성은 작위에 따라 전택(田宅)이나 의복 등 계층의 차별을 두었고 국가의 공로자로 우대하였다. 2차변법의 내용을 보면, 분가정책을 더욱 강화하여 성년이 된 부자(父子), 형제의 동거를 금하고, 각각 독립된 호를 갖도록 하였다. 또 종래의 향읍(鄕邑) 등과 같은 마을을 병합하여 현(縣)으로 만들고, 그곳에 관리(현령과 현승)를 파견하여 다스림으로써 군현제적 지배체제를 확립하였다. 이와 함께 부세(賦稅)와 토지제도를 개혁하여 국가의 직접적인 지배를 강화하여 나갔다.

진은 충실해진 국력을 기반으로 6국을 정복하여 기원전 221년 통일을 완성하였다. 이로써 중국에서 역사상 최초의 통일제국이 출현하였다. 진이 통일을 이룬 데에는, 화폐경제가 발전하자 통치 영역을 초월하여 지역 간 경제적 의존관계가 긴밀해 지면서 경제적 통일 요구가 증대한 사회경제적 배경과, 화하로서의 민족적 동류의식이 강화되어 이민족에 대해 한족이 공동으로 대응하고자 한 민족적 배경 또한 중요한 작용을 하였다.

전국을 통일한 진왕 영정은 황제라는 칭호를 처음으로 사용하고, 전국에 군현제를 시행하여 중앙집권체제를 강화하였다. 또한 도량형과 화폐, 문자를 통일하고 도로망을 정비하였으며 분서갱유를 일으켜 법가 이외의 사상, 특히 유가 사상을 탄압하였다. 밖으로는 몽염을 시켜 흉노족을 정벌하여 오르도스 지방에서 몰아내고, 재침입을 막기 위해 연, 조, 위가 쌓은 장성을 보수하여 새롭게 만리장성을 쌓았다. 그러나 진은 시황제의 사망 이후 급속하게 쇠퇴하였다. 환관 조고의 전횡으로 정치가 문란해졌고, 엄격한 법 시행과 대토목 공사에 대한 불만으로 농민들의 봉기가 잇달았다. 이러한 혼란 속에 항우와 유방이 군사를 일으켜 각축을 벌였으며 그 결과 진이 멸망하고 유방이 세운 한(漢)이 새로운 통일 왕조로 등장하였다(기원전 202년).

강의노트

진의 통일과 황제지배체제

- ㅇ 진의 통일기간 : 15년(BC 221-206)
- ㅇ 진 통일의 의의
  - 중국역사상 최초의 통일제국 출현
  - 황제지배체제의 확립 : 군현제, 관료제 → 중앙집권적 전제군주체제 확립
  - 통일제국의 영역 → 만리장성을 경계로 하는 중국영토의 고정화
  - 시황제의 전제적 통치방법 → 동아시아 각국 국가통치의 정형화
- ㅇ 황제지배체제의 성격과 배경
  - 성격 : 중앙집권적 관료제와 군현제의 전국적 실시, 전국민에 대한 개별인신적 지배
  - 사상적 배경 : 법가주의, 신비주의, 유교이념

2) 한(漢)의 정치와 사회

한 고조는 진의 멸망을 거울삼아 군현제와 봉건제를 절충한 군국제를 실시하였다. 무제는 제후의 권한을 약화시키고(삭번책) 군현제를 실시하여 중앙집권체제를 확립하였으며, 향거리선(鄕擧里選)이라는 추천 방식의 관리 등용제를 마련하고 동중서의 건의로 유학을 관학으로 삼았다. 한은 무제 때에 최대 판도를 이루었으나 잦은 전쟁으로 재정이 크게 악화되었다. 한 무제는 재정을 확보하기 위해 상공업을 통제하고 소금과 철 등을 국가가 전매하는 경제 정책을 시행하였다. 이 같은 통제 정책은 상업 활동을 위축시키고 농민에게 과중한 부담이 되었다.

강의노트

한 무제의 중앙집권정치(BC.140-BC.87)

○ 한 무제의 정치

① 중앙에서 파견하는 관리의 수 증가 → 지방행정기구 강화(군국제 → 군현제)

② 제후에 대한 억압 : 추은령, 주금률, 좌관률, 부익률, 아당률

③ 감찰제도의 강화 : 수도를 포함한 전국을 13곳의 감찰구로 나누어 자사(刺史) 파견

④ 중앙행정기구의 개혁 : 진의 삼공(승상·태위·어사대부) 중에서 승상의 권한 축소, 황제의 비서격인 상서(尙書)· 중서(中書) 중용

⑤ 유교의 국교화 : 충효를 중시하는 유교를 관학화. 유학자인 동중서(董中舒) 발탁, 장안에 오경박사(五經博士)를 두고 교육시켜 우수한 학생을 선발하여 낭중(郎中 ; 관리후보생)으로 발탁, 지방에는 효렴과(孝廉科) 설치하여 관리 등용. 국립대학격인 태학(太學)을 두어 우수한 자를 관료로 선발.

⑥ 신경제정책 단행 : 염철주(鹽鐵酒) 전매, 균수법(均輸法), 평준법(平準法) 시행

한 무제 시대는 사회·경제면에서도 커다란 변혁기였는데, 이때 이후 대토지 사유제가 사회 전체로 확산되면서 지방의 부호세력이 호족으로 변모하기 시작하였다. 한대 호족세력의 발전에는 몇 가지 사회·경제적 요인을 찾을 수 있다. 우선 수공업과 상업의 발달은 상인계층으로 하여금 투기에 의한 거금을 잡을 수 있게 만들었고 이를 다시 토지에 투자하여 대토지를 사유하게 되었다. 한대 사회는 상인의 경제력이 사회를 지배할 정도로 그 힘이 막강하였으며 이들은 상품생산을 목적으로 대농장을 경영하고 고리대금업을 하면서 막대한 부를 챙길 수가 있었고 점차 지방 호족으로 변모하였다. 다음으로 한대에는 철제 농기구의 보급과 우경(牛耕)의 일반화로 농업기술과 수리관개기술이 발전하면서 호족에 의한 집단적인 토지개간이 이루어져 대토지 사유가 촉진되었다. 호족의 대토지 소유방법에는 두 가지 유형이 있었다. 하나는 이미 개발된 지역에서 토지를 매입하여 점차 대토지를 소유

하는 것이었다. 이 때 호족은 권력과 결탁하거나 불법적인 강압수단으로 소농민의 토지를 겸병하였는데 이를 겸병호족이라 하였다. 또 다른 방법은 황무지의 개간이나 변경지 개척을 통해 대토지를 소유하는 것이었다. 이때에는 수많은 식객이나 종인, 그리고 유민을 투입하여 대대적인 개간사업을 추진하였는데, 이를 개발호족이라고 하였다.

1세기 초 외척인 왕망이 정권을 잡아 신(新)을 세우고 토지의 국유화를 선포하는 등 급진적 개혁을 추진하였다. 그러나 왕망의 개혁은 실패로 돌아가고 호족 세력의 후원을 받은 광무제가 후한을 건립하였다. 후한은 호족 연합 정권이라는 성격을 가지고 있었고 호족들에 의한 대토지 소유는 더욱 확대되었다. 후한 시대 호족의 대부분은 경

그림 9 후한 시대 호족의 다층가옥

제력(대토지)과 군사력(私兵)을 함께 보유하면서 그 세력기반을 확대하여 나감으로써 부익부 빈익빈의 사회적 모순을 야기하였다. 황제권이 강할 때 호족은 그 세력이 위축되기도 하였으나 황제권이 외척이나 환관에 의해 농락되고 약화될 때는 이들과 결탁하여 그 세력을 키워나갔다. 이로 인해 다음에 오는 위진 남북조 시대에는 완전히 호족사회로 발전하면서 호족세력은 문벌귀족사회의 기반을 구축하게 되었다.

2세기 초부터 부패한 외척, 환관, 관료 세력 사이에 권력 다툼이 일어나 후한의 통치력이 약화되자 토지를 잃고 몰락한 농민들이 반란을 일으켰다(황건적의 난). 이를 계기로 각지의 유력한 호족들이 독립하여 위·촉·오의 삼국시대가 전개되었다.

강의노트

한대 대토지소유제와 호족의 등장

○ 한대 대토지 사유와 호족의 등장 원인

① 수공업, 상업의 발전 → 상인계층의 성장 → 토지에 대한 투자, 대토지 사유, 대농장 경영, 고리대금업 → 지방 호족화

② 철제 농기구의 보급, 우경의 일반화 → 농업기술, 수리관개기술 확충 → 호족의 집단적 토지개간 → 대토지 사유 촉진(개발호족)

③ 호족이 권력과 결탁 또는 불법적 강압수단으로 소농민의 토지 겸병(겸병호족)

○ 호족의 발전

① 혈연을 기반으로 종족이 긴밀하게 친속관계 유지, 재능·지식·무력 지닌 객(客)과 결탁,

② 타지역의 호족과 통혼 또는 경제적 이해관계로 긴밀한 유대 형성

③ 중앙과 지방의 관료나 정치적 실력자를 재물로 매수하여 사회적 기반을 더욱 강화

→ 황제권이 외척, 환관에 의해 약화되자 호족과 결탁(후한 정권은 호족연합정권)

→ 위진 남북조 시대 호족사회, 문벌귀족사회 형성

(2) 한의 고조선·흉노 정복 전쟁

1) 한-고조선 전쟁

고조선은 중국 춘추전국시대와 진한 교체기에 여러 국가와 교류하였다. 『삼국지』 한전에 인용된 『위략』에 따르면, 기원전 4세기 무렵 연이 강성해져 스스로 왕을 칭하자 조선후(朝鮮侯) 또한 왕을 자칭하고 연을 공격하고자 했다고 한다. 왕을 칭했다는 기록을 토대로 하면, 이 시기 고조선은 이미 국가로 성장해 있었다고 볼 수 있다. 이후 연은 장수 진개를 보내 고조선의 서쪽을 공략하였고, 이로 인해 고조선은 중심지를 랴오닝 지역에서 평양 지역으로 이동하게 되었던 것으로 여겨진다. 철기 문화를 바탕으로 군사적, 경제적으로 성장한 위만 조선은 북방에 있는 흉노와 손을 잡고 한의 영향력에서 벗어나 독자적 세력권을 형성하려고 노력하였다. 한 무제는 고조선이 흉노와 연결되는 상황을 우려하여 대규모 정벌군을 조직해서 침략을 감행하였다. 기원전 109년 7000명에 이르는 수군 병력과 5만 명의 육군 병력이 수륙 양면으로 고조선을 공격해 왔다. 고조선은 험한 곳에 군사를 배치하여 첫 싸움에서 대승을 거두었고 그 후 1년여에 걸쳐 한에 대항하였다. 그러나 장기간 전쟁으로 지배층이 주전파와 주화파로 분열되었고, 우거왕이 살해당한 후에도 백성들과 함께 왕검성을 지키던 대신 성기(成己)마저 죽임을 당하면서 결국 왕검성이 무너졌고 이에 고조선은 멸망하였다(기원전 108년).

고조선의 멸망은 한의 공세가 치밀했기 때문이 아니라 내부 분열에 의한 것이었으므로 한 무제는 전쟁 과정에 벌어진 실패의 책임을 물어 한군의 지휘관들을 처벌하였다. 이 전쟁에 대해 사마천은 "모두 욕을 당하고 장수로서 공을 세워 후(侯)에 봉해진 자가 없었다."고 기록할 정도였다. 반면 한에 투항한 고조선의 지배층은 모두 벼슬을 받았다. 고조선을 무너뜨린 한은 그 자리에 낙랑, 진번, 임둔, 현도 4개의 군을 설치하고 관리를 보내 다스렸다. 그러나 고조선 유민들의 강력한 반발로 진번, 임둔군은 20여 년 만에 없어지고, 현도군은 고구려에 의해 서쪽으로 밀려났으며 낙랑군 역시 31년 고구려에 병합되었다.[17)]

2) 한 - 흉노 전쟁

고조 이래로 흉노 우위의 정세 속에서 흉노와 평화관계를 유지하고 있던 한은 무제 시기에 이르러 대외 전쟁을 치룰 수 있을 정도로 국력이 성장하면서 흉노와의 일전을 준비하기에 이르렀다. 흉노 정벌을 결정한 한 무제는 월지와 동맹을 맺기 위해 기원전 139년 장건을 서역으로 파견하였다. 사절단 일행은 농서 지역을 통과하다가 흉노에게 붙잡혔다. 장건은 10년간 포로생활을 하면서 흉노인 아내를 얻고 자식까지 낳았으나, 기원전 129년 탈출에 성공하여 파미르 고원을 넘어 대완(大宛)에 도착하였고 길안내를 받아 대월지를 찾아갔다. 그러나 소기의 목적을 달성하지 못하고 귀환하다가 타림분지 남변의 강족이 사는 지역에서 다시 흉노의 포로가 되었다. 1년 뒤인 기원전 126년 장건은 다시 탈출하여 장안으로 귀환했다. 장건은 여행을 하는 동안 보고 들은 바를 무제에게 보고했고 그 내용은『사기』,「대완열전」에 상세하게 기록되어 있다.

기원전 129년 한 무제는 흉노에 대한 전쟁을 개시하여 여러 차례에 걸쳐 위청(衛靑)과 이광리(李廣利), 곽거병(霍去病) 등에게 대군을 이끌고 출격하게 해 큰 전과를 올렸다. 기원전 121년 표기장군 곽거병이 하서 지역을 빼앗기 위해 기병 1만 명을 이끌고 흉노와 전투를 벌였다. 곽거병은 농서, 연지산을 차례로 지나 1000여리를 진격하여 흉노의 소왕과 휴도왕을 죽이고 제천금인(祭天金印)을 손에 넣었다. 같은 해 여름 곽거병은 다시 출병하여 거연을 지나 기련산(祁連山)에 이르러 흉노군 수급 3만을 얻고 소왕 이하 120인을 포로로 삼았다. 곽거병의 대승리로 인해 흉노의 서쪽 방비는 붕괴되었다. 흉노의 선우가 이 지역의 수비를 맡고 있던 혼야왕을 나무라자 죽임을 당할까 두려워한 혼야왕은 한에 투항하였다. 한 왕조는 혼야왕의 옛 땅에 무위(武威 ; 凉州), 장액(張掖 ; 甘州), 주천(酒泉 ; 肅州), 돈황(敦煌 ; 沙州)의 하서4군을 설치하여 하서회랑 일대를 통제하기 시작했고 실크로드의 길목을 장악하였다. 흉노는 하서회랑에서 밀려나 동서로 분열(기원전 50년경)되었으며, 다시 후한 대에 남북으로 분열(기원후 48년)된 이후 북흉노가 후한과의 전쟁에서 패하여 2세기 중반 서쪽 초원 지대로 이동하였다. 이들은 375년부터 시작된 게르만 민족 대이동의 도화선이 된 훈족과 같은 민족으로 보기도 한다. 남흉노는 만리장성 이남에 정착하였으나 이후 반란을 일으켜 5호16국 분열의 한 원인을 제공하였다.

강의노트

장건(張騫)의 서역여행과 비단길

- 협의의 서역 : 옥문관(玉門關)과 양관(陽關) 이서와 파미르 고원 이동 즉 발하시 호 동쪽과 남쪽으로는 신강성의 광대한 지역 의미
- 광의의 서역 : 아시아 대륙의 중부, 서부, 인도반도, 유럽동부, 아프리카 북부 포괄.
- 서역 제국가 : 서역 36국
  대월지, 대하(大夏 ; 박트리아, 현 아프가니스탄 영내), 안식국(安息國 ; 파르티아, 현 이란 영내), 대원(大宛), 강거(康居 ; 지금의 러시아 영내), 오손(烏孫 ; 신장성 이녕 일대)
- 장건의 파견
  ① 무제는 대월지와 우호관계를 맺기 위해 기원전 138년 장건을 서역에 파견
  ② 장건은 돌아와 서역의 풍속과 인정에 대해 보고함, 한서 서역전의 초기 자료 제공.
  ③ 기원전 119년 한이 하서회랑을 통제하고 제3차 전투를 진행하려 할 무렵 다시 장건을 보내어 오손과의 합공을 도모. 오손, 대원, 강거, 월지, 대하와 수교하면서 한과 서역의 통로가 열림.

사료 읽기

'옛적에 천황·지황·태황이 있었는데, 태황이 가장 존귀하였다.'그래서 신들은 감히 '왕'을 '태황'으로 바꾸어 존호를 올리는 바입니다. 또 왕의'명(命)'은 '제(制)'로, '영(令)'은 '조(詔)'로 바꾸고, 천자의 자칭으로 '짐(朕)'을 사용하시기 바랍니다." 진왕이 말했다. "'태'자를 빼고 '황'자를 남겨두고, 상고 시대의 '제(帝)'의 위호를 채용하여 '황제'라고 하겠다. 다른 것들은 그대들이 의논하여 정한 바대로 하리라." 그리하여 칙령을 내려 이를 재가하였다.

「사기」 진시황본기

조선 임금 만(滿)이란 자는 옛날 연(燕)나라 사람이다. 연이 전성기로부터 일찍이 진번(眞番)과 조선을 침략하여 자기 나라에 붙이고 관리를 두고 국경에 성과 요새를 쌓았다. 진(秦)이 연을 멸한 뒤에는 (그곳을) 요동 밖 변방에 소속시켰는데, 한(漢)이 일어나자 지방이 멀어서 지킬 수가 없기 때문에 다시 요동의 옛 요새를 수리하여 패수(浿水)에 이르는 곳을 경계로 하여 연에 복속시켰다. 연왕(燕王) 노관(盧綰)이 (한을) 배반하고 흉노로 들어가자 만은 도망해서 무리 천여 명을 모아 북상투를 하고 오랑캐의 옷을 입은 채, 동쪽으로 달아나 국경을 지나서 패수를 건넜다. 이리하여 진나라의 옛날 빈 터인 상하장(上下鄣)에서 살았다. 여기에서 그는 차츰 진번(한4군의 하나. 한 무제가 위만조선을 멸망시키고 설치했으며, 임둔과 함께 폐지되었고, 그 일부가 낙랑에 병합됨)과 조선, 그리고 오랑캐 및 옛날 연과 제(齊)에서 도망한 자들을 자기에게 복속시켜 거느리고 왕이 되었으며, 왕검(王儉)에 도읍을 정했다.

「사기」, 「조선열전」

연에서는 조양에서 양평에 이르는 장성을 쌓고 상곡군, 어양군, 우북평군, 요서군, 요동군을 두어 흉노를 방어했다. 이 무렵 의관 속대를 하는 예절이 있는 나라는 전국 칠웅이 있었는데 그중 세 나라[연(燕)·조(趙)·진(秦)]는 흉노와 국경을 맞대고 있었다. 그 뒤 조나라 장수 이목이 있는 동안은 흉노가 감히 조나라의 변경으로 쳐들어오지 못했다. 그 뒤 진나라가 여섯 나라를 멸망시켰다. 시황제는 몽염에게 군사 10만 명을 이끌고 북쪽으로 가서 흉노를 치게 하여 하남 땅을 모두 손에 넣었다. 황하를 이용하여 요새를 만들고, 황하를 따라 현성 마흔네 개를 쌓고 죄수들로 이루어진 군사를 이곳으로 옮겨 살게 했다. 그리고 구원(九原)에서 운양까지 쭉 뻗은 길을 개통시켰다. 험준한 산을 국경으로 삼고 골짜기를 이용하여 참호로 삼았으며, 보수할 수 있는 곳은 보수하여 임조에서 요동까지 만여 리에 달하는 대장성(大長城)을 쌓았다. 또 황하를 건너 양산과 북가까지 차지했다.

『사기』, 「흉노열전」

4. 고중세 시기 동아시아의 인구이동과 민족교류

(1) 만주와 한반도에서의 인구이동

고조선 멸망 이후 만주 북부의 쑹화 강 일대에서는 부여가 성장하였다. 기원전 1세기경 권력 쟁탈전에서 패한 주몽 일파는 압록강 중류의 졸본 지방으로 남하하여 그곳에서 고구려를 세웠다(기원전 37년). 이들은 토착민의 협조를 받으며 주변 소국을 정복하고 영토를 넓혀 갔다. 졸본에서 국내성으로 도읍을 옮긴 후 정복 활동은 더욱 활발하게 전개되었다. 동쪽으로는 옥저를 정복하고 서쪽으로는 한 군현 세력을 몰아내어 요동 지방으로 진출하기 시작하였다. 고구려가 성장하면서 정권 내부에 정치적 갈등이 생기자, 권력 다툼에서 밀려난 지배층의 일부가 한강 유역으로 남하하여 백제를 건국하였다(기원전 18년). 백제는 한강 유역을 차지해 해상세력으로 성장하였으며 토착세력인 마한을 정복하며 점차 한반도 남부로 세력을 넓혀 갔다. 또한 중국으로부터 선진 문물을 받아들여 관등제를 정립하는 등 지배 체제를 정비하였다. 한편, 한반도 동남부 서라벌 지역의 토착 세력은 철기 기술을 지니고 이동해 온 고조선 유민과 연합하여 사로국을 발전시키고 신라를 세웠다. 신라는 박·석·김 세 성씨 집단이 번갈아 왕위에 오르며 발전하였다. 낙동강 하류에서는 철기 문화와 농업 생산력을 바탕으로 작은 나라들이 세워졌고 김해 지역의 금관가야를 중심으로 이주민 집단과 토착 세력이 연합하여 가야 연맹이 성장하였다. 특히 가야 연맹은 풍부하게 생산되는 철을 바탕으로 낙랑과 왜를 연결하는 해상무역을 전개하였고, 그 과정에서 많은 사람들이 규슈 지방 등 왜로 이주하였으며 이후 두 지역 사이의 인적·물적 교류가 활발해졌다. 4세기에 낙랑군이 고구려에 의해 완전히 멸망한 이후에는 그 유민의 일부가 한반도 남부로 이동하여 백제와 가야 연맹의 발전에 이바지하였다. 삼국과 가야 연맹은 경쟁적으로 영토를 확장하며 정복 전쟁을 벌였다.

인구 이동 과정에서 등장한 고구려·백제·신라는 고대 국가로 발전하는 과정에서, 안으로는 체제를 정비하고 밖으로는 영토의 확장을 꾀하면서 항쟁하였다.

먼저 고구려는 태조왕 이래의 정복사업 및 중국 세력과의 성공적인 항쟁에 힘입어 계루부 고씨(高氏) 중심의 왕권이 더욱 강화되었고 국가체제는 점점 중앙집권적으로 되어갔다. 고국천왕 때에 이르러서는 고구려 연맹왕국을 형성하고 있던 소국으로서 그 자체 부족적인 전통을 지녀온 5족(族)이 5부(部)로 개편되었고 왕위의 계승이 형제상속에서 부자상속으로 바뀌었으며 특정한 부족에서 왕비를 맞이하게 되었다. 고구려의 국가체제 정비는 소수림왕 때에 이르러 완성되었다. 먼저 372년 불교를 수용하고 태학을 설립하였으며 373년 율령을 반포하였다. 율령은 국가통치의 근본이 되는 성문법으로 법전에 의해 왕권을 합법화하는 것을 그 목표로 삼고 있는 것인데 율령의 반포는 바로 국가조직 그 자체의 정비를 의미하며 고구려가 중앙집권적 귀족국가의 체제를 갖추었음을 뜻하는 것이다. 그리고 태학은 새로운 관료체제의 운영상 필연적으로 요청되는 율령 관료층의 확보를 위하여 필요하였던 것으로 보인다.

백제는 고이왕 27년(260)에 6좌평을 두어 각기 직무를 나누어 맡게 하고 아울러 16품의 관등을 제정하였으며 또 품계에 따라서 그 복색을 정하였다. 백제는 고이왕 때에 이미 연맹왕국을 완성한 것으로 보인다. 고이계의 왕위계승이 확립된 근초고왕 대에 왕실은 진씨 왕비족을 왕권의 지지세력으로 삼음으로써 왕권의 정치적 기반을 공고히 하고 그 바탕위에서 정복적 팽창을 추진하고 대 고구려전을 수행해 나갔다. 즉 중앙집권적인 귀족국가로서의 체제를 정비하여 왕위의 계승도 종래의 형제상속에서 부자상속으로 바뀌게 되었다. 한편 왕족과 왕비족 출신들은 일반 서정과 병권을 장악함으로써 정치운영의 핵심을 이루었다. 근초고왕은 박사 고흥으로 하여금 백제의 국사인 "서기"를 편찬케 하였는데 이는 강화된 왕권과 정비된 국가의 면모를 과시하려고 한 것이었다.

3세기 말까지의 사로국은 연맹왕국으로서의 발전단계에 이르렀으면서도 그 주변 국가와의 관계에서 연합과 동맹 혹은 군사적인 제압과 이반을 되풀이 하는 상태였다. 신라가 연맹왕국을 완성한 것은 내물 마립간(356-402) 때로 추정된다. 마립간이라는 왕호를 붙인 것은 사로국이 왕국으로 비약하고 있던 것을 말해주고 있다. 그 후 김씨가 왕위를 독점 세습한 것이라든지 전진에 사신을 파견한 것은 연맹왕국을 완성한 단적인 표징이 된다. 신라가 중앙집권적인 귀족국가로서의 체제를 갖추게 된 것은 6세기 초의 일이었다. 즉 지증왕 3년 우경이 시작되어 농업발전에 커다란 계기가 마련되었고 국호를 '신라'로 정하고 '마립간' 대신에 중국식 왕호를 사용하여 중국의 정치조직 자체를 받아들이려 하였다. 또한 지방제도로서의 주군제도는 군사적 성격을 지녔으나 점령지 확보책으로서는 중요한 의미를 갖는 것이었다. 그리하여 법흥왕때에 이르러 중앙집권적인 귀족국가로서의 통치체제를 갖추게 되었는데 먼저 율령이 반포되고 병부가 설치되었으며 진골 귀족회의의 대표자로서 상대등 제도가 채택되었다. 그리고 '건원'이라는 독자적인 연호를 세운 것은 대내적으로는 왕권이 확립되고 대외적으로는 중국과 대등한 국가라는 자각을 갖고 있었다는 증거가 된다.

4세기부터 본격화된 삼국의 투쟁에서 백제가 먼저 흥기하였으나 5세기에는 고구려가 주도권을 잡았다. 고구려는 중국의 남북조와 외교관계를 맺어 후방을 안정시키고 한반도로 남진하여 한강 유역을 장악하였다. 백제와 신라는 나·제 동맹을 맺어 이에 맞섰다. 6세기에는 신라가 한강 유역을 차지하고 중국과 직접 교류하며 선진 문물을 받아들였다. 이렇게 삼국의 항쟁이 치열해지자 한반도에서 많은 사람들이 전란을 피해 왜로 건너갔다.

(2) 도래인의 일본 이주

한반도에서는 기원전 2세기말 늦어도 기원전 1세기에 청동기와 함께 철기를 사용하게 되었다. 일본 열도의 철기 사용은 한반도의 철기 사용과 연동되어 있으므로, 청동기의 전래와 함께 철기도 전해졌다. 그러나 제철기술은 제동기술에 비해 높은 수준의 기술이었으므로, 일본 열도에서 사철이나 철광석을 이용하여 직접 철을 제련할 수 있게 된 것은 5세기 말 내지 6세기 초로 생각된다. 일본 열도에 철기 및 제철기술을 전하는 데 가장 직접적인 역할을 한 지역은 김해를 중심으로 가야지역이라 할 수 있다. 『삼국지』「위서」 동이전 변진조에 나오는 철 생산 지역은 철기의 출토 상황으로 미루어 변한 지역일 가능성이 높으며, 그 중에서도 김해 지역에 있었던 구야국(狗倻國)이 가장 유력

하다. 구야국의 다른 이름인 '금관국(金官國)'의 금은 쇠를 의미하였으며 『일본서기』에서는 김해의 구야국을 '수나라(須那羅)', '소나라(素那羅)'로 표기하기도 하였는데 이는 '쇠나라'를 나타내고 있다고 볼 수 있다. 3세기 말 무렵 왜(倭)는 가야 지역에서 산출되는 철 원료와 철제품을 받아들여 사용하였으며 이 때부터 시작된 한반도와 일본 열도 사이의 철 교역은 일본 열도에서 제철을 할 수 있게 된 5세기 말에서 6세기 초까지 계속되었다.[18)]

도래인은 한반도와 중국에서 일본으로 이주한 사람을 의미하였다. 5세기 이후 고구려의 압박을 받은 백제나 가야인들이 일본으로 많이 이주해 왔다. 도래인들은 금(錦)이나 능(綾)과 같은 고급 견직물을 만들고, 새로운 야금술을 전했으며 철제농기구, 무기, 갑옷과 투구, 금은 장식구를 만들었다. 이들은 고분 축조에서 대륙계의 횡혈식 석실 보급에도 공헌했고, 스에키(須惠器)라는 경질의 도기를 생산하였다. 스에키는 성형할 때 물레를 사용하고 가마 속에서 1000도 이상의 고온과 환원염으로 구워 암청회색이 나는 경질 도기이다. 스에키는 상층 계급에 제공되었고, 서민들은 종래의 야요이 토기의 계통을 잇는 하지키(土師器)를 일상 생활의 도구로 사용했다. 스에키 기술은 일본의 전통적인 도자기 생산의 모태가 되었다. 또 도래인은 일본에 한자를 전하고 문필(文筆)에 대한 일을 담당하여 야마토 정권의 기록계로서 외교, 징세, 출납 등 여러 면에서 활약했다. 6세기가 되면 백제에서 불교가 전해지고, 오경박사 · 역(易)박사 · 역(曆)박사 · 의(醫)박사가 와서 유교도 전해 주어 일본의 고대 문화 형성에 크게 공헌했다.

(3) 화북에서 강남으로의 민족 이동

후한이 멸망(220)하자 화북과 강남을 포함한 중원 지역에는 위·촉·오 삼국이 분립하여 경쟁하였고, 흉노를 비롯한 북방 유목 민족들은 장성 이남의 농경 지역으로 사민(徙民)되어 국가 간 완충지대를 형성하거나 용병 등으로 이용당하였다. 후한 시대부터 중원으로 들어와 살기 시작한 서북방과 북방의 이민족은 299년 이미 관중 지역 인구의 과반수를 차지하고 있었고 이들과 한족 사이의 갈등이 점차 첨예화되어 갔다.

위(魏)의 권신 사마의(司馬懿)가 정권을 장악한 후 호족세력의 지지를 기반으로 민심을 수습하는 한편 촉을 멸하고 요동의 공손씨를 정벌하니 사마씨의 지위는 확고하게 되었다. 이리하여 사마의의 손자 사마염은 선양의 방법으로 진(晋)을 건국하였는데 이가 진 무제(武帝)이다. 무제는 오를 병합하면서 통일을 달성하자 상비군을 축소하여 주군(州郡)에 소속된 군대를 해산하고 왕자들을 지방의 요지에 분봉하는 봉건제를 실시하여 그들을 왕실의 울타리로 삼고자 하였다. 그러나 이러한 봉건제의 시행은 왕자들의 세력을 강화시켜 서진 멸망의 중요한 원인이 된 8왕의 난(291-306)을 가져오고 말았다. 이어 5호(胡) 침입의 시작이 된 영가(永嘉)의 난이 겹쳐 진은 통일된 지 36년 만에 남흉노의 유연에게 멸망당하였다(316).[19]

오호가 중원으로 침투하자 화북 지역의 한족 중 많은 수가 피난을 떠났다. 이주민의 대부분은 강남으로 이동하여 그곳에 있던 토착민과 연합해 동진을 건국하였다. 이는 북방 민족의 침략으로부터 강남을 보전해야 한다는 점에서 이해가 일치하였기 때문이었다. 동진이 멸망한 후 강남 지역에는 송, 제, 양, 진이 잇달아 들어서 북조와 대립하면서 남북조 시대를 이루었다. 중원에서 강남으로 이주한 한족 귀족층은 왕조가 바뀌어도 여전히 고위 관직을 독점하여 귀족 사회를 유지하였다. 이들을 중심으로 문벌 귀족 사회가 형성되었다. 귀족 사회가 발달한 남조에서는 혼란스러운 현실 사회를 회피하고자 한 도가 사상과 청담 사상이 발달하였다. 불교와 함께 도교가 유행하면서 귀족 사이에 속세를 벗어나 자연에서 은둔 생활을 하는 풍조가 유행하였다. 경제적으로는 화북에서 이주한 주민들에 의해 새로운 농법과 토목 기술이 강남에 전래되고 창장 지역의 저습지가 관개 시설을 통해 개간되어 수전 농법이 발달하면서 농업 생산력이 향상되었다. 이러한 생산력의 발달은 남북조 시대를 거쳐 당송대까지 지속되었다.

강의노트

5호의 화북진출과 16국의 분립

(1) 5호의 등장과 호한체제(胡漢體制)의 성립
- ㅇ 5호 : 흉노(匈奴), 선비(鮮卑), 저(氐), 갈(羯), 강(羌)
- ㅇ 5호의 중국 내지 이동
  - 후한 초기 흉노의 남북분열, 남흉노의 중국 복속
    → 중국 내지로의 이주, 흉노족의 지배하에 있던 저, 강 족도 중국의 지배하에 놓임.
  - 후한 정부의 토벌로 강족은 관중지방으로, 저족은 파촉지방으로 집단 이주
  - 삼국시대 위, 촉이 경쟁적으로 저족과 강족을 관중지방으로 이주시키는 정책 실시.
- ㅇ 5호의 발전
  - 후한 말, 삼국시대 혼란상황을 틈타 서서히 남하 시작.
  - 4세기 초 서진사회의 내분시기 부족사회 탈피, 민족국가 수립, 호한체제 수립.

(2) 5호16국 시대
- ㅇ 5호16국 시대 : 남흉노의 유연이 한을 세운 영가의 난(304)부터 북위가 화북지방을 통일(439)하기까지 135년.
- ㅇ 5호16국 시대의 시작

- 남흉노 유연의 한(漢) 건국(304), 서진 멸망(316)
- 저족이 성도(成都) 점령 후 성한(成漢) 수립으로 본격적 5호16국 시대 시작

○ 5호16국 시대의 성격
- 역사상 처음으로 북방민족이 만리장성을 넘어 화북지방 진출, 민족국가 건설
- 진한, 수당 제국의 일원적·안정적 지배체제와 달리 정권의 다극화·불안정성이 극에 달함
- 민족적으로 호한(胡漢) 양 민족의 병존

○ 동진(317-420)의 수립 : 진의 황족으로 강남의 양자강 유역을 지키던 사마예(司馬睿)가 건강(建康 ; 남경)에서 황위에 오름.

○ 5호16국 : 2조(전조, 후조), 3진(전진, 후진, 서진), 4연(전연, 후연, 남연, 북연), 5량(전량, 후량, 남량, 북량, 서량), 성한, 하 (한인 정권 - 전량, 서량, 북연)

---

(4) 한반도 유민의 확산

당에게 멸망당한 백제와 고구려의 옛 지배층은 중국 내지로 강제 이주되어 거친 땅에 정착하였다. 당의 장교와 병사들에게 상으로 하사된 포로들도 있었다. 이들은 고국과 접촉할 가능성이 전혀 없는 지역에서 척박한 땅을 개간해서 먹고 살아야 했다. 또한 유민들은 당의 지방 군사력으로 조직되어 활용되었는데 군공을 세워 중국 기록에 등장하는 사람들도 많다. 당 사회에서 한인들은 변경의 무관직을 기피하였기 때문에 군공은 세력기반이 없는 유민들이 지위를 상승할 수 있는 가장 확실하고 빠른 길이었다.

한편 자진해서 투항한 인물들은 당의 지배층으로 흡수되었다. 연개소문의 맏아들로서 동생 남건에게 권력을 빼앗기자 당군에 투항하여 고구려 멸망에 앞장섰던 남생이나 당군과 밀통하여 평양성 문을 열어주었던 고요묘와 같은 자는 당에서 높은 지위를 누리며 살았다. 백제

부흥운동을 일으켰다가 투항한 후 부흥운동의 근거지였던 임존성을 공격하여 당에게 바친 흑치상지도 당 장수로서 활약하였다.

당은 백제, 고구려 옛 땅을 중국식 지방제도인 도독부, 주, 현으로 재편한 후 당에 협력하는 현지의 유력자들을 관리로 등용하여 지배하였다. 고구려에는 백제의 웅진도독부와 신라의 계림대도독부까지 총괄하는 상위기관으로 안동도호부도 설치되었다. 당의 통치가 강화되면서 옛 고구려 백성들이 반발하자 요동의 정세가 불안해졌다. 이에 당은 장안에 잡아 두었던 고구려 마지막왕인 보장왕과 백제 왕자 부여융 및 유민들의 일부를 요동으로 보내 이들을 활용하여 반발을 진정시키려 하였다. 이때 당은 고구려 유민을 감시하는 역할로 남생도 함께 보냈다. 당의 기대와 달리 보장왕은 말갈과 손을 잡고 반역을 도모하다 발각되어 유배되었고 유민들도 다시 강제이주 되었다. 이러한 고난의 과정 속에서도 고구려인의 정체성을 잃어버리지 않은 유민들이 남아 있었다. 696년 여러 이민족들이 강제 이주되었던 영주 지역에서 탈주한 말갈인과 고구려 유민들이 세운 발해가 고구려의 계승국을 자처했다는 사실이 그 증거일 것이다.

백제와 고구려의 유민들 중 신라와 일본으로 들어간 사람들도 많았다. 고구려 왕족인 안승은 4천호를 거느리고 신라로 들어갔으며 검모잠이 주도하던 고구려 부흥운동이 좌절되자 참여했던 사람들의 대부분도 자진해서 신라로 들어갔다. 신라는 670년 안승을 고구려왕으로 책봉하여 유민들의 나라를 세워주고 번국으로 삼아 신라의 위신을 높이는데 활용하였다. 신라는 이들을 당과의 항쟁에 이용하였으나 나당전쟁이 종결되자 신라의 백성으로 편재해 버렸고 이로써 고구려 부흥운동도 끝이 났다. 백제 멸망을 전후하여 많은 유민들이 왜로 망명하였다. 백강구 전투마저 패배로 끝나자 백제 유민들은 부흥의 희

망을 버리고 왜군을 따라 갔다.[20)]

이렇듯 7세기에는 유민의 형태로 일본에 이주하였지만 이전부터 삼국과 일본 사이의 인구의 이동과 문화의 교류는 성행하였다. 공식적인 사절이나 특별한 기능을 가진 기술자로서 왜의 요청에 따라 파견되었다가 정착한 경우도 있었지만, 특정 씨족이 주거하기에 적합한 지역을 찾아 바다를 건넜다가 정착하는 일도 많았다.

4~5세기 삼국에서 일본 열도로 이주한 사람들로 대표적 씨족 집단은 백제계인 야마토노아야씨(東漢氏)와 신라계 하타씨(秦氏)였다. 문자를 사용할 수 있었던 야마토노아야씨는 정치적 두뇌 집단으로서 야마토 정권에서 기록과 재정 및 외교 업무를 담당하였다. 일본 고대 역사상 최대 규모를 자랑하는 이주민 집단이었던 하타씨는 5세기 교토 남부에 정착하여 토목, 농업, 관개 기술을 활용하여 토지를 개간하였으며 누에치기, 베틀짜기, 술 제조, 금속 공예 등 새로운 기술을 전파하였다. 간무천황이 헤이안(교토)으로 천도를 결정하자 하타씨는 재력과 인력동원력, 기술력을 발휘하여 공을 세웠다. 일본 열도에 정착한 이주민들은 의학, 역법, 회화 외에 농업, 토목, 건축 등의 우수한 기술을 전하고 능력을 활용하여 일본이 고대 국가를 형성하는데 기여하였으며 한자와 유교, 불교 등도 전하여 일본 문화에 커다란 영향을 끼쳤다.

왜는 7세기 집단으로 망명한 백제 유민 중 백제에서 고위 관직을 갖고 있던 인물들에게 자국의 관위를 수여하고 이들의 학식과 기술을 활용하였다. 또한 지방에 안치한 유민들에게는 경작할 토지를 지급하고 3년 치 식량을 제공하는 등 생활의 안정을 기하게 하였다.[21)]

일본 조정은 부여융과 풍장의 동생으로서 일본에 머무르고 있던 선광에게 백제왕이라는 성(가바네)을, 고구려의 사신으로 왔다가 눌러앉은 왕족 출신의 약광에게 고려왕이라는 성을 주었다. 이들은 일본

왕실의 위엄을 과시하는 의례에서 이미 멸망한 백제와 고구려를 대신하는 역할을 담당하였다. 당시 천황을 정점으로 하는 체제와 이념을 구축하고 있던 일본은 당이 자신들과 동등한 나라이고, 고구려, 백제, 신라는 일본에 조공을 바치는 나라라는 나름의 천하관을 갖고 있었다. 일본에 정착한 백제, 고구려 유민들은 이러한 일본의 세계관을 충족시키는데 이용되었다.

사료 읽기

(주몽이) 무리에 일러 말하기를 "내가 바야흐로 하늘의 크나큰 명령을 받아 나라의 기틀을 열려고 하는데 마침 이 3명(재사, 무골, 묵거)의 현명한 사람을 만났으니 어찌 하늘이 주신 것이 아니겠는가?" 하였다. 마침내 그 능력을 살펴 각기 일을 맡기고 그들과 함께 졸본천(卒本川)에 이르렀다. 그 토양이 기름지고 아름다우며, 산과 물이 험하고 단단한 것을 보고 드디어 도읍하려고 하였으나, 궁실을 지을 겨를이 없어 단지 비류수(沸流水)가에 오두막을 짓고 살았다. 나라 이름을 고구려라 하였는데 이로 인하여 고(高)로 씨(氏)를 삼았다. 이때 주몽의 나이가 22세로, 한(漢) 효원제(孝元帝) 건소(建昭) 2년(B.C 37), 신라 시조 혁거세 21년 갑신년이었다. 사방에서 듣고 와서 복종하는 자가 많았다. 그 땅이 말갈 부락에 잇닿아 있어 침입하여 훔쳐 피해를 입을까 두려워하여 마침내 그들을 물리치니, 말갈이 두려워 복종하고 감히 침범하지 못하였다.

「삼국사기」, 「고구려본기」

이 해 9월 이적이 평양성 남쪽으로 진영을 옮기니 남건이 여러 번 군대를 보내 싸웠으나 모두 패하였다. 남건 휘하의 병사를 총괄하던 신성이라는 중이 몰래 사람을 보내 항복하겠다고 하였다. 5일이 지나 신성이 과연 성문을 열었다. 이적이 군사들을 들여보내 성위로 올라가서 북을 요란하게 두들기고 성의 문루에 불을 지르니 사방에서 불길이 일어났다. 이에 남건은 다한 나머지 스스로 몸을 찔렀으나 죽지 않았다. 11월에 평양성이 함락되고 보장왕과 남건 등을 사로잡았다. 이 전투에서 5천명이 희생되었고, 3만 명이 포로로 잡혀갔다.

「구당서」

고구려 유민 28,200호, 수레 1,080승, 소 3,300마리, 말 2,900필, 낙타 60마리를 당 내지로 옮기려고 래주, 영주에서 차례대로 출발시켰는데, 장강과 회하 남쪽 및 산남, 병, 양 서쪽 여러 주의 황무지에 각각 안배하여 안치하였다.

「구당서」

소정방은 백제왕과 왕족 및 신료 93명과 백성 1만 2천명을 데리고 사비성에서 배를 타고 당으로 돌아갔다.

「삼국사기」, 「신라본기」

진(晉) 영가 연간(英嘉, 307~313)에 크게 어지러워, 유(幽), 기(冀), 청(靑), 병(幷), 연주(■州) 및 서주(徐州)의 회북(淮北) 유민(流民)들이 회수를 건너고, 또한 장강을 건너서 진릉군(晉陵郡)의 경계에 머무는 자들이 있었다. 진 성제 함화(咸化) 4년(329)에 사공(司空) 치감(郗鑒)이 또한 회남(淮南)에 있는 유민들을 진릉군의 여러 현으로 옮기고, 강남으로 넘어온 사민(徙民)이나 강북에 머물고 있는 사민들을, 모두 교군현(僑郡縣)을 세워서 다스리게 하였다. 서주, 연주가 혹은 강북을 다스렸고, 강북에 또한 유, 기, 청, 병 4주를 교립(僑立)하였다.

「송서」, 「주군지」

5. 유교와 율령에 기초한 통치체제

(1) 유교 이념의 성립과 국교화

1) 공자와 유가 사상

유가 사상의 효시를 이룬 공자(B.C.551~479)의 이름은 구(丘), 자는 중니(仲尼)로 춘추 말기 노(魯)에서 태어나 세 살에 부친을 여의고 홀어머니 아래에서 자랐다. 공자의 조상은 송(宋)의 귀족출신으로 내란을 피하여 노에 이주했다고 한다. 노는 주공의 후손이 봉해진 곳으로 공자가 주를 따르는 입장을 견지했던 것도 이러한 연유에서이다. 서주의 전통 문화가 전승되었던 노에서 20세에 하급 관리로 있으면서 주대의 문화에 접근할 수 있었다. 19세에 결혼하고 30대 중반부터 노의 수도인 산둥 취푸(曲阜)에서 강학했으며, 육경 편찬 등 고전을 정리했다. 이후 55세에 노의 법무장관 격인 사구(司寇)가 되었으나 당시 실권자인 삼환씨(三桓氏 ; 맹손씨, 계손씨, 숙손씨) 가운데 하나인 계씨와 충돌하여 노국을 떠났다. 56세부터 여러 제후국을 전전했으며 13년 만에 귀국하여 교육에 전념하다가 72세로 세상을 떠났다.[22)]

공자 사상의 중심은 무엇보다 인(仁)이며 인의 가장 순수한 상태가 효(孝)와 제(悌)이다. 따라서 효제를 인간행위의 가장 중요한 덕목으로 꼽고 있다. 공자는 주대의 씨족사회가 붕괴된 후 소가족제도가 발달하는 춘추전국시대의 사회변혁 속에서 가부장권을 기반으로 한 가족 질서를 가장 중요하게 생각하였기 때문이다. 공자는 군자의 교육으로 특히 예(禮)와 악(樂)을 강조하고 예악을 인간교육의 중심으로 삼았다. 인간의 내적인 덕과 외적인 예절을 균형 있게 갖추는 중용(中庸)은 유가사상의 행동원리가 되었고, 이와 같은 중도(中道)를 추구하는 타협정신은 이후 중국문화의 사상적 기반으로 정착되어 나갔다.[23]

공자 이후 유가 사상은 여러 제자들에 의해 계승·발전하였다. 그 가운데서도 공자의 인의(仁義) 사상을 보다 구체화시킨 것이 맹자(B.C.390~B.C.305)이다. 맹자는 대략 전국시대 중기에 살았기 때문에 공자보다 급박한 현실상황을 체험했으며 이에 따라 사상적 원칙들이 보다 구체화·규범화하게 된다. 특히 맹자는 민본사상, 역성혁명론 등 독자적인 정치사상을 발전시켰다. 그의 사상은 인간의 성품이 태어날 때부터 착하다는 '성선설'을 바탕으로 하였는데, 이는 남의 불행을 측은하게 여기는 마음으로 인의 발단이라 할 수 있는 측은지심(惻隱之心), 수치심을 통해 의를 발현시키는 수오지심(羞惡之心), 사양하는 마음에서 예를 발현시키는 사양지심(辭讓之心) 그리고 옳고 그른 것을 가

그림 10 공자

그림 11 맹자

릴 줄 아는 마음에서 지(智)를 발현시키는 시비지심(是非之心)이 사람의 마음속에 날 때부터 존재한다는 것을 통해 증명해 낼 수 있는 것이었다(四端說). 특히 맹자는 천하의 화평을 위하여 군주가 '인정(仁政)'을 행하여 민중에게 '은혜'를 베풀어야 함을 강조하는 왕도(王道)정치를 주장하였다. 이는 힘으로 다스리는 법가의 패도(覇道)정치와 대립되는 정치철학으로 제왕은 덕의 유무에 의하여 천명이 따른다고 보았다(덕치주의). 그리하여 덕이 없는 군주를 신하들이 몰아내는 것이 바로 혁명이며, 이는 민심이 천심을 따라서 행하는 일이라고 하여 후세 왕조 교체에 있어서의 선양(禪讓)의 이론적 근거가 되었다.[24)]

강의노트

유교의 원리

○ 상하우열의 계층관계
- 부모는 아이보다, 남성은 여성보다, 통치자는 피통치자보다 우월
- 군군신신부부자자(君君臣臣父父子子) : 자신의 역할에 충실, 사회질서의 유지

○ 성선설(性善說)
- 맹자의 학설 : 씨족공동체 사회의 세습적 특권 반대
- 인간은 본래부터 착한 성품과 도덕관념을 타고남.
- 인간은 교육, 특히 자기수양을 위한 노력을 통해서 바른 길로 인도될 수 있음.
- 외적인 모범을 흉내 냄으로써도 바르게 나아갈 수 있으므로 모범적인 성인과 군자로부터 영향을 받고 배울 수 있음. → 도덕교육 중시

○ 예(禮) : 신분에 맞는 적절한 행위
- 지배층 내부에서 통치를 유지하는데 필요한 요소, 올바른 행동에 의한 통치(德治)

---

2) 유교의 국교화

법가 사상은 진이 통일 국가를 수립하는 데 기여하였으나, 동시에 진이 붕괴하는 요인이 되었다. 전한 초기에 유행했던 황로 사상은 노자의 무위 사상과 법가의 세(勢)·술(術) 사상이 종합된 것이었다. 이는 전국시대 법가 사상의 권위주의를 반성하고 무위의 정치를 추구하려는 전한 초기 위정자에게 적합한 사상이었다. 무제 시기에 이르러서는 법가 사상 대신에 유가 사상을 통치 이념으로 내세워 덕(德)과 형(刑)을 함께 사용해야 한다는 주장이 나왔다. 적극적인 황제 지배를 추구하였던 무제는 춘추공양학을 중심으로 한 유가 사상에 주목했다. 춘추공양학파에서는 전국시대 유가와는 달리 황제 지배를 정당화하는 이론을 제공했는데, 그 대표적 인물이 동중서(董中舒)였다. 동중서는 젊어서 춘추공양학을 배웠고 이미 경제 시대에는 박사가 되어 제자에게 그 학문을 가르치고 있었다. 그는 현량으로 추천되자 무제의 책문에 답해서 천하의 치란흥망에는 반드시 그것에 앞서 하늘이 재이(災異)를 보여 경고를 준다는 재이설을 논했다. 또 열후나 군수 등이 매년 그 관할 인민 중에 현명한 자를 뽑아서 그를 추천하여 낭관으로 삼고 그 중에서 재능을 시험하여 관리를 임명하는 세공제를 제안했다.

무제는 동중서의 대책을 받아들여 유학을 국가 운영의 근본 지침으로 공인하였다. 그는 동중서의 건의로 건원(建元) 5년(B.C.136) 수도 장안에 오경(五經) 박사를 두어 오경을 전문적으로 교육하도록 하였다. 오경 박사란 유교의 고전인 시경, 서경, 역경, 예기, 춘추의 각 경전에 전문적인 박사를 두어 그들에게 각각을 강의하게 한 것이었다. 오경을 공부한 학생 중 우수한 자는 선발하여 낭중(郎中 ; 관리후보생)으로 발탁하였다. 또 지방의 군국(郡國)에서도 효행을 행하고 청렴한 청년을 천거하도록 하여 이를 중앙에서 선발하여 관리로 등용하는 효렴과(孝廉科)를 설치하였다(B.C.134). 그 후 B.C.124년에는 오경 박사 아래 50명의 관선학생(官選學生)을 배치하여 국립대학격인 태학(太學)을 창설하였다. 그 후 태학의 졸업생 가운데 우수한 자가 선발되어 관료로 진출함으로써 유교적 교육을 받은 자가 국가의 관료직을 독점하게 되었다. 유학자들은 관리와 백성들이 부모에게 효도하듯 국가와 황제에 충성해야 한다고 가르쳤다. 이에 한은 예의, 인정, 덕치로 표현되는 유가 사상을 취하여 통치 제도를 확립하고 오랜 전쟁으로 피폐해진 민생을 안정시키고자 하였다. 이로써 무제는 결국 현실적으로 법가적 황제지배체제에다 유가적 통치이념을 접목시킴으로써 중국의 황제체제를 정치와 사상 면에서 완성시켰다.

강의노트

한대 유교의 국교화

○ 국가 유교 성립의 원인
- 교육은 세습 귀족가문에 대항해 새로운 상층계급을 강화시키는 방법
- 학문적 소양을 갖춘 관료 충원의 필요성
- 군주의 통치권을 인정받고 존경받기 위해 군주의 도덕적이고 모범적인 행위가 필요
  → 군주는 유교적 소양을 갖춘 관료의 보좌를 받으며 의례와 제사를 지냄으로써 천자로서의 특수한 권능을 부여받음.

○ 유학의 관학화
- B.C.124 태학 설립 : 역경(易經), 서경(書經), 시경(詩經), 예기(禮記), 춘추(春秋)를 가르치는 오경박사 설치
- 관료의 선발 : 유능한 인재를 추천받아 시험을 거쳐 임용하는 방식과 더불어 유교 경전에 대한 시험과 고전에 대한 소양을 추가시켜 선발
- 관료의 의무 : 효(孝 : 가족에서의 부모의 통제권), 충(忠 : 국가에서의 황제의 통제권)

---

(2) 율령의 제정과 확산

1) 진한대 율령의 제정

율령은 동아시아 사회를 다스리는 데 이용된 법으로, 중국 지역의 왕조들은 일찍부터 이를 정비하는 데 힘을 쏟았다. 넓은 지역에 흩어져 사는 많은 사람과 다양한 지역사회를 다스리려면 전국에 걸쳐 적용되는 획일적인 통치 기준이 필요하였기 때문이다.

중국 지역에서 법치가 시행된 것은 전국시대부터였다. 위, 조, 초, 진 등의 전국시대 국가들은 군주 중심의 지배 체제를 확립하고 부국강병을 실현하기 위하여 엄격한 법치를 주장하는 법가 사상가를 등용하여 율령을 제정하였다. 그중 진은 법가적 통치 원리를 잘 구현하여 부국강병을 이루고 전국시대를 통일하였다. 통일 후 진은 전국에 걸쳐 법치를 시행하였다. 진시황은 넓어진 영토와 증가된 인구를 효율적으로 통치하기 위해서 법률적인 조치를 반포하였는데, 이것이 진 왕조의 법률인 진율(秦律)이다. 이를 바탕으로 진시황제는 본격적인 법가주의적 통치를 시행하였다. 시황제가 문자와 도량형을 통일한 것도 황제의 명령을 지방까지 문서로 전달하고 법률에 정한 대로 조세를 거두어 일률적으로 백성을 지배하기 위한 것이었다. 그러나 진은 엄격한 법치에 대한 반발 등으로 통일 후 오래지 않아 멸망하였다. 다만, 진의 법률은 대부분 그대로 한에 계승되었다.

한대에는 진의 법률을 대부분 수용하였다. 무제는 실질적인 법가적 지배 질서를 중심으로 유가적 통치 이념을 사상적으로 결합시켜 현실 정치를 운영하였다. 진대의 법률은 주로 형법인 율을 중심으로 정비되었고, 한대에는 여기에 유교 사상을 더하였다. 또한, 한대에 제정된 행정 법규인 영은 그 내용이 형벌적 성격이 강하여 율을 보조하는 데 그쳤다. 그러나 서진 시대에 이르러 영이 율로부터 완전히 분리되어 기본 법전으로 병립되었다. 이는 관료제가 더욱 발달함에 따라 영의 중요성이 부각되었기 때문이다. 서진의 율령은 남북조 시대에 격과 식이라는 보완 법규가 등장하며 상당한 수정을 거치고, 이것이 수·당에 이어져 율령격식[25)]의 법 체계로 완성되었다.

2) 한반도 지역 국가들의 율령 수용

율령은 통일적인 국가 통치 규범으로 주변 사회와 국가에 널리 전파되었다. 율령은 통일적인 지배를 위한 법률이었다. 따라서 이를 수용하기 위해서는 이를 공포하고 시행할 수 있는 지배 체제와 강력한 권력이 갖추어져 있어야 했다. 한반도의 삼국은 중앙 집권 국가가 형성되던 초기에 고유의 전통과 관습을 토대로 각각 처한 환경에 따라 율령을 반포하여 국가 체제를 정비하였다. 율령은 백제가 가장 먼저 3세기 후반 고이왕 때 반포하였다. 고구려는 4세기 중엽 소수림왕 때, 신라는 6세기 초반 법흥왕 때에 율령을 반포하여 국가 제도를 정비하였다.

고구려는 고국천왕 대에 이르러 왕권의 강화에 따른 중앙집권화가 진전되었다. 먼저 혈연적인 전통 아래 유지되었던 소노부, 절노부, 순노부, 관노부, 계루부의 5부는 방위명 5부로 개편되었으며 5부의 족장들은 중앙귀족으로 편입되었다. 또 고국천왕은 을파소를 국상으로 등용하여 진대법[26)]을 실시하였다. 안정된 내정을 바탕으로 고구려는 미천왕 14년(313)에 이르러 낙랑군을 축출하고 대동강 유역을 차지하였다. 소수림왕은 국가체제의 정비에 주력하여 승려들을 받아들이고 절을 세워 불교를 공인하였으며, 태학을 설립하고 율령을 반포하였다. 광개토왕은 서쪽으로 후연을 격파하여 요동 진출을 이룩하였고,

왜의 침입을 받은 신라를 구원하고 왜병을 낙동강 유역에서 섬멸시켰다. 장수왕은 중국이 남북조로 분열된 정세를 이용하여 남북의 왕조에 각각 사신을 보내 통교하는 방식으로 중국 세력을 견제하였다. 그리고 427년 수도를 남쪽의 평양으로 옮겼다. 475년 고구려는 백제에 대한 대대적인 공세를 펼쳐 백제의 수도인 한성을 함락시키고 한강 유역을 차지하였다. 이로써 고구려는 만주와 한반도에 걸친 광대한 영토를 가진 대제국을 형성하였다.

백제는 3세기 중엽의 고이왕 대에 서북지방의 낙랑 세력과 동북에서 밀려오는 말갈족을 방어하면서 고대 국가로서의 체계를 정비하였다. 6좌평제와 16품 관등제의 기본골격을 세우고 지방 유력자들을 중앙통치체제에 편입시켰다. 4세기 후반 근초고왕은 남쪽으로 마한의 나머지 땅을 병합하여 영토를 현재 전라남도 지역까지 확장하였고, 북쪽으로는 고구려의 평양성까지 진출하여 고국원왕을 전사시켰다. 장수왕의 공격을 받아 한강 유역을 빼앗긴 백제는 문주왕 대에 금강 유역의 웅진(공주)으로 도읍을 옮겼고 5세기 말 동성왕과 6세기 초 무령왕의 노력으로 점차 부흥하게 되었다. 동성왕은 신라와 혼인동맹을 맺어 고구려에 대항했으며, 무령왕은 문화가 발달한 남조의 양(梁)과 교류하며 국가의 내실을 다졌다. 6세기 전반 성왕은 백강 유역의 사비(부여)로 천도하고 국호를 남부여로 바꾸었다. 천도 이후 성왕은 양과의 화친을 강화하고 신라 진흥왕과 연합하여 한 때 한강 유역을 회복하였으나 신라에게 다시 빼앗기고 말았다.

신라가 고구려나 백제와 어깨를 나란히 할 만한 나라로 성장한 것은 6세기 이후이다. 6세기 초 지증왕은 국호를 신라로 확정하고 왕이라는 칭호를 정하였다. 법흥왕은 병부를 설치하여 왕이 직접 군권을 장악하였으며 상대등을 설치하여 재상과 같은 지위를 부여하였다. 또 율령을 공포하고 백관의 공복을 제정하여 귀족을 관료로 서열화하였다. 이와 함께 건원이라는 독자적인 연호를 세웠으며 이차돈의 순교(527)를 계기로 불교를 받아들였다. 진흥왕은 화랑도라는 청소년 집단을 국가적인 조직으로 만들고 이를 바탕으로 고령의 대가야를 정복하여 낙동강 서쪽을 장악하였다. 그리고 고구려가 장악하고 있던 한강 유역을 차지하였다. 한강의 장악은 중국과 직접 교섭할 수 있는 교통로를 열었다는 점에서 의미가 컸다. 이후 진흥왕은 함경도까지 진출하여 영토를 넓혔으며 곳곳에 순수비를 세웠다. 그 후 통일 신라는 당의 문물과 제도를 적극적으로 수용해 율령 체계를 정비하였고, 통치에 필요한 인재를 양성하기 위해 당의 국자감을 본뜬 국학을 설립하여 5경과 논어, 효경 등을 가르쳤다. 또, 민정 문서를 작성하여 조세와 부역의 징수를 위해 백성들의 호구와 재산을 파악하였다. 그러나 신라는 중앙 관서나 관위, 관직 운영 등이 골품제와 연계되어 고유성을 유지하였다. 관리 선발과 등용에서도 과거제가 아니라 독서삼품과[27]를 실시하여 하급 관료만을 충원하였다. 그리고 백성들에게 정전을 지급하기도 하였다.

발해도 당의 율령을 적극 받아들여 체제 정비에 활용하였다. 중앙 관제로 3성 6부제를 시행하고 지방에 주현을 설치하는 한편, 중앙 교육기관으로 주자감과 문적원을 두는 등 당의 통치 제도를 적극 수용하여 유교적 인재를 양성하였다. 그러나 3성 6부제를 운용함에 있어 명칭과 관리 체계 등이 당과 달랐는데 정당성 아래 좌사정과 우사정을 각각 3부씩 나누어 이원적으로 운영하거나, 6부의 명칭을 유교적으로 사용하는 독자성을 보였다.

고려는 당의 3성 6부 제도와 9품의 관품 제도를 수용하고 국자감을 두었으며 과거제를 시행하였다. 그러나 중앙 관제는 고려의 실정에 맞게 2성 6부제로 운영하였으며, 과거제에서도 무과는 거의 실시하지 않았다. 그리고 토지 제도에서는 일반 농민들의 소유지인 민전을 인정하고, 이에 대한 대가로 국가에 일정량의 세금을 납부하게 하였다.

3) 왜의 율령 수용

7세기 중엽, 일본열도에 커다란 변혁이 일어났다. 이 시기는 이웃한 나라들에서 먼저 변화가 있었다. 중국에서는 수·당이 세력을 강력하게 떨쳐나가고, 고구려에서는 연개소문이, 백제에서는 의자왕이 정변을 통해 실권을 잡았다. 고교쿠 천황이 즉위(642년)할 무렵이었다. 일본열도에서도 그동안 소가씨의 권력 집중과 전횡에 불만을 품고 있던 여러 지배층 세력이 폭발하였고, 결과 소가씨가 몰락하면서 정변을 주도했던 고토쿠(孝德)가 천황이 되었다. 고토쿠는 다이카로 연호를 정하고, 수도를 소가씨의 영향력이 남아 있는 아스카에서 나니와로 옮겼으며 직할지가 있던 간토(관동) 지역과 야마토 지역에 사절을 파견하여 인구와 토지를 조사하고 무기를 관리하였다. 친당·친신라 노선을 추구하면서 당에 유학생을 보내고 견당사를 파견하여 앞선 제도와 문물을 들여왔다. 그리고 개혁을 단행하였는데 이를 다이카(大化) 개신(645)이라 한다. 다음해인 646년 조정은 4개 조의 〈개신의 조〉를 발표하였다. 조서의 내용은 황족과 호족의 사유지와 사유민을 폐지하여 공지(公地)·공민(公民)으로 하며, 지방 행정 구획을 정하여 지방관을 파견하고, 호적을 작성하여 반전수수법을 실시하고, 조·용·조 등의 징세 제도를 정한다는 4개 항목으로 되어 있었다.[28]

일본은 다이카 개신 이후 7세기 후반부터 당의 정치와 문화를 배우고 돌아온 유학생들을 통해 신라와 당으로부터 율령을 받아들이기 시작하였다. 그러나 호족 세력이 강하여 당의 율령을 적용하는 데에는 한계가 있었다. 이후 701년에 당의 율령과 흡사한 다이호(大寶) 율령을 반포하여 체제를 정비하였다. 그에 따라 먼저 중앙 관제는 2관 8성제로 운영하였다. 2관에는 제사를 담당하는 신기관과 국무를 총괄하는 태정관을 두고, 태정관 아래 좌변관과 우변관을 설치하고 그 밑에 각각 4성을 두어 이원적으로 운영하는 독자성을 보였다. 지방에는 국·군·리를 두어 중앙집권체제를 지향하였다. 또한, 대학과 국학을 세워 유교적 소양을 갖춘 인재를 양성하고 시험을 통해 이들을 등용하려 하였다. 그러나 호족 세력이 상대적으로 강했던 일본 사회에서 당의 율령이 그대로 적용되기에는 한계가 있었다. 따라서 시험을 통해서는 하급 관리를 선발하는 데 그쳤고, 지방 행정의 실무를 담당한 군(郡)의 관리는 과거를 통하지 않고 지방 호족 중에서 임명되었으며, 근친혼을 인정하고 모계를 중시하는 친족제의 영향으로 유교적인 예제가 전면적으로 수용되지 않았다. 한편, 당의 균전제를 모방하여 반전수수법(班田收授法)[29]을 실시하여 농민에게 구분전을 지급하였으며, 이를 바탕으로 조·용·조 등의 조세를 걷었다.

4) 수당대 율령 체제의 완성

5호16국 시대 이래 300여 년간의 분열을 다시 통합한 나라가 수(隋)였다. 수는 이전 시대의 중심세력이었던 귀족세력을 억누르고 새로운 관료를 등용시키기 위해 과거제를 실시하고 율령을 정비하였다. 군을 없애고 주, 현 설치를 통해 중앙집권화를 강화했고, 토지제도로서의 균전제, 조세제도로서의 조용조제, 그리고 부병제 등의 실시는 그대로 당으로 이어지는 것이기도 했다. 또한 창장 이남에서 생산된 물자를 화북지방으로 옮기는 등 물자의 유통을 위해 낙양을 중심으로 남과 북을 연결하는 대운하 건설을 시작하였다. 대외적으로는 북으로는 돌궐을 치고, 남으로는 안남까지 세력을 뻗쳤으나, 동쪽 고구려에 대한 거듭된 침략의 패배와 잦은 반란으로 곧 멸망하고 말았다(618년).

바로 뒤이어 당이 혼란을 수습하면서 다시 통일을 하였다. 당은 율령체제가 실질적으로 전개되었던 시기로 당 뿐만 아니라 주변 여러 나라에도 많은 영향을 끼치기도 했다. 당이 실시한 균전제는 평민과 관에 토지를 차등 있게 나누어 준 것인데, 평민들은 매매하지는 못하더라도 자신이 처한 상황에 따라 토지를 받아 안정적으로 농사를 지을 수 있었다. 이는 당 초기 경제의 튼튼한 밑바탕이 되었다. 당은 영토 면에서도 그 이전보다는 훨씬 넓은 지역을 차지하고 있었다. 동으로는 고구려에까지, 서북으로는 카스피해까지, 북으로는 유목지역을 포함한 바이칼호와 예니세이강까지, 그리고 남으로는 베트남의 북부 지역까지 확장되었다. 그리하여 수도 장안은 당시 세계 교류의 중심에 있었다. 신라에서, 일본에서, 돌궐과 거란에서, 중앙아시아의 여러 왕국들에서, 서역의 사마르칸트 등지에서도 당으로 몰려들었다.

수·당의 시대는 진·한 이래 발달한 관료 중심의 국가 체제가 완성을 이룬 시기였다. 수·당은 이전 시대의 각종 법령을 이어받아 정리하는 한편, 시대의 변화를 반영하여 개정법과 시행 세칙 등을 추가하였다. 이에 따라 율·령·격·식이라는 율령 체계가 완성되고, 율령에 바탕을 둔 통치 체제도 완비되었다. 율령은 기본 법전이고 격과 식은 이를 보완하는 성격의 법이었다.

율이란 통치를 위해 만든 법을 어겼을 경우에 범법자를 처벌하는 법률이다. 율은 형벌의 종류, 법의 적용 방법 등에 관한 규정도 포함하고 있어 각종 법의 근간을 이루게 되었다. 여기에는 황제의 권위나 국가의 존립을 해치는 행위, 가족 질서나 사회 질서를 어지럽히는 행위를 비롯한 각종 범법 행위를 처벌하는 규정이 포함되어 있었다. 형벌은 한대에 육형을 폐지하고, 수당대에 이르면 이전의 가혹한 처벌을 완화하고 간략히 하여 태형·장형·도형·유형·사형의 5단계 체계로 정비되었다. 율은 신분에 따라 차등적으로 적용되었다. 지배층인 황족과 관리는 특정한 죄를 제외하면 거의 실형을 받지 않았다. 반면 피지배층인 양인과 천인 사이에는 신분에 따라 적용하는 법 조항이 달랐으며, 동일 사건이라도 노비가 양민에 대해 저지른 범죄는 양민 사이의 범죄보다 2등급 높게, 반대의 경우에는 2등급 낮게 처벌하였다. 또한, 유교의 가족 윤리를 반영하여 엄격한 존비장유(尊卑長幼)의 차등법이 적용되었다. 존비란 친족 관계에서 세대 간의 상하를 말하며, 장유는 나이의 상하를 말한다. 예컨대 싸움이 일어났을 때, 윗사람이 아랫사람을 때린 경우 아랫사람이 윗사람을 때렸을 때보다 형벌이 가벼웠다. 이는 가족 윤리를 체제 유지의 근간으로 삼기 위해 규정한 것이었다.

영은 사회와 국가를 운영하고 백성을 다스리기 위한 각종 제도와 규범을 정한 법령이다. 관료의 등급과 통치에 필요한 부서를 나누는 행정 조직 제도, 부서를 담당할 관료를 선발하고 평가하는 제도, 토지와 조세 제도, 백성을 관리하기 위한 제도, 각종 문서의 형식에 대한 규정, 각종 의례 등이 모두 영에 포함된다.

수는 영의 규정에 따라 중앙 관제로 3성 6부를 두었고, 지방 관제는 주·군·현에서 주·현으로 간소화하여 행정의 효율성을 꾀하였다. 또한, 지방관은 출신지로 부임할 수 없도록 하여 지방에 대한 통제를 강화하였다. 한편, 수는 율령에 격(格)과 식(式)을 두어 시대적 상황과 요구를 반영하고자 하였다. 관료 선출 방식에서도 문벌의 고하에 따른 구품중정제[30]를 폐지하고 과거제를 처음 실시하여 황제권을 더욱 강화할 수 있었다. 또한, 남북을 연결하는 대운하를 완성하여 남북 간 교통과 물자 수송을 원활하게 하였다. 대운하 건설을 통해 수는 경제 통합을 이루고 중앙 집권을 강화하였다.

당은 수대의 통치 제도를 이어받아 율령 체제를 완성하였다. 국가 정책에 대한 의결과 심의 및 집행을 담당하는 중앙의 통치 기구로 3성 6부를 두었다. 3성은 황제가 내린 명령에 따라 법령과 국가 정책을 기안하는 중서성, 이를 심의하는 문하성, 심의에 통과한 법령과 정책을 실시하는 상서성을 말한다. 상서성 아래에는 이부, 호부, 예부, 병부, 형부, 공부의 6부를 두어 실제 행정 업무를 담당시켰다. 행정에 필요한 관리는 9품으로 등급을 구분하고 위계를 엄격히 하였다. 관청에서는 모든 업무를 문서를 통해 시행하였으므로, 문서를 해독하고 작성할 수 있는 관료들이 필요하였다. 이에 과거제를 실시하였는데, 과거의 과목으로는 시문 위주의 진사과와 경전 위주의 명경과가 있었다. 과거제의 시행에 따라 유교적 교양을 갖춘 지식인들의 관직 진출이 점차 늘어났다. 관료들은 지위와 관직에 따라 녹봉을 받았고, 근무 실적에 따라 승진하거나 강등되었다. 또한, 국자감을 최고 학부로 하여 중앙과 지방에 학교를 세워 유학을 교육하고, 성적이 우수한 학생을 이부(吏部)로 보내 과거에 참가하게 하였다. 과거제의 시행으로 유학은 통치 이념으로서 더욱 확고해졌고, 많은 지배층들은 유교적인 지식과 교양을 갖추게 되었다. 지방은 주와 현을 두어 중앙집권체제를 유지하였다.

백성의 생활과 관계가 깊은 것은 토지와 조세, 부역 제도였는데, 이들은 토지 제도와 유기적으로 연결되어 운영되었다. 토지 제도는 북위와 수 대에 이어 당 대에서도 백성에게 일정량의 토지를 나누어 주는 균전제를 실시하였다. 이를 위해 국가는 3년마다 호적을 작성하여 전국의 백성을 파악하고, 이를 근거로 백성이 일정한 토지를 보유할 수 있도록 인정하였다. 균전에 대한 대가로 백성에게 조(租)·용(庸)·조(調)를 납부하게 하였고, 부병제를 실행하였다. 부병제는 농민의 병역 의무를 바탕으로 한 국가 상비군 제도로, 부병은 변경 수비, 도성 방어, 거주 지역의 치안 유지 등의 임무를 맡았다. 균전제, 부병제, 조·용·조제를 통해 국가는 토지와 백성에 대한 지배권을 강화할 수 있었다. 그러나 안사의 난 전후로 일부 계층이 대토지를 사유화하면서 균전제가 붕괴되고, 이로 인해 조·용·조 제도와 부병제가 폐지되면서 율령을 기반으로 하는 통치 체제는 동요되었다.

사료 읽기

이사가 상소를 올렸다. "옛 시대에는 천하가 몹시 흩어졌는데도 이를 통일하는 자가 없어 제후들의 난립을 초래했던 것입니다. 당시의 상황을 살펴보면 모두가 옛날의 세상을 이상으로 생각하고 현세를 비판했고 저마다 황당무계한 주장을 하여 현실을 혼란시키며 자기주장이 옳다고 하여 위정자를 비난하는 것을 일삼았습니다. 그러나 오늘날은 폐하께서 천하를 통일하고 사물의 가치 기준을 분명히 했으며, 또 황제라는 유일한 지위에 올라 계시는데도 불구하고 저마다 자기주장이 옳다고 하는 자가 여전히 자취를 감추지 않고 있습니다. 그들은 폐하께서 정하신 법을 비난하고 포고를 내려도 비난하며, 나아가서는 그 불만을 거리에 나가서 제멋대로 떠듭니다. 또 그들은 폐하의 명에 이의를 나타냄으로써 그것을 기화로 헛된 명예를 얻으려고 무리를 이루어 비방으로 날을 보내고 있습니다. 이와 같은 무리를 방치한다면 머지않아 폐하의 권위를 손상시킬 것입니다. 즉시 조처를 취해야 한다고 생각합니다. 그 방법으로는 학술·저서를 가지고 있는 자에게서 이것을 거두어들여 불태워야 합니다. 가져도 좋은 것은 의약과 복서, 농사에 관한 서적에 국한해야 합니다. 그리고 학문을 좇는 자의 스승은 관리가 대행하게 합니다. 이것이 저의 계획안입니다."
시황제는 이사의 상소를 허락하고, 시서와 백가의 저서를 몰수하여 불태우고 우민 정책을 추진하면서, 비판하는 자들을 구덩이를 파고 묻어버렸다.

「사기」, 「이사 · 왕전열전」

제왕은 하늘의 뜻을 받들어 정치를 행해야 합니다. 따라서 덕과 교화의 힘을 빌려 다스릴 뿐 형벌의 힘을 빌려 다스리지는 않습니다. 형벌의 힘을 빌려서는 세상을 다스리지 못하거니와, 마치 음의 힘을 빌려서는 한 해의 일을 완수하지 못하는 것과 같습니다. 정치를 행하면서 형벌의 힘에 의지하는 것은 하늘에 순종하지 않는 것이므로 선왕은 그렇게 하려고 하지 않았습니다. 현재는 선왕께서 만들어놓은 덕과 교화를 맡는 관직을 폐지하여 쓰지 않고, 법을 담당하는 관리만을 임용하여 백성을 다스립니다. 이것이 형벌의 힘을 빌려 나라를 다스리는 상황이 아니고 무엇이겠습니까? …(중략)… 옛날의 제왕은 이 점을 명확하게 깨달았기 때문에, 남향하고 천하를 다스릴 때 교화를 주요하게 할 일로 삼지 않은 분이 아무도 없었습니다. 서울에는 대학을 세워서 교육을 시행했고, 읍에는 학교를 설립하여 백성을 교화시켰습니다. 백성을 인(仁)에 젖어들게 만들고, 백성을 의(義)로 도야했으며, 백성을 예절로 절제하게 했습니다. 따라서 형벌을 아주 가볍게 시행했음에도 불구하고 국가에서 금하는 것을 백성이 범하지 않았습니다. 교화가 잘 시행되어 풍속이 아름다웠기 때문입니다.

『한서』, 「동중서전」

무덕 7년(624), 처음으로 율령을 제정하여 토지 제도를 확정하였다. 모든 남녀는 처음 태어나면 황(黃)이라 하고, 4세를 소(小), 16세를 중(中), 21세를 정(丁), 60세를 노(老)라고 한다.…(중략)… 매년 한 번 장부를 만들고 3년에 한 번씩 호적을 만든다. 5척을 1보, 240보를 1무, 100무를 1경으로 한다. 정남, 중남에게는 1경(100무)을 준다. 노남과 신체장애자에게는 40무를 준다. 남편을 잃은 부인에게는 30무를 준다. 결혼하여 집안을 이루고 있는 사람이 있으면 20무를 더 준다. 토지를 지급할 경우 토지의 10분의 2[20무]는 세업전, 10분의 8[80무]은 구분전으로 한다. 세업전은 본인이 죽으면 자손에게 물려준다. 구분전은 70세가 넘으면 관청에 반납하고 다시 다른 사람에게 준다.

『구당서』, 「식화지」

(고이왕) 27년(260) 봄 정월, 내신좌평(內臣佐平)을 두어 왕명의 출납에 대한 일을 맡게 하고, 내두좌평(內頭佐平)을 두어 물자와 창고에 대한 일을 맡게 하고, 내법좌평(內法佐平)을 두어 예법과 의식에 대한 일을 맡게 하고, 위사좌평(衛士佐平)을 두어 숙위 병사에 대한 일을 맡게 하고, 조정좌평(朝廷佐平)을 두어 형벌과 송사에 대한 일을 맡게 하고, 병관좌평(兵官佐平)을 두어 지방의 군사에 대한 일을 맡게 하였다. (… 중략 …) 2월에 6품 이상은 자줏빛 옷을 입고 은꽃((銀花)으로 관(冠)을 장식하고, 11품 이상은 붉은 옷을 입으며, 16품 이상은 푸른 옷을 입게 하라는 명령을 내렸다.

「삼국사기」, 「백제본기」

(소수림왕) 3년(373)에 처음 율령(律令)을 반포하였다.

「삼국사기」, 「고구려본기」

(법흥왕) 7년(520) 봄 정월에 율령(律令)을 반포하고, 처음으로 모든 관리의 공복(公服)과 붉은 색, 자주색으로 위계(位階)를 정하였다.

「삼국사기」, 「신라본기」

6. 불교의 전파와 국가불교의 확립

(1) 중원 지역에서의 불교 전래

1) 대승 불교의 전래

대승 불교는 사막길을 왕래한 중앙아시아 유목민을 통해 기원 전후에 중원 지역에 전해졌다. 최초의 불교 사원이라고 하는 백마사의 연기(緣起)에는 후한의 명제가 꿈에 금으로 만든 사람을 보고 불상을 구하여 건립했다고 한다. 불교가 사람들의 관심을 끌기 시작한 것은, 거듭되는 사회 혼란 속에서 유교가 현실 사회를 이끌어 갈 만한 힘을 잃고 있던 후한 말에서 위·진 시대였다. 불전의 한역이 본격적으로 추진된 것은 4세기부터였다. 310년 뤄양에 온 불도징은 서역의 쿠차 출신으로 후조에서 행한 30년 동안의 포교활동으로 893개의 사원을 세웠다고 전해진다. 인도인을 아버지로 둔 쿠차 승 구마라습(구마라집 ; 쿠마라지바)은 후진 황제 요흥에 의해 국사로 초빙받아 401년 장안에 도착했다. 이후 구마라습은 불경 번역에 전념하여 35부 348권의 불경을 번역하였다. 이로 인해 중국에서 불교가 널리 알려졌으며 유교적 전통이 뿌리 깊은 동진에서도 마침내 출가가 허락되기에 이르렀다.

2) 남북조 시대의 불교 전래

중원 지역에 불교가 널리 보급된 것은 남북조 시대였다. 특히 북조의 왕들은 불교를 적극적으로 후원하고 확산시켰다. 한의 통치 이념이었던 유교는 5호 16국의 혼란한 상황 속에서 제 역할에 한계가 있었다. 한인의 전통적 사상인 유교에서는 이민족이 지배자가 되는 것이 상정되어 있지 않았던 것이다. 북조의 왕들은 '황제는 부처이고 귀족은 부처의 제자인 보살'이라는 논리로 귀족에 대한 자신들의 지배를 정당화하였다. '황제즉여래(皇帝卽如來)'라는 사상은 왕권과 결탁한 북조 불교의 특색을 잘 보여준다. 북조의 왕들은 자신의 권위를 강조하기 위해 거대한 사찰과 불상을 건립하였다. 즉 북조에서는 불교가 국가 불교로서 통치의 수단이었던 것이다. 윈강 석굴과 룽먼 석굴이 만들어지기 시작한 것도 이 무렵이다.

또한, 신분적 차별은 전생에 지은 선행과 악행의 결과라고 하여 현실 세계에서의 불평등을 정당화하고자 하였다. 북조에서 불교는 통치

그림 12 룽먼 석굴

자의 적극적인 후원 속에 왕과 국가를 위한 호국 불교로 성장하였다. 남조에서는 불교를 인간의 본성에 관한 진리를 추구하는 종교로서 받아들였다. 양 무제는 사찰을 건립하고 백제에 불경을 전하는 등 불교를 크게 장려하였다. 남북조의 혼란 속에서 사람들은 정신적 안정을 추구하였다. 어지러운 현실에 절망을 느낀 사람들은 개인의 안정이나 정신의 구원 문제에 빠져들었다. 다음 생의 행복을 기약하는 불교의 내세관은 백성들에게 널리 퍼져 나갔다.

(2) 한반도 삼국에서의 불교 전래

고구려, 백제, 신라는 왕권을 강화하고 중앙 집권제를 확립하면서 이를 뒷받침해 주는 사상으로 불교를 수용하였다. 불교는 도입 초기에 토착 신앙과 마찰을 빚었다. 그러나 장례나 주술적 의례 등 토착 신앙을 흡수하면서 불교가 점차 뿌리를 내렸다. 삼국은 왕권을 강화하고 지방 세력을 중앙 귀족으로 변모시키면서 불교를 적극 장려하였다. 왕들은 왕이 바로 부처라는 '왕즉불' 사상을 통해 자신의 권위를 세웠으며, 귀족은 일반 백성과는 차별되는 지위를 인정받았다. 한편, 일반 백성들은 잦은 전쟁으로 인한 현재 삶의 고통을 위로하고 내세를 기원하고자 불교에 관심을 가졌다.

한반도에서 가장 일찍 중국 불교가 전래된 곳은 고구려였다. 전진왕 부견이 372년 고구려 소수림왕에게 승려 순도를 파견하여 불상과 교리, 경전을 보내었고 이를 통해 불교가 공인되었다. 백제에서는 384년 침류왕 때에 동진에서 온 승려 마라난타를 통해 불교를 받아들였다. 이후 백제는 남조의 왕조와 외교 관계를 맺으면서 경전을 수입하였다. 6세기 무녕왕은 왕정을 정비하고 개혁을 추진하여 521년에는 남조의 양에서 문물과 불교를 받아들였다. 1971년 충청남도 공주에서 발견된 무녕왕릉에서는 양에서 받은 '영동대장군'이라는 칭호와 연화문 그리고 천인도 등의 불교유물이 발견되었다. 무녕왕과 성명왕 시대에 백제의 불교문화가 발전하였다. 인도에 건너간 백제승 겸익은 계율의 범본을 지니고 귀국하였는데 양의 무제에게는 『열반경』의 주석과 공장(工匠), 화사(畫師), 모시(毛詩)박사를 요구하여 하사받았다고 한다. 6세기 중엽에는 백제가 왜에 불교를 전해 주었다. 백제가 왜국에 불교를 전한 시기는 백제가 고구려와 신라의 위협을 받고 있던 시기와 겹친다. 천도한 사비성은 바다와 가깝고 남조와 왜국과의 교류에 편리한 땅이었다. 왜국과의 동맹 강화책으로서 선진문화의 불상 등이 제공되면서 불교가 전해졌다고 보인다.

신라에는 5세기 초 고구려를 통해 불교가 전해졌다. 그러나 토착신앙에 기반을 둔 기존 귀족들의 힘이 강해 불교 수용을 두고 마찰이 심하였다. 법흥왕 때인 528년에 불교 공인을 둘러싸고 논쟁이 일어나자 왕의 근신인 이차돈의 순교를 계기로 불교가 공인되었다. 이후 신라에는 여러 왕이 불교식 이름을 가지기도 하였고 무덤의 규모를 줄이고 불교식으로 화장하는 장례 풍습이 나타나기도 하였다.

(3) 일본에서의 불교 전래

『일본서기』에 의하면 긴메이 천황 시기인 6세기 중엽(552)에 백제의 성왕이 불상과 경론을 보내왔다. 이 때 불교의 수용을 둘러싸고 소가씨와 모노노베씨 간의 대립이 발생하였다. 『일본서기』에는 비다쓰 천황 시기인 577년 백제에 갔던 사신들이 백제왕이 보낸 경론 몇 권과 함께 율사, 선사, 비구니, 주금사, 불상기술자, 사찰건축자 6명을 거느리고 왔으며 불상도 함께 가져왔다고 기록되어 있다. 이 불상은 나니와의 대별왕사(大別王寺)에 안치되어 있다. 이후 요메이 천황 때에는 불교의 숭상 여부에 대해 호족들에게 자문을 구했다. 모노노베씨 등은 불교를 배척할 것을 주장하고 소가씨(소가노우마코)는 불교를 신앙할 것을 주장하면서 극렬히 대치하였다. 마침내 소가노우마코는 병사를 동원하여 모노노베씨를 습격해 섬멸해 버리고 587년 불교를 공인받았다.

복잡한 정치적 갈등을 겪고 공인된 불교의 수용은 소가씨 집안의 정치적 승리를 의미하였고, 친백제계를 바탕으로 한 황실세력의 권력 강화를 나타낸 것이라고 볼 수 있다. 소가씨는 우마코 이후 60년간 전성기를 누렸다. 소가노우마코는 자신이 내세운 스슌 천황을 암살하고 다시 조카인 스이코를 천황의 자리에 앉혔으며, 정치는 사위인 쇼토쿠 태자에 맡겨 섭정토록 하였다. 쇼토쿠 태자의 정치적 성과는 일본 고대국가 형성의 기틀이 되었으며 이는 아스카 시대의 개막과 함께 시작되었다. 도읍지였던 아스카 지역을 중심으로 백제의 영향을 받은 사찰들이 왕실이나 유력 가문의 후원에 힘입어 세워졌다. 아스카 시대의 특징은 첫째, 불교의 공인과 불교문화의 발달이고, 둘째는 정치질서의 확립과 율령정치의 시작이며, 셋째는 활발한 국제관계의 개시라고 할 수 있었다.

불교전래 당시 일본의 상황은 정치적으로는 중앙집권체제를 지향하는 시기였고, 종교적으로는 토착적인 자연숭배 혹은 정령숭배 등이 일반적이었다. 이러한 시기에 불교가 전래된 것은, 단순히 종교적 의미뿐만 아니라 정치적 의미를 지닌다. 불교가 갖는 정치성으로는 우선 당시의 지배자를 부처와 동일시하는 측면을 지적할 수 있다. 고대적인 소박한 관념에서는 흔히 세상을 구원하려고 한 석가모니나 앞으로 세상을 구원하고자 하는 미륵불을 현실적인 위정자와 동일시하였다. 지배자는 세속적인 지배자일 뿐만 아니라 종교적인 구원자로서 인식되었던 것이다. 이처럼 불교가 한반도와 일본 열도에 수용된 초기 단계에서는 불교 교리에 대한 깊은 이해보다는 현실적인 지배자를 바로 부처와 연결시키는 작업이 이루어졌고 그러한 작업은 그 전 시대의 제정일치적인 군주상과 크게 다를 바가 없었다.

7세기 이후 일본 열도에서 수많은 사원들이 건립된 것은 불교에 대한 신앙심보다는 정치적으로 활용하려는 의도에서 비롯된 것이라고 볼 수 있다. 같은 시기에 지금까지 왕권을 상징하던 전방후원분이 급격하게 소멸하게 되는 것도 동일한 맥락에서 이해할 수 있다. 즉 왕권

그림 13 도다이사

의 상징물이 고분에서 사원으로 옮겨졌으며 그 사회의 잉여생산력이 고분의 조영이 아니라 사원의 건립에 투여되었던 것이다.[31] 불교 사찰은 사회의 주도계층인 귀족의 권위를 나타내는 상징이 되었다. 8세기에는 전국에 천황의 사찰인 고쿠분사(國分寺)를 건설하고 이를 정점으로 중앙 및 지방 호족의 절이 위계질서를 가지게 하였다. 이 시기에는 도다이사(東大寺)[32]를 비롯한 많은 사찰이 건립되었고, 왕족 중에 승려가 되는 이도 생겼다. 이처럼 일본 열도에서는 국가의 엄격한 감독을 받으며 불교문화가 발전하였는데, 이 시기를 나라 시대라고 한다.

일본 열도의 사람들은 부처를 그들이 믿는 여러 신 가운데 하나라고 생각하였다. 일본에서 불교는 토착 신앙인 신토와 융합하는 모습을 보였다. 어려운 교리를 대중에게 전달하기 보다는 장례 의례를 중심으로 한 실용적인 측면에 치중하였다.

사료 읽기

이때에 이르러 왕 또한 불교를 일으키려고 하였으나, 여러 신하들이 믿지 않고 이런 저런 불평을 많이 하였으므로 왕이 근심하였다. (왕의) 가까운 신하인 이차돈이 아뢰기를, "바라건대 하찮은 신(臣)의 목을 베어 여러 사람들의 논의를 진정시키십시오."라고 하였다. 왕이 말하기를, "본래 도(道)를 일으키려고 하는데 죄가 없는 사람을 죽이는 것은 잘못이다."라고 하였다. (이차돈이) 대답하기를, "만약 도가 행해질 수 있다면 신은 비록 죽어도 여한이 없습니다."라고 하였다. (… 중략 …) 드디어 (이차돈을) 관리에게 넘겨서 목을 베게 하였는데 이차돈이 죽음에 임하여 말하기를, "나는 불법(佛法)을 위하여 형(刑)을 당하는데 부처님께서 만약 신령스러움이 있다면 나의 죽음에 반드시 이상한 일이 있을 것이다."라고 하였다. (이차돈의) 목을 베자 잘린 곳에서 피가 솟구쳤는데, 그 색이 우윳빛처럼 희었다. 여러 사람들이 괴이하게 여겨 다시는 불교를 헐뜯지 않았다(이것은 김대문(金大問)의 『계림잡전(鷄林雜傳)』의 기록에 의거하여 쓴 것인데, 한나마(韓奈麻) 김용행(金用行)이 지은 아도화상비(我道和尙碑)의 기록과는 매우 다르다.

『삼국사기』, 「신라본기」

13년 겨울 10월, 백제의 성명왕은 서부희씨(西部姬氏), 달솔(達率) 노리사치계 등을 보내, 석가불의 금동상 1구, 번개(幡蓋) 약간, 경론 약간 권을 헌상하였다. 따로 표를 올려, 널리 예배의 공덕을 찬양하여, "이 법은 모든 법 중에 가장 훌륭한 것입니다. 이해하기 어렵고, 입문하기 어려우며, 주공(周公)과 공자도 알지 못하였습니다. 이 법은 무량무변한 복덕과보를 낳고, 무상의 보리(菩提 ; 불교 최상(最上)의 이상인 불타 정각(正覺)의 지혜)에 도달할 수가 있습니다. 비유하여 말하면 사람들이 여의주를 품고, 필요에 따라 모두 마음먹은 대로 되는 것과 같이, 이 묘법의 보물도 그러합니다. 기원하는 것은 마음대로이고, 모자라는 바 없습니다. 또한 멀리 천축에서 삼한(三韓)에 이르기까지, 교에 따라 받들어 모시고, 존경하지 않는 자가 없습니다. 이 때문에 백제왕 신 명(明)은 삼가 배신(陪臣) 노리사치계를 보내, 조정에 전해드려, 기내(畿內)에 유통시키고자 합니다. 부처가, '내 법은 동쪽에 전해질 것이다' 라고 말씀하신 것을 실현시키는 것입니다."라고 하였다. 이날, 천황은 다 듣고 나서, 환희 용약하시어, 사자에게 조{詔}하여, "짐이 예부터 이제까지 아직 이렇게 미묘한 법을 들은 일이 없다. 그러나 짐이 혼자서는 결정하지 아니할 것이다"라고 말하였다.

「일본서기」, 「흠명천황」

7. 동아시아 삼국의 무인 정권

(1) 당말오대(唐末五代)의 절도사 정권

1) 절도사의 설치와 내지 번진(藩鎭)

당은 광대한 영토를 수비하기 위하여 현종 재위 연간인 개원 말 천보 초(741~742) 6 도호부 대신 10 절도사[33]를 설치하고 용병의 모집과 훈련을 절도사에게 맡겼다. 이는 군사력의 강화를 가져오기는 하였으나, 이민족을 많이 기용하였기 때문에 외인부대의 성격을 띠게 되면서 무인의 횡포를 가져오게 되었고 이러한 군사제도의 변화는 안사의 난(755~763)[34]을 초래하는 한 계기가 되었다.[35] 8년 동안 지속된 반란은 위구르 족의 도움으로 겨우 평정되었으나 당 왕조는 지방의 절도사를 제압할 힘이 없어 실질적인 독립 소왕국인 번진의 할거 국면을 용인할 수밖에 없었다. 번진은 도호부보다 중국 내지로 훨씬 깊숙이 들어왔는데 이것은 당의 세계 제국으로서의 성격이 후퇴하기 시작했음을 의미한다. 또한 절도사의 할거는 정치적으로 당 제국의 중앙집권 체제를 붕괴시키고 지방 분권화를 촉진시켰으며 이로 인해 당 왕조의 국가질서가 흔들리고 사회경제적 피해가 심각하였다.

절도사는 주(州)의 관찰사를 겸하면서 군사는 물론, 민정과 재정, 사법권을 마음대로 행사하게 되었다. 또 절도사는 그 직위가 자손에게 세습되었다. 따라서 절도사의 사망 후에는 자손 중에 실력 있는 자가 마음대로 세습을 하였고 정부는 이를 추인할 뿐이었다. 이와 같은 절도사의 할거시대는 당 말까지 계속되었고 황소의 난(875~884) 이후에는 더욱 그 세력이 커져서 수도 장안(長安) 근방을 제외하고는 전 국토가 절도사의 세력 하에 놓이게 되었다. 주전충(朱全忠) 세력은 처음에 반란군이었으나 정부에 투항한 후 황소의 패잔병을 규합하여 하동 절도사로 발전하였다. 후에 후당(後唐)을 세우게 되는 이극용(李克用)도 이 시기에 기반을 조성하였다.

황소의 난 이후 중앙에서는 정치세력에 큰 타격이 가하여져 환관과 문벌귀족세력이 거의 제거되었다. 즉 황소의 난 이후 재상 최윤은 환관을 제거하기 위해 주전충의 병력을 궁중으로 끌어들여서 환관을 주살하니 이로써 환관세력은 소멸되었던 것이다(896). 이후 주전충은 소종(昭宗)을 시해하고(903) 30여 명의 고관을 황하에 수장시킨 후 마침내 당의 애제(哀帝)로부터 왕위를 물려받아 후량(後梁)을 세웠다(907).[36)]

2) 오대십국(五代十國) 시대

10세기 초 당 제국의 멸망은 5대10국이라는 새로운 무인체제 국가를 여는 계기가 되었다. 이러한 변화는 중국의 역사에 국한되지 않고 동아시아의 국제정세에도 새로운 변화를 가져오게 되었다. 중국과 동아시아 각국의 국제관계는 당 제국의 개방주의와 적극적인 대외정책으로 긴밀한 관계를 갖게 되면서 동아시아 문화권을 확대하여 나갔다. 그러나 당의 멸망으로 종래의 동아시아 국제질서가 결정적으로 재편되는 결과를 가져오게 된 것이다. 우선 한반도의 정세를 보면 신라가 한반도를 통일한 후 당과 밀접한 교류관계를 유지하여 오다가 10세기 초에 후삼국으로 분열되었고(901), 이어 고려가 건국(918)하면서 신라는 멸망하게 되었다(935). 만주지방에서도 고려의 건국과 거의 비슷한 시기인 916년에 거란족이 거란국을 건국하였다. 거란족은 당의 지배 하에서 민족적인 성장을 거쳐 5대10국 시기에 요(遼)라고 하는 정복왕조를 성립시켰다(936). 한편 일본에서도 10세기 중엽부터 율령국가가 해체되면서 고대 귀족국가가 붕괴되고 무사가 새로운 지배계층으로 등장하는 사회적 변화가 일어나게 되었다.[37]

오대십국(五代十國)은 당조가 멸망한 907년부터 시작하여 후주(後周)의 군사령관이었던 조광윤(趙匡胤)이 후주를 멸하고 송(宋)을 건국한 960년까지의 역사 시기를 말한다. 오대는 화북지역의 후량, 후당, 후진, 후한, 후주의 다섯 왕조이고, 십국은 전촉, 후촉, 오, 남당, 형남, 오월, 민, 초, 남한, 북한의 10개국인데 10국 중 9국은 남쪽에 1국은 북쪽에 있었다. 이렇게 많은 정권이 등장한 것은 황소의 난으로 중앙 정권이 진공 상태에 놓이자 번진의 절도사들이 제각기 독립하여 국가를 형성하였기 때문이었다.[38] 안사의 난 이래로 오대십국 시기까지 사회의 새로운 지배자로 출현한 절도사는 종래의 문벌귀족을 제치고 군사력을 배경으로 지방에 군림하면서 문벌귀족세력을 제거하니 이로써 문벌귀족은 완전히 몰락하게 되었다.

오대십국의 분열시대는 송(宋)이 건국되면서 53년 만에 일단락되었다. 송을 세운 태조 조광윤도 후주의 절도사 출신이었다. 그는 거란과 북한의 연합군이 남침해 온다는 첩보에 의해 후주 공제(恭帝)의 명을 받아 대군을 이끌고 이를 막으러 나갔다가 진교역(陳橋驛)에서 5대 시기에 빈번하게 자행되던 부하장병의 쿠데타에 의해서 황제에 추대되어 송을 세웠다(960). 송 태조의 당면과제는 안사의 난 이후 할거하고 있던 절도사 세력을 누르고 전란으로 황폐화된 농촌사회를 안정시켜 통일의 대업을 완수하는 일이었다. 이를 추진하기 위해서는 무엇보다도 강력한 중앙집권적 황제독재체제를 구축하는 것이 필요하였다. 그리하여 무인에 대신하여 문관이 국정을 담당하는 문신관료체제를 채

택하게 되었다.

(2) 일본의 바쿠후(幕府) 정권

1) 무사 집단의 형성

고대 율령 체제에서는 천황이 조정과 귀족을 이끌고 토지와 백성을 지배하였다. 그러나 8세기 중반 토지의 개간을 장려할 목적으로 토지의 사유화를 인정하면서 귀족이나 사원의 주도하에 장원이 급속히 확대되었다. 그러나 10세기 이후 이들 초기 장원은 쇠퇴하고 개발 영주(유력 농민)가 작인(농민)과 하인(농노)을 부려 토지를 개척하고 이를 귀족과 사원에 기부하는 기진지(寄進地)계 장원이 주류를 이루었다. 장원의 실제 소유권을 갖고 있던 개발 영주는 귀족과 사원의 권위를 이용하여 고쿠시(國司)[39]의 압력과 조세를 피하려 한 것이다. 그 후 장원의 개발 영주는 토지를 지키기 위하여 무기를 들고 무장 그룹을 조직하였다. 이처럼 10세기 이후 각지에서 성장한 호족과 유력 농민은 세력을 확대하기 위해 무장하여 활을 쏘고 말을 타고 싸우는 무사(武士)들을 조직하였다. 이 무사들은 지방의 호족을 중심으로 연합체를 만들었다. 특히 교토에서 멀리 떨어진 변경지방에서는 구래의 대호족이나 임기 종료 후에도 임지에 눌러앉아 정착한 고쿠시(國司)의 자손 등도 많아 그들을 중심으로 큰 무사단이 성장하기 시작하였다. 그 중에서도 간토(關東) 지방은 예로부터 에미시(蝦夷 ; 이민족) 정벌의 기지였고 또 좋은 말이 생산되기도 하여 무사의 성장이 가장 뚜렷했다.

'다이라노 마사카도의 난'과 '후지와라노 스미토모의 난'과 같은 대규모 반란이 발생하자 무사들의 힘이 빛을 발하였다. 지방 무사들의 손에 의해 이들 동과 서의 반란이 진압되었던 것이다. 이렇게 하여 지방 무사들은 교토로 올라가 궁중의 경비를 선다든지 귀족의 신변경호나 교토 성내의 치안을 맡는다든지 하면서 중앙무대에 진출하게 되었다. 지방 각 국에서는 도적과 반란자를 잡기 위해 파견된 추포사(追捕使)와 내란 중 병사를 통솔하는 임무를 맡았던 압령사(押領使)에 임명되어 치안유지를 분담하였다. 그리고 반란을 진압하는 데 큰 공적을 세운 무사들은 수령을 역임하면서 중앙귀족으로 입성하기도 하였다. 11세기가 되면 개발 영주는 토지의 확대와 보호를 구하여 토착한 귀족과 힘있는 지방 관리에게 종속하면서 지방의 무사단으로 성장해 갔다. 그들은 중앙 귀족의 혈통을 잇는 사람을 우두머리로 삼고 큰 세력을 형성하였다.[40] 이들 무사들은 가마쿠라(鎌倉)와 무로마치(室町) 바쿠후와 같은 무사정권 아래서 고케닌(御家人)이 되어 토지 소유를 보장받았다.

2) 가마쿠라 바쿠후

1180년 미나모토노 요리토모는 다이라(平)씨 일족을 타도하기 위해 군사를 일으켰다. 그는 후지 강 전투에서 다이라씨를 격파하고 간토 지역을 평정했다. 그는 가마쿠라에 들어가 무사의 통제 기관인 사무라이도코로(侍所)를 설치하고 독자적인 정권을 수립했고 1184년 정무 기관인 공문소(公文所), 문주소(問注所)를 설치해서 바쿠후 체제를 강화했다. 요리토모는 1185년 다이라 일족을 멸족시켰으며 동생 요시쓰네의 반역 사건을 기회로 각 구니에 슈고(守護)와 지토(地頭)를 설치하는 권한을 획득해서 무가 정권을 확립했다. 또 자신을 지지하는 귀족들을 조정의 중직에 천거해서 그 지위를 확보했으며 1189년 스스로 군사를 이끌고 오슈 지역을 정벌해서 전국적인 군사 지배 체제를 완성시켰다. 미나모토노 요리토모가 1192년 천황으로부터 세이타이쇼군(征夷大將軍)이라는 칭호를 수여받으면서 가마쿠라 바쿠후는 조정으로부터 공식적인 승인을 받았다. 가마쿠라 바쿠후의 성립 시기에 대해서는 미나모토노 요리토모가 가마쿠라에 거점을 정한 1180년 설, 고시라카와 법황의 명령으로 간토의 지배권을 획득한 1183년 설, 지토·슈고의 설치에 대해 칙허를 받은 1185년 설, 천황으로부터 쇼군의 칭호를 수여받은 1192년 설 등이 있다.[41)]

슈고는 처음 총추포사로 불리며 요시쓰네를 잡기 위한 경찰권을 위임받았는데 주로 유력 고케닌(御家人)[42)]이 임명되었다. 지토는 한마디로 징세 청부인으로 이전부터 요리토모가 개인적으로 설치하고 있었던 것이었으나 공식 제도로서 모반자의 장원과 공령에 임명할 수 있도록 된 것이었다. 슈고는 원칙적으로 각국에 한 사람씩 유력 무사가 임명되었으며 관내의 치안유지와 경찰권 행사, 국내의 지토·고케닌에 대한 군사 지휘권의 직권을 가지고 있었다. 이후 슈고의 권한은 점점 확대되어 막부의 지방 행정관으로서의 지위를 가지게 되었다. 지토 또한 고케닌 중에서 임명되었으며 임무는 연공의 징수·납입, 토지의 관리, 치안유지 등이었다. 슈고와 지토를 포함한 고케닌과 쇼군 사이에는 주종관계가 맺어졌다. 이것이 바쿠후 체제의 근본이었다. 요리토모는 주인으로서 고케닌을 지토로 임명함으로써 선조 대대로 내려오던 영지의 지배를 보장한다든지 새로이 영지를 나눠주었다. 고케닌은 주인을 위해 전시에는 목숨을 걸고 싸우며 평시에는 교토와 가마쿠라의 경호 등의 일을 하는 등 종자로서의 봉공(奉公)에 전력을 다했다.[43)]

가마쿠라 바쿠후의 성립으로 무가의 지위가 안정되고 강화된 것은 사실이지만 이 시대의 국가 전체의 지배자는 여전히 조정이었으며 바쿠후는 조정으로부터 존재를 보장받고 국가적인 군사, 경찰 기능을 담당한 데 지나지 않았다. 또 귀족적 장원 영주와 무사적 재지 지주의 상호 대립·보완에 의한 지배 조직인 장원 체제는 바쿠후가 지토를 설치한 뒤에도 본질적으로는 변화가 없었다. 더구나 조정과 바쿠후 등의 공권력은 귀족, 사원, 신사, 재지 영주의 지배를 간섭할 수 없었기 때문에 이 시대에는 단순히 공무(公武)[44]의 이원적 대립에 그치지 않고 다원적으로 분열된 지배가 존재했다.[45]

13세기 말 원의 두 차례 침공으로 장기간 규슈 방어에 동원된 무사(고케닌)들은 재정적 어려움을 겪게 되었다. 막부의 보상마저도 기대에 크게 못 미쳤으므로 토지를 저당 잡히고 몰락하는 무사들이 생겨났다. 몰락한 무사들은 주변의 장원에 침입하여 약탈을 행하였는데, 이들을 '악당'이라고 불렀다. 막부의 통제를 벗어나 활동하던 악당은 왜구로 돌변하여 고려와 조선에 침입하기도 하였다. 바쿠후가 이들을 구제하기 위한 조치를 취하였으나 실효를 거두지 못하였다. 이 틈을 타 고다이고 천황이 바쿠후로부터 권력을 되찾기 위해 바쿠후 타도 운동을 시작하자 바쿠후에 불만을 품은 전국의 무사들이 천황의 명령에 따라 봉기하였다. 바쿠후가 반란세력을 진압하기 위해 교토로 파견한 아시카가 다카우지도 자신을 파견한 바쿠후를 배신하고 천황 편이 되어 교토의 로쿠하라단다이(六波羅探題 ; 바쿠후의 정무기관)를 공격하였다. 이윽고 간토에서도 반란이 일어나 가마쿠라 바쿠후의 실권자인 호조 씨 일족이 집단 자살함으로써 가마쿠라 바쿠후는 멸망하였다(1333).

3) 무로마치 바쿠후

권력을 장악한 고다이고 천황은 귀족과 무사가 함께 협력하여 통치하는 '공무협조(公武協調)'정책을 도모하였으나 새로운 무사 정권을 수립하고자 하는 무사들의 불만이 커졌다. 아시카가 다카우지가 고다이고 천황을 폐위시키고 새로운 천황을 세우자 고다이고 천황은 남쪽의 요시노로 피신하였다. 이로 인해 교토의 북조와 요시노의 남조가 대립하면서 이후 약 60여 년간 남북조 내란이 지속되었다. 다카우지는 1338년 북조로부터 정이대장군에 임명되었으나 이후 바쿠후 내분으로 인한 대규모 내란이 분출되면서 당시 남북조 내란과 더불어 혼란이 계속되었다.

바쿠후의 지위가 안정된 것은 3대 쇼군 아시카가 요시미쓰 때부터였다. 요시미쓰는 교토의 무로마치에 새 저택을 짓고 정치를 행했으므로 무로마치 바쿠후라 부른다. 요시미쓰는 내란 수습에 적극적으로 대응하고 관위(官位) 승진 등으로 쇼군의 지위를 높였다. 동시에 조정의 실권을 흡수하고 유력 슈고들을 억압하였으며 남북조의 통합에도 성공해서 바쿠후의 최전성기를 실현시켰으므로 바쿠후의 지배 기구도 요시미쓰 시기에 완성되었다. 무로마치 시대에는 금각을 중심으로 하는 기타야마(北山) 문화와 은각을 중심으로 히가시야마(東山) 문화가 꽃을 피웠다. 기타야마 문화는 3대 쇼군 아시카가 요시미쓰에 의한 아시카가씨 정권의 확립기 문화이며, 히가시야마 문화는 정치 혼란과 사회 동요 속에서 선종 색채를 짙게 보여 준 쇼군 요시마사 시대의 문화이다. 무로마치 바쿠후는 군사적·재정적 기반에서 슈고들을 압도할 정도로 강력하지 못했으므로 슈고가 다이묘(大名)로 성장하였고, 바쿠후는 유력한 다이묘와 연합하여 권력을 행사하였다. 이후 쇼군가의 후계자 문제를 둘러싸고 일어난 내분이 두 유력 슈고 다이묘의 세력 싸움과 뒤얽힌 끝에 오닌의 난(1467-1477)이 일어나 교토는 황폐해지고 바쿠후의 위신은 완전히 실추되고 말았다. 이에 독자적인 영국(領國) 지배를 목표로 하는 센고쿠(戰國) 다이묘들이 출현하여 패권을 다투는 센고쿠 시대가 시작되어 100년 동안 계속되었다.[46] 센고쿠 시대는 도요토미 히데요시에 의해 마감되었고 그 후 에도 바쿠후가 성립되었다.

(3) 고려의 무신 정권

1) 무신의 난

고려는 무신들이 주체가 되어 통일전쟁에서 승리했으나 무신 때문에 건국초기의 왕권이 불안했던 것을 고려하여 광종 이후로 문치로 나아가면서 최고의 군사지휘권도 문신이 장악했다. 서희, 강감찬, 윤관, 김부식 등도 모두 문신으로서 큰 전과를 올렸다. 이러한 상황에서 무신의 지위는 점차로 낮아져서 하급 전쟁기술자나 호위병 정도로 지위가 격하되기에 이르렀다. 무신을 등용하는 무과(武科)가 없었던 것도 무신의 질을 떨어뜨리는데 한 요인이 되었다. 무신들은 2품 이상은 승진이 불가능했고, 전시과에 규정된 군인전도 제대로 받지 못하는 경우가 많았다. 무신의 위상을 더욱 낮게 만든 것은 고려 중기의 장기간에 걸친 평화였다. 현종 10년(1019)에 거란과의 전쟁이 끝나고 나서 의종(1146-1170)에 이르기까지 10명의 왕이 바뀌고 150년의 세월이 흐르는 동안 고려는 큰 전쟁을 치르지 않았다.

묘청의 서경천도 운동이 진압된 후 중앙정치는 문벌귀족들의 독무대가 되고 무신에 대한 차별은 더욱 심해졌다. 왕 이하 문신들이 밤새워 잔치를 벌이는 동안 무신들은 배를 곯며 호위를 서는 일이 허다했고 무신에게 주는 땅(군인전)을 그보다 낮은 품계의 문신이 뺏는 경우도 있었다. 무신의 지위가 가장 하락한 것은 의종 재위연간이었다. 의

종은 개경과 그 인근에 많은 별궁, 누정, 사찰 등을 조성하고 거의 매일같이 신하들과 격구를 즐기고 문신들과 술판을 벌이면서 국가재정을 낭비하고 있었는데 무신들은 비록 상장군이나 대장군 같은 최고급 장군들도 왕과 문신들의 놀이판에 경비나 서는 호위병으로 전락했다.

1170년(의종 24) 8월 30일 의종의 보현원 행차에서 정중부(鄭仲夫), 이고, 이의방 등 무신들은 그 동안 준비해온 거사를 결행하여 문신들을 처단한 다음, 의종을 거제도로 유배시킨 후 왕의 동생을 새 왕으로 추대하며 쿠데타를 일으켰다. 무신들의 쿠데타가 성공할 수 있었던 것은 군사력과 농민 출신인 일반 병사들의 지지를 얻은 때문이었다.

무신 정권 시기를 3기로 나누어 그 특성을 살펴보면, 제1기는 성립기로서 정중부의 정권탈취로부터 최충헌(崔忠憲)이 이의민(李義旼)을 제거할 때까지의 명종(明宗)대로서 무인집정들이 중방(重房)을 중심으로 문신에 대해 견제하는 한편 구문신을 포섭하고 새로운 문신을 등용했으나 여전히 이들은 경계의 대상이었다. 제2기는 확립기로서 최씨 집권 시대로 독자적인 무가집정부(武家執政府)를 설치하고 교정도감의 장으로서 초월적인 권력을 행사하는 한편 문신을 보호하고 새 문화를 일구었으며 서방(書房)을 설치, 문인들을 우대했기에 무인들의 연합정권기구의 구실을 했던 중방의 존재가 희박해졌다. 제3기는 붕괴기로서 고종45년 유경, 김준 등이 최의를 주살함으로써 왕정이 복구되어 무인정치는 일단 종식되었지만 원종9년 김준이 임연(林衍)에게 타도될 때까지 권신정치는 계속되어 갔다.

2) 최씨 무인 정권

권력을 잡은 무신들은 상장군과 대장군의 합의기관인 중방(重房)을 권력기구로 삼아 정치를 운영했다. 그러나 정치경륜이 부족했던 무신들은 서로 간에 권력투쟁을 벌이면서 문신보다 더 혹독하게 백성들을 수탈하여 재산을 모았다. 이고를 살해하고 자기 딸을 태자비로 삼아 대장군이 되어 권세를 누리던 이의방은 정중부에게 피살되었다. 한동안 정중부가 평장사, 문하시중이 되어 홀로 권세를 누렸으나 1178년 경대승에게 피살되었다. 경대승은 무신의 횡포를 개혁하려 했으므로 무신들의 미움을 받아 신변안전을 위해 도방(都房)을 설치하고 100여 명의 호위병을 두었다. 그러나 그는 1183년 30세로 요절하고 그 뒤를 이어 상장군 이의민이 상경하여 권력을 잡았다. 그러나 불학무식한 이의민은 판병부사로서 13년간 갖은 횡포와 축재를 일삼다가 1196년 최충헌에 의해 피살되었다. 이후 60년 간 최씨 집안이 권력을 독점하게 되는데 무신정권은 최씨 정권 때 안정기에 들어섰다. 최충헌은 집권하는 동안 명종, 신종, 희종, 강종, 고종 다섯 왕을 마음대로 바꾸었다. 최씨 정권의 군사적 기반으로는 문객(門客)과 가동(家童)을 무장시킨 사병집단인 도방(都房)이 중요한 역할을 담당하였으며 삼별초(三別抄) 또한 무신 정권의 군사기반이었다. 삼별초는 최이(崔怡)때 도적을 방지하고 반란을 진압할 목적으로 성립되었으나, 경찰·전투 등 공적인 임무를 수행하였고 녹봉을 지급받았기에 공병(公兵)의 성격이 강하여 순수한 사병집단인 도방과는 그 성격이 달랐다.

1231년 몽골이 침입해왔다. 최충헌의 뒤를 이어 권좌에 오른 아들 최우는 강화도로 수도를 옮겼다. 육지에서 몽골군에 맞서 처절한 싸움이 계속되는 동안 최씨 세력들은 임시 수도인 강화도에서 호사스런 생활을 누렸다. 1258년 최씨 정권의 마지막 집권자 최의가 심복 김인준에 의해 제거되고 김인준, 임연이 실권을 쥐었다. 4대 60년에 걸친 최씨 정권은 막을 내렸지만 무신의 세력은 완전히 제거된 것은 아니어서 왕은 아직도 허수아비에 지나지 않았다. 1270년 마침내 고려는 원과 강화를 맺고 개경 환도를 결정했다. 원의 비호 하에 왕정복고가 이루어졌으며 이로써 정중부의 쿠데타 후 근 백 년 동안 지속된 무신 정권 시대는 막을 내렸다.[47)]

사료 읽기

범양절도사 안록산(安祿山, 703~757)이 반란을 일으켜 수도를 공략하였는데, 천지의 병사들은 약해서 막아내지 못하고 결국 장안과 낙양 두 수도를 빼앗겼다. 숙종(재위 756~762)이 영무에서 토벌군을 일으키고, 여러 진들의 병사들도 호응하여 반란군을 무찔렀다. 그러나 이후 안록산의 아들 안경서(安慶緖)와 사사명(史思明)이 반란을 이어나가서, 중국은 큰 혼란에 빠졌다. 숙종이 이광필(708~764) 등에게 그들을 토벌하게 하였는데, 이 병사들을 '아홉 절도사의 군대'라고 불렀다. 한참 뒤 이 반란군은 완전히 궤멸되었으나 참전 병사들이 전공을 빌미로 군대 조직을 유지하였고, 큰 공을 세워 제후나 왕으로 봉해졌던 자들은 모두 절도사가 되었다. 이로 말미암아 내지에까지 방진들을 숱하게 두었는데, 큰 것은 십여 주(州)를 거느리고 작은 것도 서너 주는 차지하였다. 이런 까닭에 방진의 병사들이 방자해지면 절도사를 쫓아내고, 절도사의 힘이 세면 반란을 일으켰다. 또 아버지가 죽은 뒤 그 아들이 병사들을 장악하여 절도사 자리를 내놓지 않거나 병사들이 절도사를 결정하기도 하였으며, 이따금 스스로 장수나 관리를 골라 유후(留後)로 부르고 절도사의 직무를 대행하게 하면서 조정에 정식 임명을 요청한 적도 있었다.

『신당서』, 「병지(兵志)」

(문치원(1185)년 11월) 12일 …(중략)… 무릇(대저) 이번 사태는, 가마쿠라 막부로서 중대한 일이어서, 처리 방식이나 전망에 대해, (요리토모가) 상당히 신경을 쓰고 있는 바, 대강광원이 아뢰기를, '세상은 이미 말세여서, 악인으로서는 활약의 호기이므로, 천하의 반역자 출현은 금후에도 없지 아니할 것입니다. 동해도 지역 내는 요리토모 공이 계시는 곳(막부의 근거지)이므로 평온하지만, 반란은 반드시 다른 지방에서 일어날 것입니다. 이것을 진압하기 위해서 그 때마다 관동 무사를 파견하는 것은, 사람들에게 부담

이 되고, 국비의 낭비입니다. 그러므로 이 기회에, 제국에 명령을 내려, 국어령·장원 별로 수호 지두를 두게 하면, 그다지 두렵지 않게 될 것입니다. 이 안을 조급하게 조정에 신청한다면 어떻겠습니까.' 하는 것이었다. 요리모토 공은 몹시 탄복하여, 그렇게 결정했다. 이 일이 최초부터 최후까지 잘 처리된 것은, 광원의 충언 덕이다.

「아즈마카가미(吾妻鏡)」

의종 24년 8월 그믐날 수박희를 하였다. 대장군 이소응이 이기지 못하고 달아나려 하였다. 이 때 한뢰가 갑자기 나서 이소응의 뺨을 후려쳐 섬돌 아래로 떨어지게 하였다. 왕과 여러 신하들이 손뼉을 치며 크게 웃었다. 정중부, 김광미, 양숙, 진준 등은 낯빛을 바꾸어 서로 눈짓을 하더니 정중부가 날카로운 소리로 한뢰를 꾸짖었다. "이소응이 비록 무관이나 벼슬이 3품인데 어찌 이렇게 심한 모욕을 주는가." 왕이 정중부의 손을 잡고 달래서 말렸다. 이고가 칼을 뽑고 정중부에게 눈짓하였으나 정중부가 그만두게 하였다.

「고려사」

8. 송대 군주권 확립과 대외관계

(1) 군주 독재 체제의 성립

1) 절도사 세력의 제거

당대의 사회 체제가 안사의 난을 통해서 붕괴되면서 중앙권력이 파괴되고, 당말 오대에는 절도사 세력의 대두로 인한 지방 세력의 독립이 가속화 되었다. 이러한 가운데 일반 민은 강력한 중앙집권국가를 원하였고 제도와 기구 면에서 강력한 중앙집권국가를 만들 수 있는 계기가 후주(後周) 대에 마련되어 갔는데 이러한 대세를 이용하여 조광윤이 송을 건국했다(960년). 태조가 당면한 가장 큰 문제는 당말 이래 지속된 군벌(절도사)의 횡포를 막고 중앙집권체제를 강화하는 일이었다. 이를 위해 먼저 절도사 세력의 삭감정치를 시행하였다.

먼저 절도사의 병권을 박탈하였다. 전전사, 시위사 등 금군 대장의 권력을 삭감하고, 절도사 세력의 확대를 방지하기 위해 이들을 이동시킴과 동시에 절도사 휘하에 있던 아병(牙兵) 가운데서 뛰어난 자를 금군(禁軍)에 편입시킴으로써 절도사 군사력의 약화를 가져오게 하였다. 때로는 절도사를 파면시키고 그 자리를 문관으로 대치시킴으로써 무관 출신의 절도사 수가 줄고 문관 출신의 수가 증가되어 갔으며, 인종 때에 이르러서는 문관을 숭배하고 무관을 경시하였다. 또 절도사의 관할 행정구역(支郡)인 군(軍), 진(鎭)의 관리 임명권을 박탈하여 중앙에서 직접 관리를 파견하였다. 둘째 절도사의 민정권을 박탈하

그림 14 송 태조 조광윤

였다. 각 부주(府州)에 통판(通判)을 파견하여 민정권을 감독하게 하였고 부주현(府州縣)의 조세를 징수하여 로(路)의 전운사에게 전달케 함으로서 절도사 체제를 와해시켜 나갔다. 절도사 휘하의 모직관(募職官)도 황제가 임명하여 파견함으로써 절도사 견제의 역할을 담당하게 했고 속군, 속현의 현령은 물론 진장(鎭將)까지도 중앙에서 파견하였다. 셋째 절도사의 재정권을 박탈하였다. 절도사는 관료, 대지주, 대상인, 부호들의 재정적 지원과 함께 임의로 징수한 세금을 통해 막대한 재산을 모아 자신의 세력을 확대시켜 갔다. 송의 태조와 태종은 절도사의 세력 기반이 되는 것을 끊기 위해 지방장관 가운데서 조(漕)의 전운사에게 재정권을 위임하였다. 따라서 통판이 부주(府州) 이하의 모든 지방에서 세금을 거두어오면 전운사는 이를 중앙의 삼사(三司)에 보냄으로써 절도사의 재정권을 박탈하고 그 권한을 약화시켜갔다.

2) 정치 체제의 개혁

지방관제를 보면 지방은 로(路), 부(府), 주(州), 군(郡), 감(監), 현(縣), 진(鎭)을 설치하여 지방 행정 업무를 분담하게 하였다. 이는 절도사의 권한을 분화하기 위한 조치였다. 태종 때는 정보 정치를 실시하여 관료감시를 위한 황성사(皇城司)라는 첩보조직을 설치하였고 군대의 감시를 위해 주마승수(走馬承受)란 특무기관을 두었다. 관제의 정비와 병행된 과거제를 보면, 당대는 귀족이 과거 관리를 독점해 왔으나 송대는 명실상부한 실력위주의 과거관리 선발제도가 실시되었다. 송대의 과거는 지방에서 행해지는 향시(鄕試), 중앙 예부의 성시(省試), 황제가 직접 시험관이 되는 전시(殿試)로 단계가 구분되었다. 이렇게 해서 관료는 황제의 직접적인 문하생이 되었으며 이를 통해 황제는 사대부를 장악할 수 있었던 것이다.

송대는 사회적으로 귀족계급이 완전히 몰락하고 사대부가 등장하였고, 군사적으로 군대가 백성으로부터 분리되어 황제에 직속되었으므로 군의 통수권이 황제에 귀속되었다. 경제적으로는 산업의 발달로 농업생산의 비약적인 발전이 이룩되었고 차, 소금 등 일상생활 필수품의 전매제도가 실시되어 그 막대한 수입이 독재군주의 재정적인 뒷받침을 하였다. 정치적으로는 독재체제의 유지를 위한 관료기구가 형성되었다.

강의노트

송대 군주권 확립

- 송의 건국 : 후주(後周)의 절도사 조광윤(趙匡胤)이 부하들에 의해 황제로 옹립(진교역 정변), 송 건국(960)

ㅇ 문신관료체제(황제독재체제) 확립 배경
① 귀족계층 몰락, 사대부 서민사회의 성립
② 금군(禁軍) 체제의 확립
③ 전시(殿試) 제도의 시행
④ 강남 지방의 개발
ㅇ 송 초의 중앙집권정책 : 절도사 병권·민정권·재정권 박탈
ㅇ 과거제의 실시
향시(鄕試 ; 지방) → 성시(省試 ; 예부) → 전시(殿試 ; 황제)

---

(2) 송의 사회와 문화

1) 송대의 사회와 경제

송대에 황제 독재 체제와 함께 독재정치가 실제로 가능했던 것은 다음과 같은 사회경제적 변동에 기인하였다.

송은 당대와는 전혀 다른 새로운 문화와 특징을 지닌 사회로서, 형세호(形勢戶)의 전호(佃戶)에 대한 지배가 특징적이었다. 당은 문벌귀족 사회였으나 송은 신분에 의한 관료진출이 아니라 사회적 능력에 의한 관료진출이 가능하였다. 지방의 유력세력인 형세호가 관료진출 계급이 되었고 관호(官戶)가 새로운 계층으로 등장하여 이 관호와 지주가 새로운 지배층을 형성하여 전호를 지배하였다. 또 송은 당대보다 개방된 사회 속에서 개인의 자유와 권리를 누릴 수 있는 사회이긴 하였으나 황제의 독재체제를 유지하는 관료기구가 형성되어 이들 기구가 전호를 지배한 관료지배의 계층적 사회였다.

송대의 농촌사회는 형세호와 그에 신분적으로 예속된 전호의 생산관계로 묶여진 사회로 볼 수 있는데, 전호는 경제외적인 관계인 사적 주종관계에 의해 지주를 보필하였다. 형세호는 장원을 조직하였는데

장원 관리의 합리화를 위해 대리인을 파견하여 관리하였고 전호에게 토지이용권(전면권)의 매매를 허용하는 등 전호를 우대하여 농업 생산력을 높였다.

송대의 경제는 장원의 발달로 전호의 수가 증대되어 송대의 독특한 장원제 생산양식이 형성되었다. 지역적인 폐쇄성이 제거되어 지역간의 유통이 활발해짐으로써 상호 유기적인 관계에서 여러 생산이 활발히 이루어졌다. 농업의 발달로 개간사업이 활발해지고 잉여 상품작물의 판매를 위한 상업이 발달하며 생활의 여유로 인해 도자기류, 문방사우 등의 생산이 활발해졌다. 따라서 농업, 수공업, 상업이 유기적으로 병행하여 발달하였다. 이에 따라 송대 사회는 전대에 비해 비약적으로 발전하였고 서민문화가 발달하였다.

강의노트

송대 형세호(形勢戶)의 유형과 성격

○ 형세호의 등장 :
- 안사의 난 이후 양세법이 시행되면서 토지 사유권 인정
- 송대 형세호는 관인(官人), 이인(吏人), 직역호(職役戶)까지 포함한 광범위한 지주계층
- 신흥지주층이 대토지 소유하면서 장원 경영
- 몰락한 균전농민을 전호로 고용

○ 형세호 계층의 발전 :
- 지방의 절도사나 주의 자사 등과 결탁하거나 관청사무를 도우면서 토지사유를 확대
- 과거제 통하여 관인 형성

---

2) 송대 문화의 특징

당송의 변혁은 사회, 경제적인 면에 국한되지 않고 문화면에서도 새바람을 일으켜 서민적인 참신한 송 문화를 창조하였다. 송대 문화

의 성격은 제한적이기는 해도 혁신적인 면이 강하게 나타나고 있다. 또 송의 문화는 철학, 논리적이면서도 현실적이고 국수적이며 민족적인 개성을 구비하고 있는 것 외에 전대(육조, 수, 당)의 전통질서를 지양하고 문화의 창조자, 전수자, 향유층을 변화 확대했으며 나아가 금, 원, 명, 청의 문화형성에 중요한 영향을 주었다는 점에서 하나의 중요한 분수령이고 혁신이었다.

육조(六朝), 수당(隋唐)의 문화는 호한(胡漢)의 이중성과 국제적 성향으로 해서 상당히 이국적 색채가 짙게 내포되어 있었다. 그러나 송 문화는 이민족의 침입에 대항하기 위해 화이사상에 기초한 국수주의 내지 민족주의적 성격이 강하였다. 또 한편으로는 송대 농업생산력의 발달에 힘입은 서민층의 사회적 비중의 고조로 평민문화의 성격이 강하게 나타났다. 사상적인 면에서는 중국문화의 기초가 되어온 유교를 새로운 각도에서 재해석하여 전제군주체제의 이론적 기반을 마련하고 사대부 서민사회를 옹호하는 새로운 사상인 성리학을 발전시켰다.

송대의 서민은 지식과 교양을 갖기를 원하였고 이에 따라 종래 귀족계층에 국한되어 있던 문화층이 송대에 와서 서민대중에게까지 넓혀져 갔다. 특히 산업과 생산기술의 발달이 사회의 분업화를 촉진하게 되면서 서민의 자신감은 그 이전 시대보다 상승되었고 이는 서민문화의 창조적인 힘의 원동력이 되었다. 예컨대 농·공·상업이 자급자족의 상태를 벗어나 자영적인 발전단계에 들어서면서 서민의 창의력을 필요로 하였고 그 결과 실학적인 지식이 향상되었다.

또 송 문화의 성격은 도시의 발달과도 깊은 관계를 가지고 있었다. 송대의 도시는 상공업의 중심지가 되면서 행정·군사적 기능이 저하되고 개방성을 기초로 경제적 기능이 두드러지게 되었다. 농촌에도 수많은 시장이 생기면서 도시와 농촌간의 경제교류를 통하여 도시문화가 농촌에까지 영향을 주었다. 따라서 송대에는 문화의 향유자가 도시는 물론 농촌에까지 확대되어 나갔으며 이런 점에서 송대 문화는 서민성과 함께 전국적인 대중성을 띠게 되었다.

한편 송대는 과거제의 영향으로 역사적 대외명분을 중시하게 됨으로써 『자치통감』, 『신당서』 등의 역사서 편찬이 활발히 진행되었고, 인쇄술의 발달로 인해 인쇄된 서적이 일반에 보급되어 문화의 확산을 촉진시켰다. 이에 따라 민중문학이라 할 수 있는 사(詞), 소설, 잡극이 유행했으며 과학기술도 발달하여 활판, 나침판, 화약 등이 발명되었는데 특히 송대 이민족의 침입은 화약 등 무기의 발달을 가져왔다.

그림 15 청명상하도

강의노트

송대 서민문화의 발전

① 국수적, 민족적 문화
- 이민족 침입 대항, 화이사상

② 서민적, 평민적 문화
- 농업생산력의 발달 → 서민층의 사회적 비중 증대
- 군주독재정치체제하에서의 서민사회의 발전, 과거제(능력주의 원칙),

③ 철학적, 논리적 문화
- 유교를 새로운 각도에서 재해석
- 전제군주체제 이론적 기반 마련 → 성리학의 발전

④ 현실적, 실용적 문화
- 서민대중도 문화 향유, 산업·생산기술 발전 → 사회의 분업화 촉진 → 생산의 주역인 서민의 자신감 향상 → 서민문화 창출

⑤ 개방적, 대중적 문화
- 도시의 발달 → 상공업 발달, 개방화,
- 도시와 농촌의 경제교류 → 도시문화의 농촌전파 → 문화의 대중화

(3) 송의 대외관계

1) 송과 요의 관계

야율아보기 뒤를 이은 거란의 태종 시기에는 석경당의 후진(後晉) 건국을 도운 대가로 936년 연주(燕州 ; 북경)와 운주(雲州 ; 대동)를 중심으로 장성의 남쪽을 따라 연운(燕雲)16주(州)를 차지하면서 만리장성 이남지역을 직접 다스리기에 이르렀고 이 때 나라 이름을 요(遼)로 바꾸었다. 만리장성의 남쪽 즉 중원의 땅이 이민족의 손에 들어갔다는 사실은 중국인의 자존심을 상하게 하였을 뿐만 아니라 나아가서 거

란족에게는 중국지배라는 어려운 문제를 안겨주게 되었다. 송은 중국을 통일한 후 요에게 빼앗긴 연운16주를 수복하려고 수차례 시도했으나 결국은 실패로 돌아갔고, 오히려 송의 허약한 본질을 간파한 요에게 여러 차례의 공격을 허용하게 되었다.

요 왕조는 제6대 성종(聖宗) 대에 이르러 극성기를 맞았다. 소태후와 성종은 20만 대군을 거느리고 997년 송의 영토를 향해 남하하여 송을 침입하였고 1004년에는 송 진종의 군대와 황하를 사이에 두고 전주(澶州 ; 澶淵)에서 대치하였다. 각자 불리한 상황에 놓여 있다고 판단한 양국 간에 화친을 교섭하는 사신이 오고 간 끝에 전연(澶淵)의 맹약이 성립되었다. 맹약 내용은, '첫째 국경을 현상 유지한다, 둘째 송이 형, 요가 아우의 형제지례(兄弟之禮)로써 양국 간 국교관계를 맺는다, 셋째 송이 요에게 세폐로서 매년 은10만 냥과 비단 20만 필을 보낸다, 넷째 국경인 웅주(雄州)에서 교환하며, 국경지역에 교역을 위한 시장을 설치한다.' 등이었다. 이때 형식상으로는 송이 형, 요가 동생의 나라가 되어 송이 우세하여 체면을 차리는 듯하였으나 실제로는 송이 요에 세폐로서 은 10만 냥, 비단 20만 필을 바칠 것을 약속하였으므로 송으로서는 대단히 굴욕적인 조약이었다.[48] 이는 바로 송 왕조의 허약성을 그대로 반영하는 것이었다. 전연의 맹약 이후 약간의 전투와 화의는 있었으나 대체로 송과 요의 관계는 평화 관계였다.

2) 송과 금의 관계

송과 요의 대치상황에서 하얼빈 부근을 근거지로 여진족이 서서히 궐기하여 1115년 금(金)을 세운 후, 요를 공격하는 등 세력을 급격히 성장시켜 나갔다. 송의 우군(愚君) 휘종(徽宗)과 공을 세우려는 소인배 채경(蔡京), 환관 동관(童貫)은 이를 호기라 생각하여 요를 협공하기 위해 금과 제휴하고자 하였다. 이에 금은 송과 동맹을 맺어 요를 협공하게 된다. 송과 금 사이에 맺어진 해상(海上)의 맹약 내용은 '첫째 요에게 주던 세폐를 금에게 준다, 둘째 협공 시 연운16주를 포함한 북중국 일대는 송이 공격하고 장성 이북은 금이 침공한다, 셋째 송과 금 어느 쪽도 요와는 동맹을 맺지 않는다.'는 것이었다. 그런데 장성 이북은 금이 승승장구하여 다 차지하고 나아가 북중국까지 진입하여 연운16주를 거의 다 차지하고 말았다. 반대로 송군은 전력이 약해 요와 공방전을 벌이며 고전하고 있었고 또 당시 방납의 반란 등 농민반란으로 내부의 반란 진압에 고전하는 사이에 금은 북중국까지 다 차지해 버리고 말았다. 이에 송은 해상의 맹약을 어기고 요와 결탁하여 몰래 금을 공격하려 했으나 실패하였고, 요가 멸망하자 그 음모마저 탄로나 금의 대대적인 공격을 받게 되었다.

1126년 정강(靖康) 원년 금군은 유예를 두지 않고 남하하여 수도 변경(卞京 ; 카이펑)을 가차 없이 밀고 들어왔고 각처에서 올라오는 송의 근왕병(勤王兵)들을 모두 차단하였다. 형세가 아주 불리해지자 송은 화의를 요청하여 양측이 합의를 보았으나, 그 합의 내용이 너무나 송에게 불리하고 가혹한 것이었기에 이강(李鋼) 등 강경론자들의 반대에 부딪혀 마침내 화약은 깨어졌다. 강경론자들은 거병하여 금에 강력히 저항하였고, 이에 분개한 금은 개봉부(開封府)를 포위하면서 송의 2차 화의 제의를 거부하고 결국은 개봉을 함락시키고 말았다. 금의 군대는 막대한 재화, 서적, 기물을 약탈했을 뿐 아니라 휘종, 흠종(欽宗)을 비롯한 황족, 후비(后妃), 관료, 기술자 등 3천 여 명을 포로로 하여 북으로 돌아갔다. 이것이 유명한 정강(靖康)의 변(1127)이며, 이로써 북송은 멸망하여 화북 지역은 완전히 금의 차지가 되었다.

북송 멸망 후 황족 중 유일하게 끌려가지 않은 강왕(康王) 조구(고종)가 강남으로 도망쳐 임안(臨安)을 수도로 삼고 황제의 자리에 올라 남송 정권을 수립하였다. 금의 추가적인 공세를 피해야 했던 남송의 고종은 금에 보낸 서표에서 금의 신하임을 자칭하고, '보잘 것 없는' 송이 '상국'인 금에게 회하 이북의 땅을 할양하고, 황제의 생일과 신년을 하례하는 사절을 보내며, 세폐가 아닌 세공으로 매년 은 25만 냥과 비단 25만 필을 보낼 것을 약속하였다.

사료 읽기

본조(本朝)는 오대 번진의 폐해를 거울로 삼아 번진의 권한을 모두 빼앗아 버렸다. 군사권도 거둬들이고 재정권도 거둬들였으며, 상벌과 사법의 권한까지 모두 거둬들였다. 그리하여 지방의 주군(州郡)은 날로 곤궁하고 허약해져서, 정강(靖康)의 난리 때 여진족의 기병대가 향하는 곳마다 쓸리듯 무너져 버리지 않는 곳이 없었다.

주희(朱熹), 『주자어류(朱子語類)』

당 이래로 대신이 황제를 만날 때는 궁전에서 나란히 앉았다. 현안 문제를 논의할 때에도 모두 앉은 채로 의견을 개진하였다. 송 태조가 즉위한 다음 어느 날, 재상인 범질(范質) 등이 예전 방식대로 앉아 있는 모습을 보고 태조가 말했다. "내 눈이 어두우니 문서를 갖고 와서 보여주는 게 좋겠소."
범질 등이 일어나 안건에 대한 의견을 밝혔다. 그 후 다시 자리에 앉으려 하니, 태조가 환관에게 미리 은밀하게 명하여 그 의자를 없앤 뒤였다. 이후 황제 앞에서는 서 있는 것이 관례가 되었다.

소박(邵博), 『소씨문견후록(邵氏聞見後錄)』

태조 개보(開寶) 5년(972) 예부(禮部)에서 진사과 및 제과(諸科) 합격자 28명의 명단을 상주하여, 태조가 그들을 강무전(講武殿)에 불러 접견하였다. 하지만 친히 시험해 보지는 않았다. 이듬해 한림학사 이방(李昉)이 지공거(知貢擧)*가 되어 송준(宋準) 이하 11명을 합격시켰다. 그런데 진사과 합격자 무제천(武濟川)과 삼전과(三傳科) 합격자 유예(劉睿)의 실력이 형편없어서, 태조의 질문에 제대로 대답조차 하지 못하였다. 태조는 이들을 낙방시켰다. 무제천은 이방과 동향 출신이었다.
그 무렵 이방이 사사로운 인연에 따라 과거 시험의 합격 여부를 결정지었다는 투서가 들어왔다. 이에 태조는 최종 시험(省試)에서 낙방한 사람 360

명을 일일이 접견하여 그 가운데 195명을 가려 뽑았다. 이들과 송준 이하의 합격자들을 모두 강무전에 집결시키고 친히 시험을 치렀다. 이들에게는 종이와 붓을 지급하고 따로 시부(詩賦)의 시험을 실시하였다. 전중시어사(殿中侍御史) 이형(李瑩) 등을 시험관으로 삼았다. 그 결과 진사과 26명, 오경과(五經科) 4명, 개원례과(開元禮科) 7명, 삼례과(三禮科) 38명, 삼전과(三傳科) 26명, 삼사과(三史科) 3명, 학구과(學究科) 18명, 명법과(明法科) 5명을 급제시켰다. 급제자에게는 20만전을 내려 연회를 베풀어 주었다. 이방 등은 얼마 후 책임을 물어 좌천시켰다. 이후 전시(殿試)는 관례가 되었다.

『송사(宋史)』, 「선거지(選擧志)」

금의 군대가 재차 수도 동경을 공략해왔다. 이에 북방 영토를 할양하는 대신 금과 화약을 맺어야 한다는 논의가 일어났다. 더불어 대신을 금측에 파견하기로 했으나, 섭창(聶昌)과 경남중(耿南仲) 등은 모두 핑계를 대며 사양했다. 이에 진과정(陳過庭)이 나서서 말했다. "황제를 근심하게 하는 것은 신하된 자의 수치입니다. 원컨대 신이 가서 목숨을 바치겠나이다."
흠종(欽宗)은 눈물을 흘리고 탄식하며 진과정을 붙들고 보내지 아니하였다. 이후 동경성이 함락된 이후 금측에 사신으로 파견되었다. 휘종과 흠종 두 황제가 포로로 잡혀 북방으로 끌려갈 당시, 진과정은 이미 북방에 가 있는 상태였는데 그곳에 억류된 채 다시 돌아오지 못하고 죽었다.

『송명신언행록속집(宋名臣言行錄續集)』, 「진과정(陳過庭)」

9. 요(遼) · 금(金) · 원(元)의 성립과 발전

(1) 거란의 성장과 요의 건립

1) 야율아보기와 거란국의 성립

9세기 중엽 그동안 초원을 지배해 왔던 위구르의 멸망은 초원지대에 새로운 변화를 불러왔다. 초원지대를 강력하게 지배하던 세력이 사라지자 그동안 돌궐과 위구르에 억눌려 있던 거란이 새로운 세력으로 등장하였다. 마침 중원에서는 당이 무너지고 다시 송으로 완전히 다시 통일되기 까지 약 100여 년 동안 혼란스런 시기가 계속되고 있었다.

거란족은 요하 상류의 시라무렌강 유역에서 여러 부족 연맹체를 이루고 있었는데, 그 중 질라부(迭剌部)의 야율아보기(耶律阿保機 ; 태조)가 등장하면서 점차 세력을 확장해 갔다. 916년 스스로 황제라 부르며 상경임황부(上京臨潢府)를 도읍으로 하여 거란국을 세운 야율아보기는 초기에는 주변 유목민족에 대한 정복에 집중하였다. 그는 거란의 여러 부족을 통일함과 동시에 서남쪽으로는 탕구트를 제압하고, 동쪽으로는 발해를 멸망시키면서(926) 영토를 확장하였다. 또 그는 중국인을 정부에 등용하고 중국인을 이주시켜 농사를 짓게 함으로써 경제적 기초를 다졌다.[49)]

이 시기 가장 난처한 처지에 놓인 것이 거란과 맞닥뜨리게 된 고려였다. 고려의 입장에서는 아직 후삼국 통일 전쟁이 끝나지 않은 시기에 거란에서 후백제에 사신을 보낸 것이 불신을 불러오기에 충분했다. 거란 입장에서는 가까운 거란국을 멀리하고 바다 건너의 중원 세력을 가까이 하는 고려를 위험한 배후 세력으로 생각하였다. 불안한 삼각관계가 형성되는 가운데, 10세기에서 11세기까지 약 100여 년 사이에 고려와 거란은 전쟁과 화친을 반복하였다.

2) 요의 통치체제

요는 나라의 재정을 안정시키기 위해서는 행정과 조세 징수에 밝은 한족 관료가 필요했고 군사력을 유지하기 위해서는 거란 부족에 대한 관리가 계속되어야 했다. 요가 선택한 것은 이원적인 통치체제였다. 요는 '국제(國制 ; 거란족의 제도)로써 거란을 다스리고 한제(漢制 ; 중국의 제도)로써 한인을 다스린다.'는 제도를 채택하여 농경민인 중국인과 유목민인 거란인을 구별해서 통치했다. 중앙관제로서도 남추밀원(南樞密院)과 북추밀원(北樞密院)을 각각 설치하여 전자는 한인을, 후자는 거란인을 각각 관할케 하는 남면관제(南面官制)와 북면관제(北面官制)를 실시하였다.[50)]

한편 요는 한족으로의 동화를 막고 유목 사회의 전통을 유지하기 위해 노력하였다. 먼저 그들의 본거지를 중국 지역으로 옮기지 않고 거란족의 본토에 머물러 있었다. 상경임황부와 그 부도(副都)로서 후에 설치된 중경대정부(中京大定府)가 모두 만주 지역에 있었다. 또한 거란문자를 만들어 그들의 제도와 풍습을 보전하고자 하였다.

11세기 초 송과 맹약을 맺은 이후 요는 송과의 경제적 교섭과 막대한 세폐로 송의 물품이 대량으로 유입되면서 사회가 사치에 물들어 북방민족 고유의 검소하고 강인한 기풍을 상실하게 되면서 계급모순이 격화되고 통치계급이 날로 부패하여 군사력이 약화되었다. 그 후

현상유지에 치중한 요는 새로운 수입을 만들어 내지 못하면서 점차 재정적 어려움이 다가왔다. 요 내부의 분란과 어려움은 곧 주변 세력에 대한 통제의 느슨함을 불러왔고, 그러는 사이 거란 북쪽에 거주하고 있던 여진족이 점차 세력을 형성해 갔다. 또한 중원에서는 화평 관계 속에서도 끊임없이 연운16주를 되찾으려는 송의 움직임이 있었다. 결국 요는 여진족이 세운 금과 송에 의해 1125년 멸망하였다.[51)]

강의노트

요의 건국과 중국 통치

○ 건국 : 오대 시기의 혼란과 위구르세력의 쇠퇴를 틈타 야율아보기(태조)가 거란 부족 통합, 대계단(大契丹 ; 916-1125) 건국

○ 요 왕조 중국 통치의 특징

① 본토 유지 : 본거지를 중국 땅으로 옮기지 않고 거란족의 본토에 머무름

② 2원적 통치체제 : 농경민인 중국인과 유목민인 거란인을 구별해서 통치, '국제(國制 ; 거란족의 제도)로 거란을 다스리고 한제(漢制)로 한인을 다스린다.'

- 유목민 통치를 위한 북면관제(北面官制), 농경민 지배를 위한 남면관제(南面官制)
- 중앙관제 : 북면관－북추밀원 → 북남재상부(北南宰相府) → 6부 ; 남면관－남추밀원 → 3성 6부
- 지방관제 : 한인은 주현제(州縣制), 거란 부족은 부족제(部族制)

③ 중국에서 불교 도입하여 중국인과 거란인의 일체화 도모

---

(2) 여진의 성장과 금의 건립

1) 금의 건국과 화북 점령

여진족은 5세기 이후 만주 동부지방의 송화강 유역에서 농업과 목축, 사냥 그리고 어업 등의 경제생활을 하던 퉁구스 계통의 민족으로

북위 때에는 물길(勿吉), 수당시대에는 흑수말갈(黑水靺鞨)이라 칭해지다 요 때에는 여진이라 불렸다. 여진족은 일찍이 고구려의 유민이 말갈족을 지배하여 발해를 세우자 그 지배를 받았고 뒤에 발해가 요에게 멸망하자(926) 다시 요의 지배를 받게 되었다.

당시 여진족은 숙여진(熟女眞)과 생여진(生女眞)으로 나뉘어 있었다. 숙여진은 송화강을 경계로 그 서남쪽에 살면서 비교적 한화되고 수렵과 농사를 지을 줄 아는 부족이었다. 요는 숙여진 수천가를 랴오양(遼陽) 이동으로 이주시켜 직접 통치하였고 랴오닝(遼寧)으로 이주한 여진족은 정착 농경생활을 영위하며 거란의 호적에 편입되었다. 생여진은 송화강 동부와 흑룡강 일대에 흩어져 거주하였는데 정착생활이 아닌 유목생활을 하며 거란의 호적에 편입되지 않았다. 요는 송화강 부근에 관청을 두고 이들을 지배하였다. 생여진의 거주 지역은 천 여리나 되고 호구도 십여 만호에 달하였는데 대소 약 72개의 부락으로 구성되었다. 그 중 완안부(完顔部)가 비교적 세력이 컸는데 11세기 초 아십하(阿什河) 유역에서 정주하면서 농경에 종사하였다. 그들은 철을 제련하여 농기구와 무기를 제조하였으므로 농업생산이 발달하고 군사력이 신장되었다. 11세기말 세력이 커진 완안부의 아구타(阿骨打 ; 1069-1123)는 완안부의 추장으로 추대된 후 생여진절도사의 직위에 올라 여러 부족을 통합하고 영강주(寧江州 ; 길림성 부여현)에서 요와 싸워 대승을 거두었다. 마침내 아구타는 1115년 요의 지배로부터 벗어나 금(金)을 세웠다.[52)]

요를 무너뜨린 금은 송이 옛 땅을 다시 찾으려는 것을 허락하지 않았다. 오히려 송을 침략하여 수도인 카이펑(開封)을 함락시키고 휘종과 그 아들인 흠종, 황족, 관료, 기술자 등 3천여 명을 포로로 잡아 갔다(정강의 변 ; 1127). 금은 고려에 대해서도 군신의 관계를 맺을 것을 압박하였다. 과거 거란과의 경험을 갖고 있는 고려는 이 요구를 받아들였고, 남송과 금에 대해 각각 책봉관계를 맺음으로써 평화를 유지할 수 있었다.

2) 금의 정치구조

짧은 시간에 넓은 영토를 차지한 금은 요의 정치 구조를 그대로 유지하였다. 요의 옛 관료들을 등용하여 이중적인 통치체제를 수립하였는데 발극렬(勃克烈)과 맹안모극제(猛安謀克制)로 여진족을 통치하고, 중국인에 대해서는 중국식의 주현제를 채용하였던 것이다. 발극렬은 여진어로 여러 사람을 다스린다는 의미로 관의 우두머리를 발극렬(보길레, bogile)이라고 불렀는데 최고 통치관은 도발극렬(都勃克烈)이라 하여 중국의 재상과 유사하였다. 또 여진족은 씨족사회에서부터 부락의 군사적 수령을 맹안(밍간, minggan)이라 하고 씨족장은 모극(무케, muke)이라고 불렀는데, 아구타는 1114년 요에 대한 저항을 강화시키고자 맹안과 모극을 일종의 군사조직으로 편제하여 300호를 모극으로 하고 10모극을 맹안으로 규정하였다. 맹안과 모극은 군사집단의 명칭이자 수령의 명칭으로 모극은 백부장(百夫長), 맹안은 천부장(千夫長)에 해당하였다. 맹안모극제는 군민이 일치된 편제로서 부락의 장정은 유사시에 전투에 참전하고 평상시엔 생산에 종사하였으므로 군사조직이면서 지방행정조직이기도 하였고 맹안과 모극의 추장은 군사적 수령이자 지방 행정장관이기도 하였다.

금의 통치 시기는 요의 통치 시기와 차이가 나는 부분이 있었다. 한족에 대한 지배 영역이 훨씬 넓어졌던 것이다. 요가 통치한 중국 지역은 연운16주에 그쳤지만 금은 화북의 전 지역을 차지하였고, 게다가 한족들이 거주하는 지역이 금의 대부분을 이루고 있었으며 후에는 여진인들 대부분이 중원으로 이주하기도 하였다. 거란족이 항상 일부를 초원지역에 남겨 고유의 문화와 전통을 유지하고 있었던 것과 대비되는 장면이다. 여진족의 한족으로의 동화는 빠르게 진행되었다. 뒤늦게 여진문자를 만들고 토지를 분배해 주는 등 노력을 통해 한화를 막고자 했으나 동화는 계속되었다.[53)]

13세기에 접어들며 대 변동이 일기 시작했다. 강력한 힘을 가진 몽골이 초원지대의 새로운 패자로 등장하였던 것이다. 금은 세력을 떨치는 몽골과 잦은 전쟁을 치러야 했고, 남송은 이 기회를 틈타 금에 공격을 가하기 시작했다. 몽골 제국은 곧 금에 대한 전면적인 공격을 개시하였다. 금은 강화를 요청해 보기도 하고 결사적으로 대항해 보기도 했으나 결국 1234년 남송의 지원을 받은 몽골군에 의해 멸망하고 말았다.

강의노트

여진의 성장과 금의 건국

○ 여진족

① 5세기 이후 만주 동부지방의 송화강 유역에서 유목생활을 하던 퉁구스 계통의 민족

② 북위 때에는 물길, 수당시대에는 흑수말갈이라 칭해지다 요 때에는 여진이라 불림

③ 여진족은 일찍이 고구려의 유민이 말갈족을 지배하여 발해를 세우자 그 지배를 받았고 뒤에 발해가 요에게 멸망하자(926) 다시 요의 지배를 받음.

○ 금의 건국

① 11세기 말 하얼빈 부근의 완안부는 그 세력이 더욱 신장. 이 당시 여진족은 거란 귀족의 착취와 압박 하에서 민족적 원한을 쌓고 있었음.

② 1113년 완안부의 추장으로 추대된 아구타(阿骨打, 1069-1123)는 생여진절도사의 직위에 올라 여러 부족을 통일하고 금(1115-1234) 건국

---

(3) 몽골 세계 제국

1) 칭기즈칸의 등장

당대에 바이칼호 동쪽의 삼림지대로부터 대흥안령에 걸쳐 생활하는 몽골계 유목민 집단을 몽올실위(蒙兀室韋)라 불렀다. 이들은 당 초기 오르콘(Orkhon)강(현재 내몽고 자치구 동북방 흥안령 지대) 유역에 운집해 거주하였다가 당 중엽 이후 오논(Onon)강과 케룰렌(Kerulen)강 유역으로 이주하였다. 9세기 중반(840) 키르기즈족에 의해 위구르 제국이 붕괴되자 동북 방면에서 몽골초원으로 9개의 이민족이 대규모로 이동하였는데 몽골 부족도 그 중 하나였다. 몽골족은 9세기 후반에서 10세기 전반에 걸쳐 흥안령 산맥 남쪽에서 부르한·할둔산이 있는 오논·케룰렌·톨라 세 강의 상류 초원지역으로 이주하였는데 세 강의 수원지에 해당하는 부르한(Burkhan) 산을 신산(神山)이라 하여 부족 발상의 성지로 받들었다.

몽골족의 가장 기본적인 친족집단은 아일(ayil)이라는 개별 유목가호이고 몇 개의 아일이 모여 오복(obog)이라는 씨족을 구성하였다. 사회 구성의 가장 큰 단위는 울루스(ulus) 또는 이르겐(irgen)이라 하는 부족 연합체인데 울루스는 '많은 사람들'이라는 뜻으로 국가를 의미하기도 하였다. 생산력의 발달로 씨족제가 와해되면서 개별적인 유목경제가 발전하였고 사회적 계층분화가 진행되어 빈부의 차가 발생하기 시작하였다. 이에 따라 정치군사적 지배계층인 노얀(noyan)과 일반 유목민인 하라추(qarachu) 간 계층적 차등이 발생하였는데 일반 유목민들은 채무를 변제하지 못하여 보골(Boghol)이라는 노예가 되기도 하였고 씨족 내 귀족이었던 노얀은 권세를 빌어 이들 노예를 사역하였다.

초기 몽골의 대표적 부족으로는 케룰렌·오논·톨라 세 강의 상류지역에 있던 몽골(Mongghol)부, 그 동쪽의 타타르(Tatar)부, 남쪽의 옹구트(Onggut)부, 서쪽의 나이만(Naiman)부, 북쪽의 케레이트(Kereyit)부가 있었는데 이 당시 몽골은 단지 한 부락의 명칭에 불과하였다.[54]

만주와 중국 북부지역을 지배하고 있던 금이 시시때때로 군사적으로 간섭하고 있던 1162년 테무진이 태어났다. 전쟁과 혼란스러움은 바로 테무진에게 시련을 안겨주었다. 아버지 예쉬게이가 테무진이 9살이 되던 해에 다른 부족민에게 독살 당했던 것이다. 그리고 예쉬게이가 죽자 그를 따르던 무리들은 모두 떠나 버렸고 테무진 가족들은 초원에 홀로 남게 되었다.

당시 규모가 작은 유목 집단은 가족과 재산을 보호하기 위해 보다 강력한 힘을 가진 집단에 의지할 수밖에 없었다. 테무진은 우선 아버지 예쉬게이와 의형제 관계였던 케레이트부의 토그릴 칸을 주군으로 섬기면서 보호를 받았다. 그리고 점차 주변의 세력을 하나하나 정복해 가면서 자신의 입지를 키워갔다. 그의 명성이 알려지면서 그를 중심으로 점점 많은 유목민들이 모여들기 시작했다. 이를 바탕으로 테무진은 자신의 울타리였던 토그릴 칸의 울루스를 무너뜨리고 몽골초원의 중앙을 차지하였고 다른 울루스들도 정복하였다.

테무진은 300년 이상 분열과 혼란이 거듭되었던 몽골 초원을 12세기 말 하나로 통일하였다. 그리고 1206년 오논강 근처에서 각 세력의 부족장들이 모여 회의하는 쿠릴타이를 열어 칭기즈칸으로 즉위하였고 이를 통해 몽골 제국의 탄생을 세상에 알렸다. 제국을 이룬 칭기즈칸은 자연히 주변 지역으로 눈을 돌렸다. 무엇보다도 교역로의 확보와 안정된 교역이 필요했다. 먼저 서하를 공격하여 공납을 바친다는 약속을 받고 더 이상의 공격을 멈추었다. 금에 대해서도 공납을 바친다는 약속 하에 군대를 철수시켰다.

서방 세계에 대한 원정도 사정은 같았다. 칭기즈칸은 이슬람 국가 호라즘 제국과 교역을 하고자 사신과 상인들을 파견하였다. 그런데 이들이 모두 살해되고 말았다. 이에 분노한 칭기즈칸은 응징을 위한 대대적인 전쟁을 선포하고 중앙아시아 일대에 대한 공격을 단행하였다. 약 7년간 지속된 전쟁을 통해 칭기즈칸은 이 지역을 폐허로 만들었으며 '여자와 개를 제외하고는 모두 살해했다'고 할 정도였다. 호라즘 제국을 무너뜨림으로써 인도 북부와 이란 고원까지 이르는 대몽골 제국(예케 몽골 울루스)이 형성되었다. 이후 서하에서 반란이 일어나자 이를 진압하여 완전히 멸하고자 원정 중이었던 칭기즈칸은 이전에 낙마로 얻은 병이 진전되어 1227년 숨을 거두었고 그가 죽은 지 얼마 되지 않아 서하는 완전히 정복되었다.[55)]

2) 몽골 세계 제국의 형성

몽골제국의 팽창은 칭기즈칸이 죽은 이후에 더욱 활발하게 전개되었다. 쿠릴타이 회의에서 셋째 아들 우구데이가 후계자로 지명되었다. 2대 카안 우구데이는 수도를 카라코룸으로 정했다. 그리고 정복 사업을 계속해 나갔다. 그의 1차 목표는 중원 공략이었다. 금에 대한 대대적인 공격이 1230년에 시작되었는데, 이 때 금에게 빼앗긴 중원의 영토 일부를 되찾으려 했던 송은 몽골군에 협력하기도 했다. 1234년 금이 멸망하고 몽골의 지배하에 들어갔다. 이때부터 몽골제국은 교역이나 공납을 받는 정책에서 직접 지배 정책으로 전환하기 시작했다. 우구데이는 송마저 정복할 것을 결정하였으나 창장을 넘지는 못하였다.

몽골은 금에 대한 정복 전쟁을 벌이는 가운데 동시에 고려도 공격하였다(1231년). 고려의 수도 개성을 점령한 우구데이는 고려에 72명의 다루가치를 파견하여 세금을 직접 거두어 가는 등 직접 지배를 실시하고자 하였다. 그러나 고려 정부가 강화도로 피신하고 다루가치들을 모두 살해 하면서 이 후 약 30여 년간의 전쟁이 시작되었다. 한편, 바투의 10만 기병은 러시아를 거쳐(1237년) 발슈타트에서 폴란드와 독일 기사단 연합군을, 모히에서 헝가리 군을 무너뜨렸다(1241년). 헝가리 정복 이후 몽골군은 서유럽으로 기수를 돌리려 했는데 우구데이 카안이 죽으면서 귀환 길에 오르게 되었고 그 바람에 더 이상 서유럽으로의 공격은 진행되지 못했다.[56)]

잠시 소강상태에 빠졌던 몽골의 정복 전쟁은 뭉케(1251-1259)가 카안의 자리에 오르면서 다시 시작되었다. 1258년에 아바스 왕조를 무너뜨리고 남송과 베트남을 공격하는 등 서방 정복 전쟁은 뭉케가 죽기 전까지 계속되었다. 뭉케가 죽자 두 동생 쿠빌라이와 아릭 부케가 서로 카안의 자리를 놓고 다투었다. 아릭 부케는 카라코룸을 근거지로 하였고, 쿠빌라이는 베이징에 근거지를 두고 대립하였다. 1260년 쿠빌

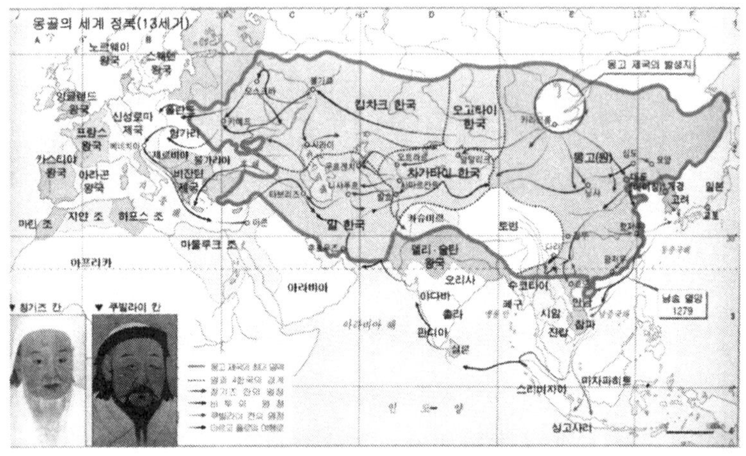

그림 16 몽골 세계 제국의 형성

라이는 반대파의 정치적 음모를 좌절시키기 위해 황제(세조)로 즉위하여 연호를 중통(中統)으로 하였다. 뒤를 이어 아릭 부케도 황제로 자립하자 양 군대는 4년간 전쟁을 치렀고 결국 쿠빌라이가 승리하면서 분열을 종식시켰다. 쿠빌라이는 연경(燕京 ; 베이징)으로 천도하여 1271년 국호를 원(元)이라 바꾸고 1272년 금의 수도였던 중도(中都)를 대도(大都)로 개칭하였다. 원 세조(1260-1370)는 남송 정벌에 다시 나섰다(1268년). 창장을 넘어 남송의 마지막 보루였던 수군마저 격파시키면서 수도 항주를 함락하였다. 남송이 멸망(1279)하자 중국 역사상 처음으로 북방민족이 중국 전체를 지배하는 정복왕조가 건설되었다. 이후 원은 고려를 여러 차례 공격하여 대항하던 무신정권을 무너뜨리고, 고려를 발판으로 삼아 일본에 대한 대규모 공격을 두 차례나 전개하였다. 하지만 두 번 모두 강한 태풍을 만나 실패하였고 더 이상 일본 정벌에 나서지 않았다.

원대의 사회에는 신분의 구별이 있었다. 제1계층은 지배자인 몽골인으로 가장 우대되었고 문무의 요직을 독점하였다. 제2계층은 색목인이라 불린 위구르, 탕구트, 이슬람족 등 서방계의 여러 민족으로 조세의 징수와 국가재정 관리를 맡았으며 통상·외교·정복지 통치 등에서 공헌을 하였다. 제3계층은 금 치하에 있던 화북민인 한인과 원에 복속된 고려인으로 약간 우대되었다. 제4계층은 몽골에 최후까지 항거하였던 남송의 유민인 남인으로, 천시되어 사회적으로 신분상 많은 제약을 받았다.

강의노트

칭기즈칸(成吉思汗)과 몽골제국의 건립

○ 칭기즈칸(1162-1227)
- 본래 이름은 테무진(鐵木鎭 ; Temujin),
- 케레이트부와 동맹관계를 맺고 그 원조를 받아 몽골부족의 지도권 장악
- 케레이트부 병합, 여러 부족 차례로 제압, 서쪽에 가장 강한 세력이었던 나이만부 격파, 몽골고원 통일,
- 오논강 상류에서 쿠릴타이(부족장회의) 열어 카안(可汗)으로 추대, 몽골제국 건립.

○ 정치
- 여러 부족에 소속되어 있던 몽골 부락민을 십진제적 군사조직으로 편성,
- 몽골제국 건국에 공이 큰 장수를 천호장, 백호장으로 임명.

○ 군사
- 천호장, 백호장의 자제로 구성된 1만명의 친위대(케식, keshik) 조직.
- 좌, 중, 우의 삼군 설치.

○ 사법
- 자르구치(jarghuci)라는 재판관 두어 민사 관장, 소송 처리
- 자사(札撒)라는 관습법 기록, 반포, 엄형주의

사료 읽기

요나라가 발흥하고 태조 신책(神冊) 6년(921년)에 조서를 내려서 관직의 서열을 바르게 하였고, 태종이 중국을 함께 다스리면서, 관직이 남과 북으로 나뉘어졌다. 국제(國制, 거란족의 고유한 관제)로서 거란족을 다스렸고, 한제(漢制, 중국 한족 왕조의 관제)로서 한족을 대하였다. 국제는 간단하고 소박하지만, 한제는 오래전부터 있었던 것이다. 요나라의 관제는 북원(北院)과 남원(南院)으로 나뉜다. 북면(北面)은 궁장(宮帳), 부족, 속국(屬國)을 다스리고, 남면(南面)은 한인의 주현(州縣), 조부(租賦), 군마(軍馬)를 다스린다. 이것은 그 고유의 풍속에 의거하여 다스렸던 것이기에 당연히 성과를 얻게 되었다.

「요사」, 「백관지」

금나라가 건국한 초기에 여진족의 여러 부족민들은 그들에게 부과된 요역은 없었지만 건장한 자는 모두 병역을 이행하였다. 평시에는 이들에게 고기잡이와 사냥을 허락하여 노동과 전투를 익히도록 하였고, 유사시에는 부락에 명령을 내린다. 중앙에서 사자가 도착하면 사자는 부락 추장인 패근(孛堇)에게 병사를 모으도록 한다. 이에 건장한 자들이 보병과 기병으로서 무기와 식량을 가지고 모여서 군대를 이룬다. 그 부락 추장을 패근이라고 부르지만, 전쟁에 동원될 때에는 맹안(猛安)과 모극(謀克)이라 부르는데, 그 병사의 숫자가 많고 적음에 따라서 호칭이 붙여진다. 맹안은 천부장(千夫長)이고, 모극은 백부장(百夫長)이다.

「금사」, 「병지」

하늘의 은총을 받은 대몽골제국의 황제가, 글을 일본국왕에게 보낸다. 짐이 생각하기에는, 예로부터 소국의 국왕도, 국경이 접하면 편지를 교환하고 우호에 노력해왔다. 하물며 우리 선조는 하늘의 명령을 받아 천하를 영유해왔다. 훨씬 원방의 이국으로부터, 그 위엄을 두려워하고, 덕을 따르는 자, 수를 한정할 수 없다. …(중략)… 고려는 짐의 동방의 속국이다. 일본은 고려에 근접하고, 개국 이래 때로는 중국에도 사신을 보내왔다. 하지만 짐의 대가 되고부터는, 친교를 맺을 한사람의 사자도 보내오지 않는다. 여태, 왕의 나라(일본)가 이런 사정을 명확하게는 알지 못하는 것은 아닌가 걱정하고 있다. 그래서 특별히 사신을 파견하고, 문서로 짐의 의지를 포고한다. 금후에는, 서로 방문해서 우호를 맺고, 친목을 깊게 하도록 바라는 것이다. 또, 성인은 전 세계를 하나의 집으로 여긴다고 말한다. 서로 통호하지 않고 어떻게 하나의 집이라고 말할 수 있는가. 병사를 쓰는 일은 누가 원하겠는가. 왕은 그 사실을 잘 생각하여 대응하라.

「동대사존승원장본 몽고국 첩장」

10. 16~17세기 동북아시아 국제전쟁

(1) 임진왜란과 정유재란

1) 임진왜란의 발단

도요토미 히데요시는 전국시대를 통일해 나가던 과정에서 마지막으로 규슈 지역 정복을 목전에 두고 다이묘(大名)들에게 명을 침략하겠다고 선포하였다. 1587년 규슈의 시마즈(島津) 씨를 복속시킨 후에는 쓰시마의 소(宗)씨에게 조선 국왕의 천황 알현을 준비하라는 명을 내렸다. 당시 히데요시는 일개 무장에서 천황보다 먼저 보고 받는 간파쿠(關白)의 직위에까지 올라 있었다. 그는 자신에게 복속하지 않는 다이묘나 무장에게 천황을 알현하도록 요구한 다음 알현하러 온 다이묘를 먼저 만나 자신을 따를지 여부를 확인하였다. 만약 알현하러 오지 않거나 자신을 따르지 않겠다고 하면 무력으로 복속시키는 방식으로 통일 사업을 이루어 나갔다. 그는 이러한 전국 통일 과정에서 사용했던 복속의례를 조선 국왕에게까지 그대로 적용하였던 것이다.[57)]

히데요시는 간토 지방의 실력자 도쿠가와 이에야스와 화약을 맺고 1590년 일본 통일을 완수한 다음 곧바로 조선 침략을 계획했다. 비록 통일은 했지만 수많은 제후와 무사들이 언제 반란을 일으킬지 모르는 불안한 상태였으므로, 대외적인 전쟁을 일으켜 그 힘을 밖으로 배출시켜 다이묘들의 군사력을 제어할 필요가 있었던 것이다. 그 틈에 자신의 세력을 다지고 중앙집권을 강화하려는 의도였다. 또한 대외적으로는 16세기 중반 이후 중단된 명과의 감합무역을 부활시키고, 나아가 명 중심의 책봉·조공관계를 대체하는 일본 중심의 동아시아 질서를 구축하는 것이 필요하였다. 여기에 영토 확장으로 대외무역의 이익을 가져오려는 다이묘들의 속셈이 더해져 조선 침략 계획은 속속 진행되었다.[58]

농지가 적은 쓰시마의 도주인 소씨의 입장에서는 조선과의 무역과 평화적 교류가 필요하였으므로 차마 조선 국왕을 알현시키라는 히데요시의 명령을 직접 전할 수 없었다. 따라서 소씨는 마치 히데요시가 전국시대를 통일하고 일본의 군주가 되었음을 고하고 통신사 파견을 요청하는 듯이 조선에 전하였다.[59] 쓰시마의 요청을 받자 조선은 일본의 정세를 파악하기 위해 1590년 사절로 황윤길, 김성일 등을 파견하였다. 이들 통신사 일행에게 전한 답서에서 히데요시는 자신이 태양의 아들로서 명을 정벌하고자 하니 길 안내를 하라는 '향도정명(嚮道征明)'을 주장했다. 이에 대해 통신사 측이 거절하니 쓰시마 도주는 이것이 조선의 길을 빌려 명에 들어가고자 한다는 '가도입명(假道入明)'의 뜻임을 조선에 전달하였다.

'향도정명'의 요구를 조선이 거부하자 히데요시는 침략준비를 시작하고 전진기지이자 총사령부인 본진을 나고야에 설치했다. 조선 침략에 임해 히데요시는 규슈와 시코쿠, 주고쿠의 모든 다이묘를 망라해서 지역적인 군단을 편성했다. 일반 민중은 인부와 뱃사람으로 징발되었고, 군량조달을 위해 연공징수가 엄해졌으며 각 포구의 배도 나고야에 집결되었다. 히데요시는 마침내 1592년 4월 조선을 침략했다(임진왜란). 나고야 성의 예비부대 10여만 명을 제외하고도 침략군은 제1군에서 제9군까지 합쳐 15만 8천여 명의 대군이었다.[60]

2) 임진왜란과 정유재란의 전개

부산진을 단숨에 함락시킨 일본군은 파죽지세로 밀고 올라왔다. 전쟁은 신병기 조총의 위력 등에 힘입어 일본의 일방적인 우세 속에 진행되었다. 한 달이 채 못 되어 수도 한양이, 두 달 만에 평양이 함락되었다. 그 전에 선조는 조정 대신들을 이끌고 의주로 몽진을 떠났다. 왕이 한양을 떠나자 도성 안의 노비들은 노비문서를 보관하는 장예원과 형조에 불을 질렀고 궁궐 또한 불길에 휩싸였다. 군사 모집을 위해 함경도로 파견된 임해군, 순화군 두 왕자는 모집에 응하는 사람이 없어 고전하다가 적의 포로가 되었고 피난길에 오른 왕의 행렬은 민중의 냉대에 직면해야 했다.[61)]

그러나 일본군은 이순신이 이끄는 수군의 활약과 의병의 저항, 명의 원군에 의해 보급로를 차단당하면서 전황이 불리해지자 1593년 4월 한양을 버리고 남부 지방에 집결하니 전선은 교착상태에 빠지고 말았다. 같은 해 5월부터 조선은 배제된 채 일본과 명 사이에 강화교섭이 시작되었다. 히데요시는 명의 항복과 조선 남부의 할양을 강화조건으로 내세웠고, 명은 히데요시의 일본 국왕 책봉과 일본 조공의 허용을 조건으로 내세웠는데 결국 그 간극을 좁히지 못해 결렬되고 말았다.

1597년 히데요시는 재침을 결정하여 침략군과 조선 잔류군을 합한 14만 명이 조선을 다시 침략하였다(정유재란). 이순신이 당쟁에 휘말려 옥에 갇힌 상태에서 삼도수군통제사가 된 원균이 이끄는 조선 수군이 칠천량 해전에서 일본군에 패하여 전선 160여 척 중에서 단 12척을 제외한 전 함대가 궤멸된 사건이 정유재란 시기에 발생하였다. 하지만 정유재란의 형세는 처음부터 일본군에 불리했다. 9월 초 충청도 직산 전투에서 기세가 꺾이자 다시 남부지방으로 물러가 성을 쌓고 지

구전에 돌입하였다.[62)]

1598년 9월 히데요시가 병으로 죽자 일본군은 명군에게 강화를 제안하였다. 오랜 전쟁과 연이은 패배로 인해 전투가 아니라 교섭으로 마무리짓고 싶었던 명군 지휘부는 명 조정의 지시도 없이 무단으로 일본군의 제안을 받아들였다. 교섭 조건은 명군과 일본군 사이에 인질을 교환하여 일본군 철수를 담보하고, 조선은 왕자와 신하를 일본으로 보내고 세폐를 바친다는 것이었다.

명군 지휘부는 조선의 의견을 물어보지도 않고 비밀리에 교섭을 끝낸 뒤 일본군의 철수를 방관했다. 그 결과 같은 해 11월 19일 이순신과 명의 진린(陳璘)만이 참여한 노량해전을 끝으로 대부분의 일본군은 안전하게 철수했다. 하지만 이로써 전쟁이 끝났다고 할 수는 없었다. 명군의 주둔이 계속되었고, 정작 전쟁의 피해자 조선과 가해자 일본 사이의 강화는 이루어지지 않았다. 명군의 완전한 철수는 2년 여가 지난 1600년에 이루어졌고, 조선과 일본의 강화는 10여 년이 훨씬 지난 1609년에야 이루어졌다.

세키가하라 전투(1600)에서 승리하고 정국의 주도권을 장악한 도쿠가와 이에야스는 1601년 6월, 조선에게 전쟁포로 250명을 보내면서 강화를 요청하였다. 그는 조선과의 중개 임무를 쓰시마에게 맡겼다. 쓰시마도 조선과 통교를 재개하지 않으면 생존할 수 없었기 때문에 필사적으로 움직였다.

조선은 부산에 드나드는 왜인들을 위해 부산 앞바다의 절영도(絶影島)에 임시로 왜관을 다시 설치하는 등 포용하는 자세를 취했다. 쓰시마가 다시 왜구의 소굴로 변하는 상황을 막기 위해서였다. 하지만 1603년 에도(江戶) 바쿠후를 열고 장군에 오른 이에야스에 대해서는 강화를 요청하는 국서와 함께 전쟁 중 범릉적(犯陵賊)[63)]의 송환을 조건으로 제시하였다. 쓰시마 도주는 조선과 이에야스 사이를 오가며 국서를 조선의 요구대로 고치거나 범릉적을 조작하여 송환하는 등 강화가 이뤄지도록 전력을 다하였다. 물론 조선 내부에서는 국서와 범릉적의 진위 여부를 둘러싼 논의가 발생하였다. 하지만 대내적으로 전쟁을 승리로 마무리 지으려던 선조는 가짜 범릉적을 처형하고, 1607년 1월에 이에야스의 국서에 대한 회답과 전쟁포로 쇄환을 위한 '회답겸쇄환사'를 파견하였다. 그리고 1609년에는 선조의 뒤를 이어 왕위에 오른 광해군이 쓰시마번(對馬藩)의 간청을 받아들여 부산의 두모포(豆毛浦)에 왜관을 설치하고 교역을 재개하였다(기유약조). 이로써 히데요시가 조선을 침략한 지 18년이 지나서야 조선과 일본의 강화는 성립하였다.

(2) 정묘호란과 병자호란

1) 후금의 건국

여진족은 거주 지역에 따라 크게 건주(建州), 해서(海西), 야인(野人) 여진으로 구분되었다. 건주여진은 랴오둥(遼東)에 가까운 조선의 압록강 너머 고구려와 발해의 고토 지역 즉, 오늘날 지린성(吉林省) 지역에 살고 있었고 일찍부터 농경에 종사하였다. 해서여진은 과거 중국 본토의 일부를 차지한 금나라 직계로서 오늘날의 헤이룽장성(黑龍江省)에 살았다. 야인여진은 송화강(松花江) 북방지역에 거주했는데 명으로부터 떨어져 있고 주로 수렵에 종사했기 때문에 가장 미개한 종족으로 취급 받았다.

명은 가급적 여진족이 단결하지 못하도록 분열정책을 쓰는 한편,

다른 한편으로는 여진족에게 어느 정도 힘을 주어 원을 세웠던 북방의 몽골족을 견제하려고 하였다. 이 때문에 오랫동안 분열하여 큰 세력을 키우지 못하던 여진족은 명의 부패와 무능이 두드러진 16세기 후반부터 건주여진의 누르하치를 중심으로 세력을 확장하기 시작하였다. 누르하치 일가는 여진족을 관리하던 명의 랴요둥 사령관 이성량(李成梁)에게 충성을 바치고 있었다. 그러던 중 이성량의 휘하에서 명에게 저항한 건주여진의 다른 부족을 치기 위해 종군했던 누르하치의 부친과 조부가 명군의 실수로 사망하고 말았다(1583). 이성량은 누르하치를 무마하기 위해 명과 교역할 수 있도록 허용하고, 그가 명 조정의 관직을 받을 수 있도록 주선하였다. 누르하치는 명의 관직을 활용하여 다른 부족이 갖지 못한 정치적 우세를 획득하였고, 명 상인들과의 교역을 독점하여 막대한 이익을 챙겼다. 이성량의 배려는 누르하치가 정치·경제적으로 성장하는 기반이 되었다.

한반도에서 조선과 명, 그리고 일본이 전쟁을 벌이고 있는 동안 누르하치는 강력한 경쟁자 해서여진의 항복을 받아내고, 1610년에는 명과의 관계도 끊어버렸다. 1616년에는 금(金)의 뒤를 잇는다는 의미로 대금(大金, 후금이라 칭함)을 세우고 칸(汗, Khan)의 지위에 올랐다. 1618년 마침내 누르하치는 랴오둥의 푸순(撫順)에 대한 공격을 감행했다. 이것은 명 대신 중국 대륙을 점령하고자 하는 만주족의 움직임을 보여주는 중요한 사건이었다.

2) 광해군의 양면외교

명은 후금에 대한 전쟁을 준비하는 한편 조선에게 임진왜란과 정유재란 당시 도와주었던 '재조지은'을 근거로 후금 정벌을 위한 지원군을 요청했다. 명군의 지원군 파병 요구를 받아들일지를 놓고 조선 내부에서는 광해군과 비변사 신료들의 입장이 확연히 나뉘었다. 광해군은 출병에 따른 재정부담 때문에 민생이 더 어려워지고 그 때문에 진행되던 궁궐공사에 대한 반발이 더욱 심해져 변란 발생의 가능성이 커지면서 왕권 강화가 차질을 빚게 될 것을 우려했다. 이에 대해 비변사는 '재조지은'에 보답해야 한다는 명분으로 명에 대한 원병 지원을 주장하였다. 결국 조선 조정 내부의 출병 여론과 명의 압력에 의해 출전한 조선군은 사르후(薩爾滸, 심하) 전투에서 후금군에게 패하여 수천 명의 전사자를 낸 채 항복하고 말았다. 결국 사르후 전투의 패배는 명의 후금 정벌계획이 실패로 돌아가는 데에 결정적인 계기로 작용하였다. 사르후 전투 패배 이후에도 명은 조선의 출병을 요구하였고, 광해군은 이런 저런 핑계를 대며 회답을 피하였다.

광해군은 사르후 전투 이후 명의 출병 요구를 거부하면서도 외교적 수단을 통해서 조선의 사정을 명에 설득시켜 나갔다. 광해군은 명과 후금 사이에서 등거리 외교를 통해 어느 한 쪽에게서도 의심과 불만을 사지 않도록 노력했다. 특히 후금의 랴오둥 점령 이후 조선으로 밀려오는 난민들을 관리하고 그들을 명 본토로 되돌려 보내고자 노력했던 점과 후금과의 사이에서 분쟁을 일으키는 빌미가 되었던 모문룡을 견제하고 그를 섬으로 밀어 넣은 점은 명과 후금 사이에서 광해군이 양면외교를 펼친 결과였다. 하지만 명의 출병 요구를 거부하여 후금과의 갈등을 피하려했던 광해군의 양면외교는 '재조지은'을 배신한 행위로 인식되어 그의 폐위를 결정짓는 중요한 명분이 되었다. 1623년 3월 12일, '친명배금'을 기치로 내건 인조반정이 발생하였다.[64] 인조반정은 대명사대를 통해 통치권을 공고히 하려던 당시 서인 집권층의 정치적 지향을 반영한 것이었고 이후 조선의 운명과 동아시아 정세에 중요한 영향을 주게 되었다.

3) 정묘호란과 병자호란의 전개

책봉-조공 체제를 통해 중국 중심의 동아시아 질서를 구축하고자 하던 명의 입장에서 볼 때 인조반정은 책봉 체제를 뒤흔드는 사건이었다. 엄연히 명 조정이 책봉한 광해군을 폐위시킨 행위는 명의 책봉 질서에 저항하는 왕위 찬탈행위에 지나지 않았던 것이다. 이에 명은 인조에 대한 책봉을 거절하였다. 인조 정권은 통치권의 정당성과 합법성을 세우기 위해서라도 대명사대를 강화하여야 하였고 이를 위해 더욱 노골적으로 친명배금 정책을 추진하였다. 이러한 조선의 노력은 당시 후금의 랴오둥 점령 이후 불리한 전세에 놓여 있던 명에게 후금 정벌을 위한 어쩔 수 없는 선택을 취하도록 이끌었다. 당시 가도를 점거하여 후금에 대한 항쟁을 진행하고 있던 모문룡이 조선과 명 사이의 중재자 역할을 담당하게 되면서 결국 1625년 1월 명은 모문룡을 통해 조선 국왕의 책봉을 알리고 후금 정벌에 협력하라는 지시를 내렸다. 즉 후금 정벌을 조건으로 조선 국왕의 책봉을 승인하였던 것이다.

이런 가운데 1626년 누르하치의 뒤를 이은 후금의 홍타이지(훗날 청 태종)는 내부의 모순을 밖으로 배출하여 자신의 권력을 강화하는 한편, 후금의 요서(遼西) 진출을 가로막고 있는 가도의 모문룡을 제거하고 조선과의 교역을 통해 물자 부족을 해결하기 위해서 1627년 1월 조선을 공격하였다(정묘호란). 후금이 조선을 공격한 구실은 '광해군의 원수를 갚는다.'였다. 11일 만에 적의 3만 군사가 황주까지 이르자 인조와 조정 대신들은 강화도로 옮겨 장기전에 대비하였다. 궁지에 몰린 조선은 강화를 제의했다. 전쟁이 장기화되는 것을 원치 않은 후금은 교섭에 응했다. 조선은 후금과 '형제의 나라'가 될 것을 약속하여 후금은 '형제관계'의 '형'이 되고 조선은 '아우'의 나라가 되었다. 이는 마치 형식적으로는 대등한 관계인 것처럼 보였지만 실제로는 후금이

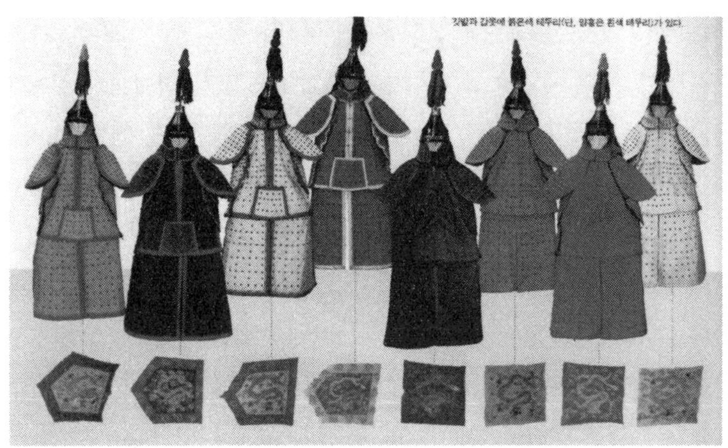

그림 17 팔기군의 복장과 깃발

우월한 지위에 있는 것이었고 조선의 입장에 본다면 매우 굴욕적인 관계를 감내해야 하는 상황이었다.

한편 후금은 정묘호란을 통해 조선과 화약을 맺은 이후 이자성의 난 등으로 국내가 혼란에 빠진 명을 공략하는데 집중하는 한편 몽골을 복속시켜 나갔다. 1635년에는 내몽골을 평정하고 대원전국(大元傳國) 옥쇄를 손에 넣었다. 이것을 계기로 홍타이지는 1636년 국호를 대청(大淸), 즉 청으로 바꾸고, 스스로 황제라 칭하며 명과 대립하는 동시에 조선에게 군신의 관계를 요구했다. 이에 조선에서는 청과 적극적으로 싸우자는 의견이 힘을 얻게 되면서 두 나라 관계가 더욱 악화되어 마침내 같은 해 12월 말 청의 10만 대군이 조선을 침입했다(병자호란). 불과 6일 만에 한양이 적의 손에 들어갔다. 인조는 강화도로 도망치려다가 그 쪽 길이 막히자 서둘러 남한산성으로 피신했다. 청군은 남한산성을 겹겹이 포위하고 약탈, 방화, 살상을 자행했다. 성 안에서는 척화파와 주화파가 논쟁을 거듭했다. 1637년 1월 조선은 화의를 청했다. 인조는 세자와 신하 5백을 이끌고 송파 삼전도로 나가 항복하였다. 항복 조건은 소현세자와 봉림대군 내외, 척화파와 주동자들, 대신의 딸들을 인질로 보낼 것과 세폐를 바칠 것, 명 정벌 때 적극 지원할 것 등이었다. 또한 50만 명이 넘는 많은 사람들이 청군에 의해 노예로 끌려갔다. 몸값을 지불하지 않고서는 쇄환이 이루어지지 않았으며 국경을 건너 도망쳐 오는 자들을 받아주는 것도 엄격히 금지되었다. 병자호란은 임진왜란과 정유재란에 비해 비록 짧은 기간 동안 진행된 전쟁이었으나 그것이 조선의 관민에게 끼친 물질적, 정신적 피해와 후유증은 임진왜란에 못지않을 정도라 할 수 있었다.

사료 읽기

66주(州)를 정복하고 류큐(琉球, 오키나와)와 루송(呂宋, 필리핀의 루손 섬), 셴루오(시암), 포랑지(佛郞機, 명대의 서양인, 특히 포르투갈과 스페인) 등 여러 나라를 위협하여 공물을 바치게 하였다. 그리고 연호를 분로쿠(文祿)로 고침과 동시에, 중국을 침략하고 조선을 멸망시켜 점유하려 하였다. 예전에 왕즈(汪直, 왜구를 끌어들여 중국 연해를 침범한 해적)의 잔당을 불러 묻고서, 당인(唐人)이 왜인(倭人)을 호랑이 보듯 두려워한다는 사실을 알고서는 그의 기세가 더욱 교만해졌다. 병기를 더 많이 준비하고 군함을 수선하면서, 그 부하들과 모의하기를, 중국의 베이징(北京)으로 들어가는 것은 조선인을 향도(嚮導)로 삼고, 저(浙)와 민(閩)의 연해 군현(郡縣)으로 들어가는 것은 당인을 향도로 삼기로 하였다. 이러한 사정을 류큐가 누설할 것을 염려하여 류큐에는 공물을 들이지 않게 하였다.

『명사』, 「외국전(外國傳)」

조선은 동쪽 변방에 끼여 있어서 우리의 왼쪽 겨드랑이와 가깝습니다. 평양은 서쪽으로 압록강과 인접하고 진주는 직접 등주와 내주를 맞대고 있습니다. 만일 일본이 조선을 빼앗아 차지하여 요동을 엿본다면 1년도 안되어 북경이 위험해질 것입니다. 따라서 조선을 지켜야만 요동을 보호할 수 있습니다.

왕재진(王在晉), 『해방찬요(海防纂要)』

(인조 원년 3월 갑진) 우리나라가 중국 조정을 섬겨온 것이 2백여 년이다. 의리로는 군신이며 은혜로는 부자와 같다. 임진년(1592)에 입은 은혜는 만세토록 잊을 수 없는 것이다. 선조께서 40년 동안 재위하시면서 지극한 정성으로 섬기어 평생에 서쪽을 등지고 앉지도 않았다. 광해군은 배은망덕하여 천명을 두려워하지 않고 속으로 다른 뜻을 품고 오랑캐에게 성의를 베풀었다. 기미년(1619) 오랑캐를 정벌할 때에는 은밀히 장수를 시켜 동태를 보아 행동하게 하였다. 끝내 전군이 오랑캐에게 투항함으로써 추한 소문이 사해에 펼쳐지게 하였다. 중국 사신이 왔을 때 구속하여 옥에 가두듯이 했다. 뿐만 아니라 황제가 자주 칙서를 내려도 구원병을 파견할 생각을 하지 않았다. 예의의 나라인 삼한(三韓)을 오랑캐와 금수가 됨을 면치 못하게 하였다. 어찌 그 통분함을 이루 다 말할 수 있겠는가.

「인조실록」

11. 18세기 동아시아 삼국의 교역

(1) 갤리언 무역과 은의 유입

1) 갤리언 무역의 전개

15세기 이후 동남아시아는 동아시아와 인도, 유럽을 잇는 무역의 중심지가 되었다. 1498년 포르투갈이 인도 항로를 개척한 이후 인도와 유럽의 선박들이 향신료를 사기 위해 몰려들었으며, 믈라카를 비롯한 주요 기항지들이 국제 무역의 중심지로 성장하였다. 명의 상인들도 그 곳에 진출하여 차, 비단, 도자기 등을 판매하였다. 향신료를 구하기 위해 동아시아 해역까지 진출한 포르투갈 상인들은 중계무역의 중심지였던 믈라카를 점령하고, 호이안과 마카오를 거쳐 나가사키로 진출하였다. 그들은 마카오를 거점으로 중계 무역을 하여 중국에서 비단과 생사, 도자기 등을 구입하여 유럽으로 가져가거나 일본 등지에 팔았다. 또 나가사키에서 조총과 화약, 명의 생사와 비단을 팔고, 일본이 결제한 은으로 명의 비단과 도자기 등을 사서 유럽으로 수출하였다. 이 과정에서 다량의 은이 중국으로 흘러들었다.

곧이어 에스파냐가 남미에서 잉카와 아스테카 문명을 무너뜨렸고, 이후 에스파냐의 무역선이 대서양과 인도양, 태평양을 가로질러 전 세계를 무대로 활동하였다. 동남아시아로 진출한 에스파냐인들은 필리핀 제도에 기지를 건설하였는데, 이로써 마닐라가 갤리언 무역[65)]의 중심지로 부상하였다. 에스파냐 상인은 멕시코의 아카풀코에서 가져온 은으로, 명 상인이 가져온 비단, 도자기, 면직물 등을 구입하였다.

16세기 말에는 네덜란드 상인이 말루쿠 제도의 지배권을 포르투갈로부터 빼앗고, 나가사키에 머물며 명 상인과 교역하였다. 또한 타이완에 식민지를 건설하고, 쌀과 설탕 등을 생산하여 판매하였다. 네덜란드는 17세기 중엽에 동남아시아 대부분의 섬을 장악하였다.

2) 중국으로의 은 유입

중국에서 은이 화폐로서 본격적으로 주목받기 시작한 것은 원 말부터였다. 본래 중국의 은 생산량은 많지 않았는데, 16세기 이후 일본과 포르투갈 상인들과의 교역을 통해 엄청난 양의 은이 명으로 쏟아져 들어왔다. 16세기 중반 에스파냐가 페루의 포토시를 비롯한 남미의 광산에서 생산한 은 또한 필리핀을 거쳐 중국으로 들어왔다. 마닐라를 거점으로 명의 비단과 도자기 등이 은과 교환되어 남미와 유럽으로 수출되었다. 시기에 따라 증감이 있었지만 16세기 말부터 1630년대까지 해마다 250~265톤 정도의 외국 은이 들어오면서 중국은 '외국 은의 무덤'이라 불릴 정도였다. 중국은 이때부터 본격적인 은 경제 시대에 접어들었다.

상업이 발달하고 대외 무역이 활발해지면서 은은 명의 구석구석으로 흘러들었다. 베이징과 창장 하류 등 정치·경제의 중심지는 물론 농촌에서도 농산물을 팔아 받은 은으로 세금을 납부하였다. 몽골, 여진 등 유목 민족도 점차 명의 은 경제권으로 편입되었다.

3) 명·청대의 은본위제

명은 건국 초에 은의 사용을 금지하고 보초와 동전을 유통시켰다.

그러나 고액원인 보초에 대한 불신이 높아지면서 민간 거래에서는 은이 사용되기 시작하였고, 강남 지역을 중심으로 상공업이 발달하면서 은의 사용이 더욱 늘어났다.

한편, 상품 경제의 발달과 은 경제의 진전으로 세금의 항목과 종류가 증가하여 농민의 생활이 어려워졌다. 이에 16세기 후반 명에서는 조세 제도를 개혁하여, 여러 세목을 통합하여 지세(地稅)와 정세(丁稅)로 단순화하고 이를 각각 은으로 납부하는 일조편법을 전국적으로 시행하였다. 이로써 은이 사실상 명의 공식 화폐로 자리 잡게 되었으며 조세를 은으로 납부하면서 세금을 걷고 운반하는 것이 훨씬 편리해졌다.

한편, 외국 은에 대한 의존도가 높아지면서 명의 경제는 은 유입량의 변화에 따라 크게 흔들리게 되었다. 비단과 도자기 등의 수출 대금으로 들어온 은은 주로 중국 변방 지역으로 유입되었다. 그런데 이 은이 제대로 순환하지 않자 민간에서는 은 부족으로 고통을 겪었다. 또한 17세기 후금의 위협이 높아져 국방비로 들어가는 은의 지출은 급격히 증가한 데 비해, 에스파냐의 쇠퇴로 무역을 통한 은 유입이 줄자 명의 경제가 위기에 빠질 정도였다.

17세기 후반 청의 중원 지배가 안정된 이후 중국 상인과 유럽 상인들의 교역이 늘어나면서 은이 다시 대량으로 유입되었다. 청은 도자기, 생사, 차 등을 수출하고 그 대금으로 은을 들여왔다. 증가한 은의 유동량에 발맞추어 청대에는 강희 연간에 세법을 개혁하여 강희 50년(1711) 이후 새로 증가한 인정(人丁)에 한하여 정세(丁稅)를 면제해 주었고 다시 1729년에는 정세를 지세에 포함시켜 이를 은으로 납부하는 지정은제를 실시하였다. 청 중기 이후에는 외국과의 무역을 통제하여 18세기 중엽 이후 유럽 상인들은 오로지 광저우 한 곳에서만 무역이 가능하였고, 거래 또한 공행이라 불리는 관허 상인들에 의해 제한적으로 수행되었다.

강의노트

명청대의 조세제도

○ 조세제도의 개혁 : 명대 일조편법(一條鞭法) → 청대 지정은제(地丁銀制)
○ 일조편법 : 명대의 세제, 청초 계승.
- 종래의 잡다한 세목을 지세(地稅 ; 토지세)와 정세(丁稅 ; 요역)로 양분하여 이를 은으로 납부
1) 지세 각 항목을 합병하여 은납화
2) 요역의 각 합목을 합병, 은납화하여 인정(人丁), 토지에 부과
3) 지세와 요역을 합병 - 세역의 부과와 징수를 일조화
○ 지정은제 : 강희 연간에 개혁한 세법
- 대토지 소유자의 정세 탈세 → 강희 50년(1711) 성세자생인정의 정세 면제
- 옹정 7년(1729) 정세를 지세에 포함시킴.

(2) 조선의 중계무역

1) 왜관무역

조선의 은 유통은 그다지 활발하지 못하였고, 적극적으로 은광을 개발하지도 않았다. 15세기 초반까지 명이 금과 은을 공물로 요구하는 것에 부담을 느꼈던 데다 정부도 은광 개발에 별다른 열의를 보이지 않았기 때문이다. 그러나 16세기 이후 명, 일본과의 교역이 활성화되자 상황은 달라졌다.

16세기 초 단천 등지의 은광이 개발되었고, 1530년대 이후 무역을 통해 일본의 은이 다량으로 조선에 수입되자 일부 대상인들이 일본

은을 명으로 가져가 비단과 사치품 등을 사오는 중계 무역을 벌였다. 그중 일부는 왜관 등지에서 일본 상인에게 되팔기도 하였다.

왜관에서 이루어진 공무역은 조선 정부와 쓰시마 번 사이에서 이루어진 공적인 무역으로서, 조선 정부가 일본산 구리와 동남아시아산 염료·무소뿔 등을 조선산 면직물로 구입해주는 방식으로 이루어졌다. 왜관에서의 사무역은 조선과 일본의 민간 상인 사이에서 이루어진 무역이었으며 공무역보다 훨씬 규모가 컸다. 법적으로는 양쪽 모두 정부로부터 허가받은 상인들만이 참여할 수 있었으나, 관리의 감시를 피해 몰래 이루어지는 밀무역도 빈번하게 이루어졌다. 17세기 후반에 사무역을 통해 조선이 일본으로부터 수입한 물품은 주로 일본산 은·구리, 동남아시아산 향료·염료·무소뿔 등이었는데, 이중 은이 대략 60%를 차지하였다. 한편 조선이 일본에 수출한 물품은 주로 중국산 생사·견직물, 조선산 인삼 등이었는데, 전자가 80% 정도 차지하였다.

18세기 초까지 왜관 무역의 핵심은 나가사키 무역과 마찬가지로 중국산 생사·견직물과 일본산 은을 교환하는 거래였다. 조선의 민간 무역 상인은 중국산 물품을 구입해서 일본 측에게 팔고 그 대가로 받은 은을 가지고 다시 중국산 물품을 구입하는 중개 무역을 통해 막대한 이익을 남겼다. 그리고 비록 중국 상품에 비해 거래 규모는 작았지만 인삼 무역 역시 조선 상인과 쓰시마 번 양측에 큰 이익을 안겨주었다. 『동의보감』이 일본에 전래된 이래로 인삼이 만병통치약으로 통하게 되자, 일본에서 조선산 인삼에 대한 수요가 폭발적으로 증가했기 때문이었다.

조선과 일본과의 무역은 주로 조선 땅에 있는 왜관에서 이루어졌으며, 조선의 상인이 일본으로 건너간 적은 거의 없었다. 그것은 조선

정부가 중국이나 일본에 사신으로 파견할 때를 제외하고 조선 백성의 해외 진출을 엄격하게 금지하였기 때문이었다. 일본의 바쿠후와 마찬가지로 조선의 통치자들도 대외 교류를 자유롭게 허용하면 백성들이 외국인과 내통할 수 있다고 생각했던 것이다.

강의노트

왜관무역(倭館貿易)

○ 사무역 : 개시무역
- 광해군 2년(1610)부터 매월 6차례(3,8,13,18,23,28) 열림
- 동래감시감관(東萊監市監官), 호조 수세산원(收稅算員), 동래색리(東萊色吏) 등이 문에서 상인들의 무역물품 검사
- 훈도, 별차(일본어 역관)와 더불어 상인들을 거느리고 왜관의 대청에 들어가 대관왜(代官倭))와 동서로 줄지어 앉아서 값을 따져 매매
- 동래부사 군관 1명과 부산첨사 군관 1명은 바깥문을, 동래감시군관·호조산원·동래색리 등은 바깥 대청문을, 부장 6명은 중대청의 안쪽문을 지키며 상인의 밀무역 방지
- 상인의 수는 1678년 70-80명에 이름.
- 수출품 : 조선의 인삼, 중국산 생사·견직물
- 수입품 : 금, 은, 구리, 유황, 납 등 광물류와 후추, 물소뿔, 단목 등 남방물산

---

2) 조공무역

한편 명·청의 통치자들은 기본적으로 책봉-조공 관계를 수용하는 나라에 대해서만 무역을 허용해야 한다고 생각하였다. 동아시아에서 가장 열심히 명·청의 황제에게 조공을 바쳤던 나라는 조선이었다. 조선의 통치자들은 명·청과의 책봉-조공 관계를 통해 정치적 안정뿐만 아니라 자신들이 필요로 하는 재화를 얻을 수 있을 것으로 기대하였다. 그 때문에 한 해에 3~4차례 정기적·비정기적 사행(使行)을 파견했던 것이다.

이들 사행은 사신의 임무를 띤 양반 관료와 통역과 실무를 담당한 역관 및 그들의 수행원으로 구성되었는데, 수행원 중에는 공적인 임무와는 전혀 무관한 민간 무역 상인들도 포함되어 있었다. 명·청의 수도 베이징의 자금성에서는 조선의 사신이 공물을 바치고 명·청의 정부가 이에 대한 답례품을 하사하는 조공이 이루어졌다. 조선 측이 바친 재화는 주로 금·은·인삼·호랑이 가죽·나전칠기 등이었으며, 명·청의 정부가 하사한 재화는 주로 견직물·약재·서적·문방구 등이었다.

한편 자금성 밖 사행단의 숙소인 회동관에서는 조선의 역관이 관청의 주문을 받아 물품을 구입해주는 공무역과 조선의 역관과 민간 상인이 청의 민간 상인과 재화를 교환하는 사무역이 함께 이루어졌다. 17세기 이후 사무역의 중심은 왜관 무역과 마찬가지로 중국의 생사·비단과 일본 은 및 조선 인삼을 교환하는 거래였다. 18세기에는 청에 가는 사신들에게 1인당 인삼 80근 어치에 해당하는 은화 2천 냥을 휴대시켜 사무역 자금으로 사용하는 팔포 무역이 자리 잡았다.

조선에서 중국 상품에 대한 수요가 커지고 중계무역에 참가해서 이익을 얻기를 원하는 상인들이 늘어남에 따라, 국경 근처에서 밀무역이 성행하게 되었다. 조선의 민간 상인은 공물 운송을 핑계 삼아 사행을 따라 몰래 국경을 넘어 청의 상인과 물품을 교역하였다. 조·청 무역에서 압도적인 비중을 차지했던 것은 바로 국경 근처에서 이루어진 밀무역이었다. 정부는 사치 풍조를 단속하고 은 유출을 막기 위해 국경에서 검문검색을 강화하고 위반자의 목을 베어 거리에 내걸기도 하였으나, 단속을 피해 강을 건너간 상인의 수는 해마다 늘어났다. 위험 부담이 큰 만큼 막대한 이익이 보장되었기 때문이었다.

강의노트

조공무역(사행무역)

* 사행원의 공무역 : 관아무역(사행편에 상방(尙方), 내국(內局) 및 각 관아의 수요품을 연경에서 구입하게 함)

* 사행원의 사무역 : 팔포무역(사행정관에게 일정액의 한도내에서 사무역 허용) → 개시

* 사상의 밀무역 → 후시

○ 사상의 팔포권 취득

- 연행 사신의 팔포은(2,3천냥) 충당 부담 → 팔포권을 상인에게 매각(은의 수량 무제한)
- 사행정관이 팔포무역을 하고자 할 때 구입 및 판매의 과정을 상인에게 위탁 → 상인에게 사행편승 기회 제공
- 상인은 중앙과 지방의 관아가 영리추구 목적으로 대출해준 관은(官銀)으로 연화(燕貨) 무역(원금은 은납, 이자는 잡물로 대납) → 청에서 백사(白絲) 수입하여 동래왜관에 판매
- 18세기 후반 왜은의 유입 중단(백사 수입 과잉) → 사신은 무역권을 상인에게 이양 → 사상의 은화 유출 심각

○ 역관의 팔포무역

- 역관은 상역(商譯)이라 불릴 정도로 상인의 성격 지님
- 사행시에 역관은 수백 바리에 이르는 각종 물화의 관리와 수많은 인마 관장
- 팔포무역권 지님, 관아무역 관리(官貿易銀 소지) → 영리 추구
- 사행에 필요한 잡비(접대비, 교제비, 자제군관 유람비)를 역관의 팔포에서 추렴 → 밀무역 추진

---

(3) 일본의 은광 개발

1) 은의 길

명에 은을 주로 공급한 것은 일본이었다. 일본에서는 1530년대에 이와미 은광을 개발하고, 조선에서 은 정련법을 도입하였으며 광산 채굴 도구가 개선되면서 은 생산량을 비약적으로 확대시켰다. 이렇게

생산된 은은 여러 경로를 거쳐 명으로 유입되었다. 센고쿠 시대를 맞아 패권 장악을 꿈꾸던 각지의 다이묘들은 은광 개발과 이를 바탕으로 한 대외 무역에 높은 관심을 보였다. 일본의 은 수출은 16세기 말 전성기에 도달하였다. 당시 일본의 은 생산량은 전 세계 은 생산량의 3분의 1을 차지하였다.

일본에서 생산된 은은 국내에서 화폐로 유통되었을 뿐 아니라 무역의 결제 대금으로 명과 조선, 포르투갈 등 외국 상인에게 넘어갔다. 16세기 중엽 이후 일본의 은 수출량은 폭증하여 어떤 해에는 수십만 킬로그램의 은이 중국으로 유입되기도 하였다. 이에 따라 일본의 은이 조선을 거쳐 사행로를 통해 랴오둥과 베이징으로 이어지는 새로운 '은의 길'이 나타났다. 이 길을 통해 명의 비단과 생사, 조선의 인삼 등이 일본으로 유입되었다. 특히 17세기 중반까지 쓰시마에서는 조선 인삼을 수입하기 위해 은화를 특별히 주조하기도 하였다.

2) 일본의 해외 무역

바쿠후의 엄격한 규제에도 불구하고 네덜란드 동인도 회사 상인들이나 중국 상인들은 꾸준히 나가사키에 와서 무역을 하였다. 네덜란드 선박에 실려 데지마에 상륙한 상품은 주로 중국산 생사・견직물, 동남아시아 산 향료・염료・사탕, 인도산 면직물, 유럽산 모직물 등이었다. 그 중에서 가장 큰 비중을 차지한 것은 중국산 생사와 견직물로서 17세기 중엽에는 전체 거래액의 80%에 달하였다. 그에 비해 유럽 상품은 5% 이내에 지나지 않았다. 유럽에서는 아시아 시장에 내다팔 만한 경쟁력 있는 상품을 생산해내지 못했던 것이다. 그것은 18세기 중엽 이전까지 유럽 제조업의 수준이 중국이나 인도보다 낮았기 때문이었다.

당시 세계에서 가장 경쟁력 있는 상품을 생산한 지역은 중국과 인도였다. 중국산 도자기·견직물과 인도산 면직물은 아시아뿐만 아니라 전 세계에서 가장 인기 있는 상품이었다. 동북아시아에서 중국산 생사와 견직물을 가장 많이 수입한 나라는 일본이었다. 16세기 이후 일본에서 대규모 은광이 개발되면서, 중국 제품을 대량으로 구입할 수 있는 경제력을 갖추었기 때문이었다. 특별히 중국산 생사에 대한 수요가 높았던 이유는 고급 비단옷의 원료였기 때문이었다. 고급 비단옷은 일본뿐만 아니라 전 세계 어디에서나 부와 권력의 상징이었던 것이다.

16세기~18세기 초반에 동북아시아 국제 무역에서 가장 수지맞는 장사는 중국산 생사와 일본산 은을 교환하는 거래였다. 그 때문에 유럽 상인들도 중국-일본 간 무역에 끼어든 것이다. 특히 바쿠후가 에스파냐와 포르투갈 선박의 출입을 금지하면서 네덜란드 동인도 회사는 일본 무역을 독점했던 유일한 유럽 세력이 되었다. 독점 무역을 통해 얻는 이익이 컸기 때문에 네덜란드 인은 일본에 저자세를 취하면서 무역을 계속 진행하였다.

사료 읽기

정통원년(正統元年)에 이르러 부도어사(副都御史) 주전(周銓)이 이르길 "行在(북경) 각 위소(衛所) 무관들의 녹봉은 남경(南京)에서 쌀로 지급하는데, 거리가 멀고 왕래비용이 많이 들며, 종종 쌀을 물건으로 바꾸는데, 비쌀 때 사서 쌀 때 되파니 그 가치가 십에 일에도 미치지 못합니다. 조정은 창고의 곡식을 허비하고 무관들은 실제로 그 혜택을 누리지 못하는 것입니다. 청컨대, 남기(南畿, 南直隸로 오늘날의 南京을 중심으로 강소성을 지칭), 절강(浙江), 강서(江西), 호광(湖廣, 호남성과 호북성)지방 가운데 선박이 통하지 않는 지역에서는 세량을 포(布), 비단, 백금(白金=銀)으로 환산해서 거두어 수도로 보내어 녹봉에 충당하기를 원합니다"라고 하였다. 강서순무(江西巡撫) 조신(趙新) 역시 같은 의견을 내놓았고, 호부상서(戶部尙書) 황복(黃福)이 다시 조목조목 청하였다. 황제는 행재(行在)의 호부상서(戶部尙書) 호영(胡濙)에게 의견을 물었는데, 호영이 답하길 태조 홍무제가 일찍이 섬서(陝西)와 절강(浙江)에서 세량에 대한 절납(折納)을 시도했는데 백성들이 편하게 여겼다고 대답하였다. 마침내 그 제도를 모방하여, 미맥(米麥) 1석(石)을 은 2전(錢)5분(分)으로 절납토록 하였다.

『명사』, 「식화지」

효종 2년 처음으로 설점수세제도를 실시하였다. 호조에서 장계를 올렸다. "단천 광은 굴을 뚫은 벌써 2백년이 지났다. 은을 캐는 비용이 은가보다 적지 않다. 그런데도 아직 캐고 있는 것은 은을 사게 되면 은은 유한하여 가격이 날로 높아져 끝내는 은을 캐는 비용보다 배가 될 것이기 때문이다. 옛날부터 은을 캐는 정책을 폈지 은을 사들이는 나라는 없었다. 우리나라는 돈과 백성이 모자라 요역이 매우 심하였다. 매번 나라 힘으로 채굴을 하면 비용이 많이 든다. 채굴을 담당하는 관리가 은광을 개발한 다음 백성을 모아 운영하게 하고 적절히 액수를 정해 세금을 내게 한다면 나라 힘은

들이지 않고 세금 수입은 많아질 것이다. 파주 은광은 가깝고 품질도 좋으니 나라에서 관리를 하고, 교하, 곡산, 춘천, 공산 은광은 이미 위치를 알고 있으니 관리를 보내 은광을 열고 백성들에게 세금을 내게 한다면 부상대고들이 반드시 즐거이 올 것입니다." 이에 임금이 따랐다.

『증보문헌비고』

게이초 12년(1607년) 4월 처음으로 다량의 은을 발견했을 때, 인근 지역뿐만 아니라 먼 곳까지도 이 소문은 널리 퍼졌다. 같은 해 8월과 9월에는 각지에서 사람들이 매일같이 끊임없이 몰려들었다. 그 중에는 주군을 잃은 사무라이도 있었다. 13년 봄에는 이들이 대여섯씩 무리를 지어 계곡과 인나이(院內) 촌락에 집을 짓기 시작했고 더 이상 빌릴 만한 장소가 없게 되었다.

인나이 긴잔키(院內銀山記)

숙종26년(1700) (청국) 예부(禮部)에 청하여 중강후시를 혁파하였으나, 책문후시는 지금까지 행한다. …(중략)… 사행이 책문을 출입할 때는 의주 상인과 개성 상인 등이 은(銀)·삼(蔘)을 몰래 가지고 인부나 마필 속에 섞여들어 물종을 팔아 이익을 꾀하였다. 되돌아올 때는 걸음을 일부러 늦추어 사신을 먼저 책문으로 나가게 하여 거리낄 것이 없게 한 뒤에 저희 마음대로 매매하고 돌아오는데 이것을 책문후시라 한다.

『만기요람』

12. 동아시아의 전통도시

(1) 유교사상으로 건립된 왕도, 한양(漢陽)

1) 한양 천도

조선왕조를 개창한 태조는 태조원년(1392) 8월 13일 도평의사사에 한양천도 명령을 내렸다. 즉위와 함께 내려진 한양천도 결정은 고려 말기의 남경(한양)천도론과 궤를 같이 하는 것으로서, 풍수도참설의 강한 영향력 아래에서 내려진 결정이었다. 한양과 더불어 계룡산, 무악산 일대도 천도 후보지로 거론되었으나 결국 새로운 왕조의 수도로 한양이 결정되었다. 이 때 좌정승 조준과 우정승 김사형 등은 다음과 같이 말하며 유교적 역성혁명론과 더불어 경제적 이점을 근거로 한양 천도론을 주장하였다.

> 전하께서는 천명을 받아 한 나라를 두시고, 제도를 고쳐서 만대의 국통을 세웠으니 마땅히 도읍을 정하여 만세의 기초를 잡아야 할 것입니다. 한양을 보건대, 안팎 산수의 형세가 훌륭한 것은 옛날부터 이름난 것이요, 사방으로 통하는 도로의 거리가 고르며 배와 수레도 통할 수 있으니 여기에 영구히 도읍을 정하는 것이 하늘과 백성의 뜻에 맞을까 합니다.
>
> [태조실록] 권6, 태조3년 8월 신묘.

태조3년(1394) 한양천도를 실행에 옮겼지만, 아직 궁궐이 완성되기 이전이었기 때문에 태조는 한양부의 객사를 임시거처로 삼고 종묘와 궁궐, 성곽의 공사를 독려하였다. 당시 한양의 궁궐배치를 둘러싸고 신하들 간에 의견차이가 있었다. 그러나 결국 정도전의 주장을 따라 백악을 주산(主山)으로 하여 궁궐과 종묘, 사직을 배치하는 도시구조로 낙착되었다. 이에 따라 통치의 중심공간인 새 궁궐 경복궁은 백악산 아래에 남향으로 짓고, 궁궐의 왼쪽에는 왕실 조상들의 신주를 모신 종묘를, 오른쪽에는 땅과 곡식의 신을 모신 사직을 두었다. 도성은 한양의 자연 지세를 이용하여 주산인 백악과 좌청룡에 해당하는 낙산, 우백호에 해당하는 인왕산, 안산(案山)에 해당하는 남산을 연결하는 둥근 모습으로 그 길이는 약 17킬로미터에 달했으며 8도의 군인들을 동원하여 구역별로 나누어 건설했다. 그 밖에 관아, 시장, 학교 등이 차례로 건설되었다. 이처럼 종묘와 궁궐, 관청의 완공, 주민의 거주가 안정되고 난 이후 도읍의 행정기관을 정비한 뒤 1395년 10월 태조는 종묘에서 제례를 올리고 신하들의 하례를 받으며 새로운 도읍을 정식으로 선포하였다.

2) 한양의 구조와 기능

태조는 정도전에게 명하여 새 궁궐의 전각과 도성 성문의 이름을 짓게 하였는데 정도전이 지어 올린 이름은 철저하게 유교적 가치관에 기초하여 명명된 것으로 유교적 윤리덕목과 오행사상을 담고 있었다. 예를 들어 4대문의 이름은 오행사상을 따라 지은 것으로 동은 흥인지문(興仁之門), 서는 돈의문(敦義門), 남은 숭례문(崇禮門), 북은 숙정문(肅靖門) 혹은 소지문(昭智門)이라 하였고 중앙인 종로에 보신각(普信閣)을 두었다. 이런 명칭은 5덕인 인(仁 ; 동), 의(義 ; 서), 예(禮 ; 남), 지(智 ; 북), 신(信 ; 중앙)을 표현한 것이었다.

수도 한양에는 관료, 수공업자, 상인, 주민들이 모여들어 약 10만 명의 인구를 헤아리게 되었으며, 무당이나 승려는 도성 안에 살지 못하게 했다. 그리고 도성 밖 10리 안에는 개인의 무덤을 쓰거나 벌채를 하지 못하도록 규제하였다.

조선의 수도로 정치적 기능을 주로 담당하였던 한양은 17세기 후반 이래 대동법의 시행과 금속화폐의 유통을 계기로 상업도시로 전환할 토대를 마련할 수 있었다. 17세기 후반 이후 도시화의 진전으로 한양은 그 공간이 점차 확대되고 기능도 분화되었다. 도성 내부에는 종로시전, 이현, 칠패라는 3대시가 형성되었고 도성 외부에는 해상교통의 중심지였던 경강지역이 한양과 전국의 시장권을 연결하는 상업중심지로 성장하였다. 또한 17세기 후반 이후 한양과 수원, 광주, 개성, 강화를 잇는 4도(都) 체제가 형성되어 한양의 도시 공간확대와 기능분화가 정점에 다다를 수 있었다.[66]

(2) 새로운 황제의 도시, 베이징(北京)

1) 창안(長安)과 뤄양(洛陽)

원나라 이전까지 중국 왕조들의 수도는 주로 창안(長安) 또는 뤄양(洛陽), 카이펑(開封)에 두어졌다. 창안은 서북쪽에 치우쳐 있지만 천혜의 요새이자 곡창지대인 관중지방에 위치하고 있어 방어에 유리하고 지역 근거지로 활용하기가 편리하였다. 따라서 왕조 초기나 정국의 혼란기에 수도 근방만 잘 지키고 운영하면 이후 다시 세력을 뻗어나가 전국을 통일할 수 있는 여건을 갖추고 있었다. 서주(西周), 진(秦), 전한(前漢), 수(隋), 당(唐)의 수도가 여기에 속하였다. 이에 비해 뤄양과 카이펑은 중원지대에 위치한 사통팔달의 교통요지로서, 황하와 운하의 수로를 이용하여 경제적 이점을 얻을 수 있다는 장점을 가지고 있었다. 하지만 내란이나 이민족의 침입이 발생하면 비교적 빨리 정국 통제권을 잃어 왕조의 멸망으로 연결되기 일쑤였다. 동주(東周), 후한(後漢), 서진(西晉), 북위(北魏), 오대(五代), 북송(北宋)의 수도가 여기에 속하였다.

2) 베이징(北京)의 대두

정치형 도시인 창안이나 경제형 도시인 뤄양, 카이펑에 비해 베이징(北京)은 북방 민족과 한족이 대치하고 있는 군사적 요지라 할 수 있었다. 오대시기에 베이징(유주)이 포함된 연운16주를 요가 차지한 이래로 원이 건립될 때까지 베이징은 민족 간 세력다툼의 주요 대상이었다. 베이징은 요 시기 새롭게 건설되어 5경 중의 남경으로 불렸고, 금 시기에는 중도(中都)라 명명되며 수도로서 화려하게 재건되었다. 베이징이 전 중국의 수도가 된 것은 원대였다. 몽골제국의 쿠빌라이가 대도(大都)라는 이름으로 새로운 수도를 건설하기 시작하여 1271년 수도를 카라코룸에서 대도로 옮기고 국호 또한 원(元)으로 바꾸었던 것이다. 그리하여 원대 이래로 내중국과 외중국을 아우르는 '대중국'의 남북 라인을 잇는 대표적인 수도로 베이징이 전면에 부각되기 시작하였다.

이처럼 북방 민족은 베이징을 남북을 잇는 거점으로서 선호하였지만 한족은 군사적 위협과 정치적 불안정을 이유로 베이징에 대한 저항감을 가지고 있었다. 그러나 한족 왕조인 명은 국초에 수도를 베이징으로 옮기며 명청 양대에 걸친 베이징 시대의 문을 열었다.

원래 명을 건국한 태조 홍무제는 강남의 난징(南京)을 도읍으로 하였다. 당시만 해도 베이징은 북방 민족이 개발한 식민 신도시로서 그 기운이 쇠하였다고 여겨졌고, 당송 이래로 경제중심지가 동남으로 이동하고 있었으므로 난징이 속한 양자강 하류 지역은 흥성의 지역으로 보였던 것이다. 하지만 "정난의 변"으로 황제에 오른 영락제는 자신이 연왕(燕王)으로서 세력을 키워온 베이징으로의 천도를 원하였다. 베이징으로의 천도는 또한 북방의 군사적 중심지를 정치적 중심지와 일치시켜 황제권을 강화하고 대외적 지배력을 안정시키는 효과를 가져 올 수 있었다. 따라서 영락제는 원년에 베이핑(北平)을 베이징(北京)이라 고치고, 행재소(行在所)를 설치하여 천도를 위한 준비를 시작하였다. 영락18년(1420), 3년 반의 세월이 걸린 베이징 도성 건설 공사가 거의 완성되어 자금성 내에 궁전 및 제사 시설이 갖추어 지자, 영락19년(1421) 원단을 기해 정식으로 천도가 이루어졌다. 베이징 천도를 통해 명 황제는 외중국과 내중국, 비한인과 한인을 포용하는 실제적이고 강력한 정치세력으로 군림할 수 있었고 명은 전중국에 대한 통일적 지배를 실시할 수 있었다.

청대에 이르러서도 베이징은 수도의 지위를 굳건히 지켰다. 청의 3대 황제인 순치제는 베이징을 수도로 선포하고 선양(沈陽)에서 베이징으로의 천도를 감행했다. 청대에 비록 선양이나 러하이(熱海) 등지에 제2의 국도를 가지고 있었지만 베이징은 유목지역과 농경지역을 연결하고 군사와 정치, 경제를 남북으로 이어주는 통합적 지배의 중심지역으로 자리 잡았다.[67]

(3) 통일시대를 연 장군의 도시, 오사카(大阪)와 에도(江戶)

1) 조카마치(城下町)의 성립

오다 노부나가와 도요토미 히데요시에 의해 전국시대가 통일되기 이전에도 교토(京都)와 사카이(堺) 등의 대도시 및 각 지역 거점도시가 많이 발달했다. 교토와 나라(奈良)는 14-15세기부터 정치도시에서 탈피하여 상업도시로 나아갔는데 16세기 교토는 대략 인구 5만에서 6만 정도의 대도시로 발전하였다. 그리고 16세기 이후 해외무역이 발달하면서 사카이(堺)와 하카다(博多)가 동아시아 각국과의 무역 중심지로 크게 발전했으며 오바마(小濱), 쓰루가(敦賀), 오즈(大津), 효고(兵庫) 등의 항만도시도 번성했다.

센고쿠 시대에 다이묘(大名)들은 가신단을 결집시키기 위해 성 주변에 도시를 건설하고 유력 가신들이 거주하도록 하였는데 이것이 조카마치(城下町)이다. 군사작전에서 군량미와 무기조달을 위한 대상인들의 역할이 중요해졌기 때문에 다이묘들은 이들을 보호육성하면서 영국 내의 유통질서를 재편해 나갔다. 이리하여 조카마치는 점차 영내 유통의 중심으로 발전했다.

16세기 후반 오다 노부나가와 도요토미 히데요시가 일본을 통일해 나가는 시기에 지배체제의 변화와 더불어 새로운 조카마치의 건설을 통해 근세적 도시가 발달하게 된다. 먼저 오다 노부나가는 1567년 기후(岐阜) 조카마치를 재편하고 1574년 나가하마(兵濱) 조카마치를, 그리고 1576년 아즈치(安土)성을 건설하면서 가신단과 상인을 계속 이주시켰다. 조카마치의 건설과 더불어 노부나가는 다른 성들에 대한 대대적인 성곽파괴령을 내려 가신단의 통제와 동원을 강화하고 상업의 집중화를 꾀해 나가면서 통일정책을 추진하였다.

2) 오사카(大阪) 성

1582년 오다 노부나가가 죽자 그가 지닌 권력을 장악한 도요토미 히데요시는 보다 적극적인 도시정책을 펼쳤다. 히데요시는 노부나가와는 달리 교토의 특권세력을 부정하는 한편 1583년 중앙권력을 차지한 직후 오사카(大阪) 성 축조를 시작했다. 즉 오사카에 일본 전국을 지배하기 위한 대규모의 수도를 새로이 건설하고자 했던 것이다. 그리고 오사카 성 건설 후 교토의 조정과 주요 사원도 모두 오사카로 옮기고, 사카이와 오사카 주변의 주요 상인촌도 모두 오사카로 옮기고자 하였다. 도요토미 히데요시의 오사카 성 건설 구상은, 먼저 거대한 오사카 성을 건설하고 성 주위에 여러 다이묘 영주의 거주지를 설정하며, 해안으로 연결되는 곳에 상인거주 구역을 설치해 교토와 사카이의 상인을 이주시켜 전국 규모의 중심시장을 만든다는 것이었다. 여기에는 수공업자들의 거주구역도 따로 설정했고 상인 거주구역에는 무사계층의 거주를 금지해 신분에 따른 거주공간의 구분을 명확히 했다.

도요토미 히데요시는 1584년 오사카로 본거지를 옮겼고, 오사카 성 축성 후 교토, 사카이, 후시미(伏見), 덴노지(天王寺) 등에 거주한 일부 상인들에게 오사카 이주를 명했다. 그는 오사카 이주를 통해 단순히 군사적인 거점 확보뿐만 아니라 전국 경제의 중핵도시 건설을 노렸던 것이다. 오사카 성 외에도 도요토미 히데요시는 간파쿠(關白)에 취임한 다음해인 1586년 교토에 주라쿠(聚樂) 성을 건설하고, 1591년에는 조선침략에 대비해 규슈(九州)의 북단에 위치한 나고야(名古屋)에 대규모의 성곽을 건설했다. 오사카 성을 비롯한 이들 대규모 성곽의 건설에는 지방 영주들이 동원되어 공사를 도왔다.

3) 에도(江戶) 시대의 도시건설

한편 도요토미 히데요시 사후 도쿠가와 이에야스가 세키가하라 전쟁에서 승리하면서 우세를 확정지었지만 오사카 성에 자리 잡은 도요토미 세력은 아직 상당한 위력을 가지고 있었다. 이시기 도쿠가와 이에야스가 취한 새로운 통일정책은 주요 도시의 직할 지배였다.

도쿠가와 이에야스는 도요토미 히데요시보다 대대적이고 조직적으로 주요 도시를 직접 지배했다. 1600년 세키가하라 전투 직후부터 교토, 후시미, 사카이, 나라, 아마가사키(尼崎), 나가사키(長崎) 등의 주요 도시를 모두 직할도시로 삼았다. 그것은 이들 도시가 보유한 상업 및 수공업의 기능을 독점함으로써 오사카를 근거지로 세력을 유지하고 있는 도요토미 계 다이묘들의 군사력을 약화시키기 위한 것이었다. 그리고 1602년 중앙권력자의 입장에서 각 지방 영주들에게 후시미 성의 축조를 강요했고, 1604년에는 중부지역 영주들로 하여금 히코네(彦根) 성을, 1609년에는 서남지방의 봉건영주들에게 명하여 사사야마(篠山) 성을 축성토록 하였고, 특히 여러 차례에 걸쳐 진행된 대규모의 에도(江戶) 성 건설에는 일본 각지의 영주세력을 대거 동원시켰다.

1603년 에도에 바쿠후가 개창되자 에도는 수도가 되었다. 그 후 3대 쇼군(將軍) 이에미츠 시대까지 에도 성의 확대와 정비는 계속되었다. 에도 성 동남쪽 저지대에는 직인과 상인들이 사는 마을터가 확장되었다. 또 서북쪽 평지에는 에도 성을 중심으로 다이묘 등의 대규모 부지가 형성되었고 에도 주변에는 여러 절들이 자리를 잡았다. 에도는 쇼군이 거주하는 정치의 중심도시로, 쇼군 직속의 무사들과 격년으로 거주하는 지방의 다이묘, 번(藩)의 상주근무 무사 등이 생활하고 있었다. 그리고 이들 무사의 생활필수품을 조달하는 상인이나 무사들의 무구를 수리하는 직인들이 에도의 조카마치에 모여 조닌(町人)으로 생활하였다. 에도의 성장은 현저하여 조닌의 인구는 1657년의 28만 명에서 1693년 35만 명으로 증가하였고, 18세기 중엽에는 직인과 상인, 무사, 승려의 수를 모두 합쳐 110만 명에 달하였다. 이 시기의 에도는 세계 최대급의 거대한 소비중심 도시이자 상공업 중심지였다.[68]

사료 읽기

서울 주민들 중에서 직임자(職任者)는 봉록을 받아서 살며, 서리는 자질구레한 품(稟)으로 살고, 군인들은 군포를 받아서 살고, 영세 소상인들은 조그만 이익에 의지해서 살고, 수공업자는 힘들여 제조하여 생계를 유지한다. 그러나 아침에 모였다가 저녁에 흩어지고 여기저기 떠돌아다니면서 농사도 짓지 않고, 옷감을 짜지도 않고 먹고사는 무리가 무려 수십만이나 된다. 공인·시인(市人)은 서울 주민 중에서 가장 생활이 안정된 자들이다.

「비변사등록」

한양의 민속은 남북이 다르다. 종로 이남에서 남산에 이르는 곳이 남부인데, 상인과 부호들이 많이 살아서 이익을 좋아하며 인색하고, 안마(鞍馬 ; 안장을 얹은 말)와 제택(第宅)에서 서로 사치함을 다툰다. 백련봉(白蓮峰 ; 북악산 기슭 삼청동에 있는 지명) 서쪽으로부터 필운대(弼雲臺 ; 인왕산 아래 있는 지명)에 이르는 곳이 북부인데, 대개 빈호(貧戶)로 유식(遊食)하는 부류들이 살았지만 왕왕 임협(任俠)의 무리들이 있어 의기로 교유하되 베풀어 주기를 좋아하고 신의를 무겁게 여겨 남의 환난을 잘 도왔다.

정내교, 「완암집」

긴 다리 일곱 개를 지나서 비로소 대판(大阪, 오사카)에 당도하니, 곧 모든 배가 정박하는 곳이었다. …(중략)… 일시에 국서를 받들고 음악을 울리며 나아갔다. 6~67리쯤 가서 사관에 이르렀는데, 그 사이에 있는 길 양쪽의 긴 건물들이 층층의 집 아닌 것이 없었으니, 이것은 온갖 물건을 파는 점포였다. 구경하는 사람이 길을 가득 메웠고 눈부시게 화려한 것이 강 언덕에 비해 배나 더 많았다. 이에 이르러 정신이 또 현란하여 몇 개의 거리와 시가를 지나갔는지 알 수가 없었다. 다만 길이 평평하고 곧고 티끌이 없었으며, 양쪽에 구슬발과 그림 장막, 수놓은 집, 집의 위아래에 모두 청색, 홍색, 감색, 자색, 녹색, 황색의 아롱진 옷을 입은 남녀, 노년, 장년, 어린애가 보일 뿐이었다. …(중략)… 다리는 200여 개이고, 절은 300여 개나 되고, 공후(公侯)의 좋은 집들은 또 그것의 배나 되고, 서민, 농업, 공업, 상업 등의 부호(富豪)의 집들이 또 천이나 만을 헤아린다. …(중략)… 온갖 종류의 장인과 잡화의 거간꾼이 온 나라에 퍼져 있으며, 또 바다 섬의 여러 오랑캐와 교통한다. 이런 번화하고 시원하고 기이한 경치가 천하에 으뜸이라 할 수 있다는 것이 옛 글에 기록된 바, 계민(罽賓: 중국의 서역지방)과 파사(波斯: 페르시아)의 나라라도 이보다 더할 수는 없을 것이다. …(중략)… (에도) 길옆에 있는 회랑은 모두 상점이었다. …(중략)… 여러 사람의 눈이 빽빽하여 한 치의 빈틈도 없고 옷자락에는 꽃이 넘치고 주렴 장막은 햇볕을 받아 반짝이는 모습이 대판(大阪)과 경도(京都)보다 세 배는 더하였다.

신유한, 『해유록(海游錄)』

II.

근현대 시기의 동아시아

1. 조공체제에서 조약체제로

(1) 아편전쟁과 난징조약

1) 아편무역의 전개

베네치아의 지리학자 라무시오(Giovanni Battista Ramusio)에 의해 유럽에 차가 소개된 이후, 중국산 차는 1630년대 중엽부터 프랑스, 독일, 영국으로 확산되어갔다. 영국에 차 문화가 형성되기 시작한 것은 1662년 포르투갈에서 시집온 캐서린 왕비가 영국 궁정에 인도의 음차 풍습을 들여오면서부터였다. 궁정 내 유행은 17세기 말 상류계층의 가정에까지 퍼졌고 차가 여성의 음료로 음용되면서 널리 보급되기 시작하였다. 18세기에 들어서자 차는 영국인의 입을 즐겁게 해주는 없어서는 안 될 음료가 되었다. 하루에 7-8회에 이르는 티타임이 사교모임의 중심적 역할을 하게 되었고 차는 영국의 문화로 정착되어 갔다.

사치 품목이었던 차의 소비가 해가 갈수록 늘어나자 중국 차 수입을 독점한 영국 동인도 회사는 차 수입에 사활을 걸 정도였다. 차 수입이 증가한 반면에 중국에 대한 수출은 부진을 면치 못하면서 영국의 무역적자 폭은 늘어만 갔다. 18세기 중엽까지 영국의 주요 수출품이었던 모직물과 면직물이 중국에서는 기후와 관습의 문제로 그다지 환영받지 못했던 것이다.

차 무역의 결제대금으로 막대한 양의 은을 지불하고 있던 영국은 어떻게든 무역적자 문제를 해결하지 않으면 안 되었다. 결국 영국이 선택한 것은 아편이었다. 영국 동인도회사는 인도 벵골 지역에서 재배한 질 좋은 아편을 중국에 밀수출하였다. 아편은 날개 돋친 듯이 팔려나갔다. 1770년대 연간 아편 수출량이 1,000상자였던 것이 아편전쟁 전야인 1838년에는 40,000상자에 이르렀을 정도였다. 영국이 아편 수출로 벌어들인 금액은 1820년대에 이미 중국이 차 수출로 벌어들인 금액을 넘어서고 있었다. 이제 중국이 무역적자를 보는 쪽으로 바뀌고 말았다.

청의 아편 수입량 증대는 은의 유출로 인한 은가의 상승을 가져왔고, 세금을 은으로 납부하던 일반 백성들에게 막대한 부담을 안겨주었다. 또한 아편 흡입자의 증가로 생산력 감소는 물론 군사력의 약화까지 가져왔다. 국가경제의 쇠퇴, 국민건강의 파괴에 관리의 부패까지 연결된 아편문제를 청 조정으로서는 그대로 보고 있을 수만은 없었

그림 18 아편굴에서의 아편 흡연

다. 이미 여러 차례에 걸쳐 아편에 대한 금령을 내린 적이 있었지만 번번이 실패로 돌아가곤 했었다. 이제 뭔가 특단의 조치를 내려야만 하였다.

2) 아편전쟁의 발발과 조약체결

1839년 6월 3일 흠차대신(欽差大臣) 린저쉬(林則徐)는 아편을 폐기하라는 추상과 같은 명령을 내렸다. 일꾼들은 후먼(虎門)의 바닷가에 쌓여있던 아편을 쪼개어 바닷물에 쏟아 부었다. 그리고 준비한 석회가루도 함께 뿌려 넣었다. 곧이어 아편의 중화작용으로 인해 바닷물이 부글부글 끓으며 연기가 치솟기 시작하였다. 100여년에 걸친 아편금지 정책이 처음으로 실현되는 순간이었다. 이로부터 장장 23일에 걸쳐 20,283 상자의 아편이 폐기되었다. 외국 상인으로부터의 아편 몰수와 폐기는 린저쉬가 광저우(廣州)에 부임한 후 아편 거래자를 처벌하고 외국 아편 상인들을 압박한 결과 얻어낸 승리라 할 수 있었다.

린저쉬는 1년 전이었던 1838년 도광제(道光帝)에게 상소를 올려, 앞으로 수십 년 후 중국에는 적을 막을 군사가 거의 없을 것이며 군비를 채울 은도 없을 것이라고 고하며 아편의 엄금을 주장하였다. 이에 도광제는 그를 황제의 권한을 대신하는 흠차대신으로 임명하여 광저우에서의 아편 문제를 해결하도록 지시하였던 것이다. 린저쉬의 아편금지책은 일면 순조롭게 진행되는 듯이 보였다. 하지만 아편 몰수 사건은 오히려 영국이 중국과의 무역문제를 해결하기 위하여 무력을 사용하는 빌미를 제공하고 말았다.

당시 영국 상인들을 구제하기 위해 광저우에 와 있던 영국의 상무감독관 찰스 엘리오트는 아편 몰수를 개별 상인의 문제가 아닌 정부 대 정부의 관계로 해결하고자 하였다. 그는 홍콩 부근 해역의 선상에서 상인들과 함께 머물면서 계속해서 본국에 무력 개입을 건의하였다. 이에 영국외상 파머스턴은 내각회의를 소집하고 무력을 사용하여 중국 무역문제를 해결해야 한다는 결정을 이끌어 냈다. 영국의 국가이익과 영국 국민의 안전보장을 명목으로 의회에서 전쟁경비 지출을 동의하자 영국의 중국침략은 그 서막이 오르게 되었다.

영국 원정군은 1840년 6월 중국 해안에 도착하였다. 영국군의 진용은 군함 16척, 수송선 27척, 육전대 약 4,000명이었다. 이들은 1842년 8월까지 2년여 동안 중국 연해의 주요지역을 공략하며 청 군대의 혼쭐을 빼어놓았다. 아편전쟁(제1차 중영전쟁)이라고 일컫는 이 전쟁에서 청 정부가 보여준 것은 무기력하고 타협적인 모습이었다. 마침내 영국군이 우송(吳淞)과 상하이(上海)를 함락하고 난징(南京)에 육박하자 전의를 상실한 청국군은 항복을 선언하고 영국함선 콘월리스호에서

그림 19 제1차 아편전쟁

난징조약을 체결하였다.

난징조약은 이후 중국이 맺게 될 모든 대외조약의 성격을 예고하는 불평등조약이었다. 다섯 개의 항구가 강제로 개항되었고 홍콩섬이 영국에 할양되었다. 이와 더불어 거액의 배상금을 지불하여야 하였고 추가조약을 통하여 관세와 재판에 대한 자주권을 상실하였다. 난징조약 체결 이후 중국은 식민지로의 발걸음을 내딛게 되었다. 이후 다시 제2차 아편전쟁(애로우호전쟁)을 겪으면서 세계의 중심을 자부하던 청 왕조의 권위는 점차 사라져 갔고 정치적, 경제적으로 서양열강의 침탈과 착취 아래 고통 받아야 하였다.

강의노트

제1차 아편전쟁(1840~1842)

○ 청의 아편 단속
- 1838. 도광제(道光帝) 아편 금압(禁壓) 결정.
- 아편 재배자, 판매자, 소비자 사형
- 1839. 3. 임칙서(林則徐) 1785~1850 흠차대신으로 광동 파견
- 3일내 아편 인도 서약서 제출을 명함 → 불응 → 엘리어트 외국인을 상관에 감금

○ 무장충돌의 확대 (1839~1842)

① 제1단계 전쟁(1840~1841)
- 영국군 주강 입구 봉쇄 → 하문 → 주산열도 점령
- 텐진 백하 하구 도착 - 대고포대 공격 → 협상 → 직예총독 기선(琦善), 엘리오트

* 천비(穿鼻)가조약 - 홍콩 양도, 배상금(600만불) 지불, 광동 재개항, 평등 대우 → 청 정부 불인정 → 영국군에 공격 개시

② 제2단계 전쟁(1841~1842)
- 영군 공격재개 : 정해(定海) → 진해(鎭海) → 영파(寧波) → 항주(杭州) 함락 → 상해(上海)장악 → 진강(鎭江)함락 → 남경(南京) 교외까지 진출, 남경 공격개시, 청군 대패

○ 난징조약(南京條約 ; 1842. 8. 29.)의 체결
① 홍콩 할양
② 5개 항구 개방 광저우(廣州), 샤먼(厦門), 푸저우(福州), 닝보(寧波), 상하이(上海)
③ 영사관 설치
④ 배상금 지불(2100만$)
⑤ 공행의 폐지
⑥ 관세협정 -종가 5%
⑦ 망하조약을 기본으로 치외법권 확대

○ 난징조약의 의의
① 최초의 불평등 조약 : 제국주의 열강의 중국 침략의 제1보
② 민중의 외세배격운동 격화
③ 중화사상의 동요 → 양무(洋務) 논의
④ 아편수입은 더욱 증가함

---

(2) 동북아 삼국의 개항

1) 일본의 개항

청이 영국과의 전쟁에서 패하였다는 소식은 쇄국체제를 고수하고 있던 일본 바쿠후(幕府)에 큰 충격을 안겨 주었다. 나가사키 항에 입항하는 네덜란드 배를 통하여 개전 직후 청의 힘겨운 전쟁 상황이 전해져 왔다. 그 후 중국 배를 통해서는 영국이 난징을 점령하였으며 중국 곳곳이 많은 피해를 입었다는 소식도 전해졌다. 이에 당황한 바쿠후는 1842년 '이국선 격퇴령'을 완화하여 표류해온 외국선에게 연료와 식량을 주기로 하였지만 쉽사리 문호를 개방하고자 하지는 않았다.

난징조약 체결 후 10년간 불안한 적막이 지속되던 중 바쿠후에는 나가사키의 네덜란드 상관에서 제출한 급보가 도착하였다. 미국 정부가 일본과 무역관계를 맺기 위해 사절단을 파견한다는 내용이었다.

아니나 다를까 1853년 6월 미국의 페리 제독이 4척의 흑선을 이끌고 우라가(浦賀)에 출현하여 미 대통령의 국서 수리와 개국을 요청했다. 바쿠후에서는 이에 대한 대책을 수립하고자 논의를 거듭했지만 뾰족한 수가 나올 리 없었다. 미토의 번주 도쿠가와 나리아키는 이렇게 말했다. "무력으로 물리치면 전쟁이 날 것이고 미국의 서한을 접수해도 그 조건은 열이면 열 다 수용할 수 없을 것입니다." 결국 바쿠후는 국서를 접수하기로 했고, 이듬해 3월 페리가 7척의 군함을 거느리고 다시 내항했을 때 '미일화친조약'을 체결하였다. 이 조약은 개항과 영사 주재, 최혜국 대우 등을 그 내용으로 하였으며 이로써 일본은 쇄국을 시작한 지 215년 만에 나라의 문을 활짝 열게 되었다.

2) 제2차 아편전쟁

흑선의 내왕과 같은 서양의 군사적 위협을 비교적 심각하게 받아들였던 일본 바쿠후와는 달리 청 정부는 제1차 아편전쟁을 나라의 운명을 바꿀 만한 큰 사건으로 여기지 않았다. 황제가 있는 베이징으로부터 멀리 떨어져 있는 곳에서 치러진 영국군과의 전투는 국가대 국가의 전쟁이 아닌 지방에서 발생한 국지전 정도로 보여 졌다. 그리고 비록 영토는 잃었지만 위신은 지켰다고 생각하며 청의 황제는 연회도 그만두지 않고 사치스런 생활을 계속하였다.

이러한 청 정부의 태도가 완전히 변하게 된 것은 1856년 발발한 제2차 아편전쟁(제2차 중영전쟁) 이후였다. 예상치 못한 중국과의 무역 부진에 직면하여 조약 개정을 요구해 오던 영국은 애로우호 사건을 계기로 프랑스와 연합하여 중국을 침략하였다. 마침 태평천국운동이라는 내부 반란에 직면하여 혼란에 빠져 있던 청은 영불 연합군에게 수도 베이징까지 점령당하고 말았다.

그림 20 제2차 아편전쟁으로 파괴된 원명원

1860년 체결한 베이징조약에는 외국공사의 북경 주재와 더불어 외국 상인과 선교사들의 중국 내지 여행을 보장하는 조문이 실렸다. 영불 군대가 보유한 무기의 가공할 위력 앞에 무력하게 굴복한 청은 이제 서양열강을 오랑캐가 아닌 대등한 국가로서 보기 시작하였다. 그리고 외국과의 외교업무를 전담하게 될 기구로서 총리각국사무아문을 신설하였다.

강의노트

제2차 아편전쟁으로 체결된 조약

○ 톈진조약(1858)

① 북경에 영불 공사 주재

② 배상금 지불(영·불에 각각 200만 냥)

③ 외국인의 중국 내지 여행 허용

④ 장강 연안 내지의 3개항(진강, 구강, 한구) 개항 및 내하(內河) 여행권 허용(영, 불, 러, 미)

ㅇ 베이징조약(1860)
① 톈진조약 각 항목 재확인, 군사배상금 각각 800만 냥 씩 증액
② 진강, 구강, 한구 이외 우장, 천진, 지부, 대만(기륭), 산두 등 추가 개항
③ 기독교 포교 허용(선교사의 토지 매입, 성당 건축 허가)
④ 구룡반도 영국에 할양

---

3) 조선의 개항

중국과의 화이질서에 단단히 편입되어 있던 조선은 중국의 제1차 아편전쟁을 그다지 심각하게 받아들이지 않았다. 무엇보다도 일본에 비해 정보수집 대상이 다양하지 못했기 때문에 지나치게 청국 중심으로 정보를 받아 들였다. 따라서 청 정부의 인식은 고스란히 조선에 전해져 청이 전쟁에 패하지 않았다고 오해하기도 하였다. 그러나 제2차 아편전쟁으로 베이징이 점령당했다는 소식이 전해지자 조선은 크게 당황하였다. 비록 조선이 궁핍하여 서양 열강이 탐낼 것이 없으리라고 여겼지만 1860년대에 들어서 연해 이양선의 출몰이 눈에 띄게 늘어나면서 위기감이 고조되었다.

흥선대원군은 나라의 문을 걸어 잠그고 외세의 침략에 대비하였다. 흥선대원군의 쇄국정책은 당시 조선의 보수적인 유학자들의 지지를 받았다. 외국과 교류하지 않는 것은 나라의 올바른 정신을 높이고 사악하고 그릇된 것을 멀리 쫓아 버리는 것(위정척사)이라고 간주되었다. 이러한 자세로 조선은 프랑스와 미국의 공격(병인양요, 신미양요)을 막아내며 걸어둔 빗장을 더욱 단단히 조였다.

또 한 번의 위기는 서양이 아니라 일본으로부터 왔다. 1875년 일본 군함 운요호가 강화도 앞바다에 나타나 개항을 요구하며 무력시위를

벌였던 것이다. 그러나 이번에는 내부에서 시작된 변화의 물결이 굳건히 닫힌 나라의 문을 흔들었다. 운요호(雲揚號) 사건이 있기 2년 전 고종이 직접 정치를 하겠다고 선언하였다. 그는 국제적으로 잘 대응하지 못하면 살아남을 수 없다는 개화사상을 지니고 있었다. 따라서 흥선대원군이 물러난 자리를 대신한 개화파는 항전보다는 개항을 선택하였다. 이를 통해 강화도조약(조일수호조규)이 체결되었고 조선은 중국과 일본의 뒤를 이어 외국에 문호를 개방하게 되었다.

사료 읽기

어떤 사람은 아편흡식소(烟館)를 운영하고 아편을 판매하는 무리들을 엄히 벌하면 아편은 저절로 근절될 터이니, 흡식자는 잠시 가벼운 처벌을 따르게 해도 상관없다고 말하는데, 얼른 듣기에는 공평한 주장처럼 보입니다. 그러나 신이 이미 상주하여 말씀드린 대로 아편흡식소를 운영하고 아편을 판매하는 자들을 모두 가중 처벌하고, 흡식자에 대한 처벌도 관대히 해서는 안 된다고 한 것은 아문 안에 흡식자가 가장 많기 때문입니다. 아문에 근무하는 막우(幕友), 서리(胥吏), 차역(差役)의 8-9할이 아편 흡식자이며, 모두 판매를 비호할 수 있는 힘을 지닌 자들이니 만일 이들부터 엄벌하지 않으면 아편을 팔고자 하는 자들은 끊임없이 그들을 위해 제공할 것이니 어찌 적발·체포하여 근원을 차단할 수 있겠습니까?(중략) 아편이 성행하지 않았을 때에는 흡식자가 자기 일신을 해롭게 하는 데 그쳤으므로 곤장형과 노역형으로도 죄악을 조절하기 족했습니다. 그러나 그 유독(流毒)이 천하에 멀리 퍼져 해독이 극심해진 오늘에는 마땅히 법을 엄중히 적용해야 합니다. …(중략)… 수십 년이 지난 후 중원에는 적을 방어할 병사도, 그들을 먹여 살릴 은도 거의 다 없어질 것입니다. 생각에 여기에 미치면 어찌 두려워서 넓적다리가 떨리지 않을 수 있겠습니까!

『임칙서전집(林則徐全集)』, 주접권(奏摺卷)

제1조 일본과 합중국은 양국 인민의 영구불변의 친목을 맺어, 장소나 사람에 따라 차별하지 않을 것.

제2조 이즈(伊豆)의 시모다(下田), 마츠마에(松前)의 하코다테(箱館)의 두 항구에 대해서, 일본 정부는 미국선이 장작, 물, 식량, 석탄 등의 부족한 품물을 일본에서 조달할 수 있는 한 보급할 수 있도록 (그 목적으로 한정해서) 미국선의 도래를 허가한다. 단, 시모다(下田) 항구는 조약 조인 후 즉시 개항하고, 하코다테(箱館)는 내년(1855년) 3월부터 개항하는 것으로 한다.

제3조 합중국의 배가 일본의 해안에 표착한 경우, 그 배를 구하고 그 표류민을 시모다(下田)나 하코다테(箱館)에 호송하여, 본국(미국)의 사람이 떠맡을 수 있도록 한다. 그들의 소지품도 똑같이 취급할 것.

제4조 표착 또는 도래한 인민의 취급에 대하여, 여러 외국이 외국인을 대우하는 것과 똑같이 부드럽게 대하고, 유폐하지 않을 것. 하지만, (도래한 사람들은 일본의) 정직한 법에는 복종할 것.

제7조 합중국의 배가 위의 두 항구 시모다(下田)·하코다테(箱館))에 도래했을 때, 금, 은, 돈이나 품물로, 필요한 물건을 조달하는 것을 허가한다.

제8조 장작과 물, 식량, 석탄이나 그 외의 부족한 물건을 요구할 때에는, 그 토지의 관리를 통해서 취급해야 한다. 사적으로 거래해서는 안 된다.

제9조 일본 정부가 외국인에 대하여, 이번에 미국인에게 허가하지 않았던 사항을 허가했을 때에는, 미국인에게도 같은 사항을 허가한다. 이것은 회의를 거치지 않고 즉시 실행할 것.

제11조 양국 정부에서 부득이한 사정이 생겼을 경우, 그 상황을 봐서 합중국의 관리를 시모다(下田)에 주재시킬 수도 있다. 다만 이것은 조약 조인으로부터 18개월을 경과한 후가 아니면 실시하지 않는다.

위의 조약은 일본·미국 양국의 전권이 조인한 것이다.

「미일화친조약」

제1관. 조선국은 자주국으로 일본국과 평등한 권리를 갖는다. 이후에 양국이 화친의 성실을 표하려 할 때에는 마땅히 피차 동등한 예의로써 서로 대우하며 추호도 경계를 넘어 침범하거나 시기하고 미워해서는 안 된다.

제2관. 일본국 정부는 지금부터 15개월 뒤 수시로 사신을 조선국 서울에 파견하여 예조판서와 교제 사무를 상의할 수 있다. 조선국 정부도 역시 수시로 사신을 동경에 파견하여 외무경과 교제 사무를 상의할 수 있다.

제3관. 양국 간의 공문은 일본은 일본문을 사용하되 10년간은 따로 한문 번역본 1통을 첨가하고, 조선은 한문을 사용한다.

제4관. 조선국 부산의 초량은 일본 공관이 있어 양국인 통상 지역이었다. 이제 종전 관례와 세견선 등의 일을 개혁하고, 새로 만든 조약에 준하여 무역 사무를 처리한다.

제5관. 경기·충청·전라·경상·함경 5도 연해 중에서 통상에 편리한 항구 두 곳을 택하여 지정한다. 항구를 개항하는 시기는 일본력 메이지 9년 2월, 조선력 병자년 2월부터 계산하여 20개월 이내로 한다.

제6관. 일본 선박이 조선 연해에서 풍랑을 만나거나 신량이 떨어지면, 해안의 어떠한 항구에라도 기항하여 위험을 피하며 배를 수선하고 땔감과 연료 등을 구입할 수 있게 한다.

제7관. 조선국 연해의 도서島嶼와 암초는 이제까지 조사를 하지 않아 지극히 위험하다. 일본국 항해자가 자유로이 해안을 측량하도록 허가하여, 위치와 깊이를 상세히 조사하여 지도를 만들어 양국 선객船客들이 위험을 피하고 안전을 도모할 수 있게 한다.

제8관. 이후에 일본국 정부는 조선국이 지정한 항구에 일본국 상민商民을 관리할 관원을 둘 수 있다.

제9관. 양국 인민의 무역에 대해 양국 관리는 조금도 이에 간여하지 않으며 제한을 설정하거나 금지하고 방해하지 못한다.

제10관. 일본국 인민이 조선국 지정의 각 항구에 머무는 동안에 죄를 범한 것이 조선국 인민에 관계되는 사건일 때에는 모두 일본국 관원이 심판할 것이다. 만약 조선국 인민이 죄를 범한 것이 일본국 인민과 교섭할 때 일어나면 조선 관원이 조사할 것이다. 단 각각 그 국법으로 심판하되, 조금도 비호함이 없이 공평하도록 해야 한다.

제11관. 양국이 이미 통호하였으므로 따로 통상장정(通商章程)을 만들어 양국 상민의 편의를 도모할 것이다. 또한 아울러 지금 설정한 조약 중 다시 세목細目을 보충하고 첨가하여 편리하게 할 것이다. 이것은 지금부터 6개월 이내에 양국이 따로 위원을 조선국 서울이나 강화부에 파견하여 의논하여 정하게 한다.

「조일수호조규」

2. 동아시아 삼국의 근대화 노력

(1) 청의 양무운동

"오랑캐로써 오랑캐를 제어하고, 오랑캐의 장기를 배워 오랑캐를 제어한다." 아편전쟁을 몸소 체험한 웨이위엔(魏源)은 전쟁직후 간행된 그의 저서 『해국도지』를 통하여 군사부문에서 서양문명의 우위를 인정하고 그것을 받아들이자고 주장하였다. 그렇게 함으로써 밖으로부터의 위협에 대항하고자 하였던 것이다.

웨이위엔의 주장은 20년이 지나서야 청 정부에 의해 받아들여질 수 있었다. 하지만 그 목적은 외적의 침입을 막는 데 있지 않았다. 태평천국을 진압하는 과정에서 서양무기의 가공할 위력을 경험한 청 관료들은 국내 반란에 대비하기 위해 서양의 기술을 받아들이고자 하였다. 대표적 양무파 관료인 리훙장(李鴻章)은 다음과 같이 말했다.

> 태평천국군, 염군, 묘족, 회민과 같은 반란군은 모두 국내의 민중으로 비록 용맹하고 강인하나 그들이 지닌 무기는 관군에 비해 크게 떨어지니 진압과 위무를 병용하면 된다. 외국의 경우 그 무기는 우리보다 강하고 기예는 우리보다 정교하니 결국 우리가 지고 말 것이다.
>
> [이문충공주고]

쩡궈판(曾國藩), 리훙장과 같은 양무운동의 핵심인물은 태평천국 진압과정에서 공을 세우며 급격히 대두한 한인관료들이었다. 이들은 중

그림 21 북양해군의 철갑선

국의 제도와 사상은 그대로 둔 채 서양의 기술만 받아들여 군사력을 강화하자는 '중체서용'의 정신에 입각하여 개혁을 추진하였다. 서양식 무기가 도입되었고 군수공장이 설립되었다. 외국의 기술을 배우기 위해 학당이 세워졌고 해외로 유학생이 파견되었다. 뿐만 아니라 군수공장의 운영경비를 충당하기 위하여 방적, 광산, 철도, 기선, 전신, 제철 등의 민간분야에 관영기업 또는 관민합자기업이 만들어졌다.

약 30여 년 간에 걸쳐 추진된 양무운동을 통하여 중국에 공업화가 진행되었고 숙련된 기술자와 노동자가 등장하였다. 두드러지진 않았지만 관영기업에 의해 자극받은 민간기업도 출현하였다. 하지만 양무운동은 여러 가지 한계를 지니고 있었다. 양무파 관료들이 서로 대립하였고 이에 따라 무계획적인 중복투자가 자주 행해졌다. 뿐만 아니라 청조 지배세력의 유지를 위해 관료 주도로 행해진 사업이니만큼 민간의 이익은 안중에도 없었고 비능률적이고 무책임한 경영이 주를 이루었다. 결국 양무운동은 그 본래의 목적인 군사력 강화에도 실패하고 말았다. 양무운동의 상징적 성과물이라고 할 수 있는 남양해군과 북양해군이 각각 청불전쟁과 청일전쟁을 치루면서 궤멸되었다. 30여 년을 꾸어온 자강의 꿈이 바다 속으로 가라앉고 말았던 것이다.

강의노트

양무운동

○ 양무운동의 구체적 내용
  ① 서양무기 및 군사기술 도입
  ② 열강의 원조에 의한 군사공장 설립
  ③ 방적, 광산, 철도, 기선, 전신, 제철에의 진출
  ④ 군사 및 양무기업의 운영에 관련된 기술에 대한 외국서적 번역 출판
  ⑤ 외국어, 군사지식 및 서양근대기술 습득을 위한 학당 설립
  ⑥ 외국에 유학생 파견

○ 양무운동 실패의 원인
  ① 양무파 각파의 대립·반목
   - 이홍장, 좌종당, 장지동 등을 정점으로 한 제 집단의 병립
  ② 결핍된 자금운용에 있어서의 무계획, 중복된 투자
   - 국가적 차원에서 조정되지 못하고 각 집단의 필요에 따라 투자.
  ③ 비능률, 낭비, 무책임, 뇌물수수 (관료 특유의 비능률과 낭비)
  ④ 애매하고 절충론적인 「중체서용론」
  ⑤ 양무운동과 민족산업과의 적대 (민간기업발전억제)
  ⑥ 시대의 흐름에 역행 (봉건지배체제의 유지강화)
  ⑦ 보수적 일반 관료들의 반대.

---

(2) 일본의 메이지유신

“왕을 옹립하고 서양 오랑캐를 몰아내자(존왕양이)!” 1858년 바쿠후가 천황의 칙허도 없이 미국과 ‘미일수호통상조약’을 체결하자 존왕양이를 부르짖던 지사(志士)와 하급무사들이 바쿠후에 반대의 기치를 내걸었다. ‘미일수호통상조약’은 미국 총영사 해리스가 바쿠후와 강제로 체결한 조약으로 관세자주권의 상실과 치외법권의 인정을 주요내용으로 하는 전형적인 불평등조약이었다.

조약 체결 후 해외무역이 활성화되자 생산물의 과도한 수출로 인해 물가가 상승하였다. 민중들의 불만은 커져만 갔고 존왕양이 운동은 곧 바쿠후 타도 운동으로 옮겨갔다. 존왕파인 이와쿠라 도모미는 새로운 정부를 구상하며 다음과 같이 말했다.

> 나라가 뭉쳐야 국위를 되찾고 외국인을 이겨낼 수 있다. 나라가 통일되기 위해서는 정치와 행정이 한 곳에서 나와야 하며, 그러한 정치와 행정을 위해 왕실이 국정의 중심이 되어야 한다.
>
> [이와쿠라 도모미 관계문서]

사쓰마 번과 조슈 번에 의해 주도 된 막부 타도 운동이 절정에 오른 1867년에 쇼군 요시노부는 정권을 왕실에 반환하였고(대정봉환), 번병들이 궁성을 봉쇄하는 가운데 천황을 중심으로 하는 신정부가 수립되었다(왕정복고). 1868년 사쓰마와 조슈의 번병을 중심으로 하는 신정부군은 관직과 영지 반납을 거부하는 요시노부의 바쿠후 군대를 격파하고 에도 성에 무혈 입성하였다.

신정부는 각국에 대해서 왕정복고와 천황의 외교권 장악을 알린 뒤, 연호를 메이지(明治)로 바꾸고 수도를 교토에서 도쿄로 옮겼다. 이로써 약 700여 년간 유지되던 바쿠후는 막을 내리고 천황이 다스리는 메이지 정부가 수립되었다. 메이지 정부는 번을 폐지하고 현을 설치함으로써 강력한 중앙집권체제를 만들었고, 근대적인 조세제도를 정비하여 정부재정의 기초를 다졌다. 또한 구미 열강에 대항하기 위해 정부가 직접 나서서 근대산업의 육성에 힘을 기울이면서 부국강병을 추구하였다.

하지만 메이지유신은 안정보다는 더 많은 혼란을 가져왔다. 그리고 그 혼란 가운데에서 고통 받은 사람들은 농민과 하급무사로 대표되는 하층민이었다. 메이지 초기의 10년간 소요가 200여 건 이상 일어났는데 이는 메이지유신 이전보다 훨씬 잦은 것이었다. 대부분의 소요는 농민들에 의해 일어났는데 이는 정부의 개혁책으로 인해 발생한 사회변화와 큰 관련을 가지고 있었다. 농민들은 세금을 화폐로 내게 되면서 풍흉에 관계없이 일정한 세율로 내게 된 것이라든지 지가를 높이 책정하여 토지세가 상승한 것에 큰 부담과 불만을 느낄 수밖에 없었다. 또한 사족이라 불리던 하급무사들은 유신의 주역임에도 불구하고 그 근거인 번이 없어지고 녹봉조차 중단되자 크게 분노하며 지방의 분란을 유발하기도 하였다. 이러한 무사들의 불만을 밖으로 돌리게 하여 반란을 미연에 방지하고자 한 것이 정한론 대두의 주요 원인이었다. 하지만 운요호 사건으로 정한론이 매듭지어져 버리자 불만을 해소하지 못한 무사들이 정부에 대해 지속적으로 반란을 일으켰다. 이러한 불평사족의 난은 1877년 정한파의 거두 사이고 다카모리가 일으킨 군대가 구마모토에서 정부군에게 패함으로써(세이난 전쟁) 완전히 평정될 수 있었다.

(3) 조선의 개혁

1) 조선 정부의 개화정책

강화도조약을 통해 문호를 개방한 조선 정부는 점차적으로 개화정책을 채택해 나갔다. 먼저 대외적으로는 수신사를 파견하여 일본의 선진 기술문명을 경험하였으며 이의 뒤를 이어 1881년 일본에는 조사시찰단, 청나라에는 영선사를 파견하여 양국의 새로운 문물을 수용하고자 하였다. 대내적으로는 중국의 총리아문을 본떠 통리기무아문을 설치하고 그 밑에 12사를 두어 외교, 내정, 군정을 비롯한 개화행정을 담당하게 하였다. 또 종래의 5군영을 무위영, 장어영의 2영으로 개편하고 근대적 군대로서 별기군을 두어 일본인 교관을 불러 훈련을 담당하게 했다.

조선 정부의 개화정책은 유생층의 반발을 불러일으켰다. 수신사 김홍집이 일본에서 가져온 『조선책략』을 정부가 국내에 유포시키자 유생들은 중국, 일본, 미국과 손을 잡아야 한다는 책의 내용에 반대하며 대규모로 반개화 운동을 벌였다. 조선의 전통적 가치를 수호하며 외세와의 문물교류에 반대한다는 위정척사론은 당시 보수 기득권층이 조선의 정치, 경제, 신분, 사상 체제를 유지하고자 한 것이었지만 한편으로는 조선의 식민지화를 막기 위한 몸부림이기도 하였다.

조선정부의 개화정책에 반대한 것은 유생만이 아니었다. 각 군영의 구식군인들은 민씨 정권이 일본인 교관을 초빙해서 훈련시킨 신식군대 별기군을 우대하고 자신들을 홀대하여 생활의 위협을 받게 된 것에 대해 크게 불만을 품고 있었다. 그런 가운데 1882년 정부의 재정악화로 인해 13개월 만에 한 달 치 급여를 쌀로 받은 구식군인들은 그 중 절반이 겨와 모래인 것을 발견하고는 폭동을 일으켰다(임오군란). 그들은 정부 고관의 집을 차례로 습격하여 파괴하는 한편 별기군 병영을 거쳐 일본공사관을 포위했다. 또 개화정책을 중단할 것을 요구하며 왕궁을 습격하여 민씨 정권의 고관들을 처단하였다.

폭동 군인들은 민씨 정권에 의해 밀려나 있던 대원군에게 도움을 청했고 이를 재기의 기회로 이용하고자 한 대원군이 다시 집권하자 폭동은 일단 수그러들었다. 대원군은 군인들을 해산시키면서 부패한 관리를 벌주고 개화정책을 수정하겠다고 약속하였다. 그러나 공사관을 철수했던 일본이 거류민 보호를 내세워 조선에 1500명의 군대를 파견할 것을 결정하고, 또 일본의 세력확대를 우려한 청이 4척의 군함으로 3000명의 군대를 조선에 파견하면서 조선 내정은 외세의 간섭으로 얼룩지기 시작하였다. 청군의 지휘관은 대원군을 임오군란의 주모자로 지목하여 청으로 납치하였고 민씨 정권을 다시 세워 외교와 내정에 깊이 간여했다. 즉 우장칭(吳長慶), 위안스카이(袁世凱) 등이 지휘하는 군대를 상주시켜 조선군대를 훈련시키고, 마지엔쭝(馬建忠)과 묄렌도르프를 정치와 외교 고문으로 보내 관제와 군제를 개편하였다. 또 조청상민수륙무역장정 등의 무역조약을 맺어 경제적으로도 불평등한 관계를 형성하였다.

2) 갑신정변

청이 조선에 대해 종래의 의례적 종속관계를 실질적 식민지 지배관계로 바꾸기 위해 정치적 간섭을 강화하자 청과의 관계를 재설정하고 개화정책을 추진하는 방향에 대해 의론이 분분하였다. 개화파 내에서도 청의 양무운동처럼 동양의 도를 중심으로 하여 서양의 기술을 받아들이자는 목소리(온건파)와 더불어 일본의 메이지유신을 본받아 전면적인 서구화를 추진하자는 주장(급진파)이 나와 서로 대립하였다. 당시 박영효, 서재필, 서광범과 함께 급진적 개화정책을 추진하고자 하였던 김옥균은 몹시도 조급한 심정이었다. 그는 조선의 개혁이 지지부진한 상황에 대해서 "개혁을 더 이상 늦추게 된다면 그 때의 조선은 우리의 조선이 아닐 것이다."고 생각하며 과감한 결단을 촉구하였다.

급진 개화파는 청불전쟁으로 조선에 주둔한 청군의 반이 철수한 정세를 이용하여 1884년 12월 4일(음력 10월 17일) 우정국 개국 축하연을 기회로 정변을 일으켰다(갑신정변). 수구세력인 민씨 일파의 상당수를 죽이고 새롭게 정권을 잡은 개화당 정부는 14조의 정강정책을 반포하였다. 그 중에는 청에 대한 종속관계의 청산, 문벌 폐지와 인민평등권의 제정, 능력에 따른 인재등용, 조세 및 재정제도의 혁신, 탐관오리 처벌과 같은 개혁내용이 담겨져 있었다. 그러나 국가의 독립을 지향하고 체제개혁을 추구하였던 개혁정치의 이상은 청의 무력개입에 의해 3일간의 꿈으로 그치고 말았다.

3) 갑오개혁

일본의 내정 간섭을 통하여 수립된 개화정권은 1894년 6월부터 1896년 2월에 이르기까지 세 차례에 걸친 개혁조치를 단행하였다(갑오개혁). 개혁의 주요 내용이 수록되어 있는 홍범 14조의 내용을 살펴보면 크게 주권 확립, 내각 설치, 차별 폐지의 세 가지 내용으로 간추려 볼 수 있다. 갑오개혁 초기에는 온건파 개화정권의 자주적 개혁이 이루어 질 수 있었지만 청일전쟁에서 일본군이 승리하면서 일본의 간섭이 본격화되었다. 또한 갑신정변 때의 급진 개화파였던 박영효, 서광범 등이 망명생활에서 돌아와 을미개혁을 추진함으로써 일본에 의존한 국민국가 형성이 개혁의 주된 과제로 떠오르게 되었다. 갑오개혁은 왕조지배체제에 대한 근본적 개혁요구가 밑받침되어 이루어진 개혁이었지만 각 시기 개혁을 추진한 세력의 견해 차이 때문에 일원적 성격을 지닐 수 없었다. 이 때문에 입헌군주제, 신분제폐지, 토지개혁과 같은 중요한 개혁조치는 달성되지 못하였다. 더욱이 개혁과정에서 침략 목적을 가진 일본의 힘이 작용하여 일본의 한반도 침략을 본격화하는 데 도움을 주는 제도적 개혁의 성격이 강해지고 말았다.

사료 읽기

중국의 문물제도는 외양(外洋) 야만의 풍속과는 전혀 다르고, 치평(治平)을 이루고 나라를 유지하고 제업(帝業)의 아주 튼튼한 기초를 굳히고자 하는 방법은 당연히 원래부터 존재하고 있습니다. 하지만, 위기를 안정으로 돌리고 허약함을 강력함으로 바꾸는 길은 전적으로 기기를 모방하여 제조하는 데서 비롯됩니다. (중략) 신이 화기 제조기계에 관하여 주의를 기울인지 이미 수년이 되었고, 정일창(丁日昌)에게 지시하여 주의하여 방문하여 탐구하라고 한 지 수개월이 되었습니다. 지금 이 철공소를 완성시키게 된 것은 온 힘과 마음을 다 바쳐서 이룬 것으로, 날마다 살펴보고 달마다 시험해보아 그 효과를 즉시 판단하는 것은 곤란하지만 장차 계속해서 높이고 힘을 키워 가면 큰 기대를 할 수 있을 것이며, 외인의 장기를 취하여 중국의 장기로 삼으면서도 서로 비교해보아도 꿀리지 않게 될 것입니다. 이것이 바로 유비무환이며, 신이 어리석게도 행운을 기대하는 바입니다.

『李鴻章全集』

짐이 생각하기에, 이 유신을 행할 즈음하여 국내에서는 국민의 안전을 지키고, 국외에서는 열강과 대등하게 논쟁하려고 한다면 제도와 실제를 일치시켜 정부의 명령을 하나로 통일시켜야 한다. 짐은 이전에 여러 번(藩)의 판적봉환의 제의를 받아들여, 새로 지번사(知藩事)를 임명하여 각자의 직무를 종사하게 하였다. 그러나 수백 년에 거친 낡은 관습 때문에 그 중에는 그 명목뿐으로 실질이 수반하지 않는 번(藩)이 있었다. 따라서 지금 더욱이 번(藩)을 폐지하고 현(縣)으로 한다. 이것은 가능한 한 낭비를 없애 간소하게 하고 유명무실의 폐해를 제거하여 법령이 다방면에서 나오는 문제점을 없애려고 하는 것이다. 그대들 군신은 짐이 의도하는 것을 이해하여라.

內閣官報局 編,『法令全書』

중국과 친하다는 것은 무엇인가? 동·서·북이 모두 러시아와 경계를 함께 하는 나라는 오로지 중국뿐이다. 중국은 땅이 넓고 물산이 풍부하며 아시아의 형승(形勝) 지역에 자리잡고 있어, 천하에서 능히 러시아를 제압할 수 있는 나라는 중국만한 것이 없으며, 중국이 사랑하는 나라가운데 또한 조선만한 것이 없다. (… 중략 …) 일본과 결탁한다는 것은 무엇을 말하는가? 중국 이외에 조선과 가장 가까운 나라는 일본뿐이다. (… 중략 …) 조선을 위해서 꾀한다면 당연히 작은 혐오의 감정을 버리고 대계(大計)를 도모해야 하며, 일본과의 수호관계를 다시 닦고 외부로부터의 원조세력으로 결탁하는 것이다. (… 중략 …) 미국과 연맹을 맺는다는 것은 무엇을 말하는가? 조선의 동해에서 계속 동쪽으로 가면 아메리카가 있으니, 바로 합중국이 자리를 잡은 곳이다. (… 중략 …) 그 국세는 대동양(大東洋)에 가깝고 상업활동 역시 대동양에서 특히 번영하고 있으므로, 동양에서 각국이 자기나라를 유지하면서 무사하게 안정하기를 바란다. 설사 그 외교사절이 오지 않더라도 조선을 위해서는 멀리 만리 너머의 길을 헤치고 바다를 건너가서 우호관계를 맺어야 할 터인데, 하물며 누차 외교사절을 보내 조선과 관계를 맺을 의향이 있음에야!

황준헌, 「조선책략」

3. 중화질서의 붕괴

(1) 청불전쟁

1) 베트남 지배권을 둘러싼 갈등

프랑스 함대의 대포는 푸저우(福州)의 마미(馬尾) 군항에 정박 중인 청국 군함들을 향해 일제히 불을 뿜었다. 제대로 응전조차 하지 못한 채 청군의 신식군함 11척이 화염에 휩싸이며 바다에 가라앉기 시작하였다. 청 복건수군이 전멸하는 순간이었다. 쿠르베 사령관이 이끄는 프랑스 함대는 이에 그치지 않고 타이완을 공격하였고, 닝보(寧波)를 봉쇄하는 한편 펑후도(澎湖島)를 점령하였다. 청국 또한 프랑스에 선전포고하고 육로로 군대를 베트남으로 이동시키는 한편 해군의 방비도 철저히 하였다. 1884년 8월은 중국의 남쪽 해안을 또다시 전쟁의 불길로 뜨겁게 달구고 있었다. 이처럼 청은 제2차 아편전쟁이 끝난 지 20여년 만에 프랑스와 다시 맞붙었다. 하지만 이번은 중국이 일방적으로 침략당하는 전쟁은 아니었다. 베트남에 대한 종주권이라는 전통적 지배질서의 재편을 놓고 강대국 간에 벌이는 중요한 일전이었던 것이다.

중국과 베트남 간 종속관계의 역사적 연원은 아주 멀고도 깊다고 할 수 있다. 기원전 111년 남월이 한 무제에 의해 멸망한 이래로 10세기 중엽까지 1000년간 베트남은 중국의 직접 지배를 받았고 그 이후 1884년 프랑스의 식민지가 될 때까지 900년간은 중국과 조공관계를 유지하였다. 조공관계를 유지하는 동안에도 중국은 전후 일곱 차례에 걸쳐 베트남을 침공하였다. 따라서 베트남의 입장에서 볼 때 역사적으로 위기는 항상 북쪽으로부터 왔고 그 대부분은 중국 왕조의 무력 침략이었다. 이 점은 베트남이 남쪽 해상으로부터의 제국주의적 침략에 철저히 대비하지 못하고 짧은 시간 동안에 식민지가 되었던 이유 중의 하나를 설명해 준다. 베트남은 전통적으로 중국에 대한 저항운동을 오랜 세월동안 벌여 왔지만 전쟁이 끝나고 나면 의례적으로 중국과 화친관계를 맺고자 노력했다. 그 노력의 일면이 중국과 조공관계를 유지하면서 교지군왕(交趾郡王) 또는 안남국왕(安南國王)으로 책봉받음으로써 중국 황제의 권위를 인정하는 것이었다. 이러한 역사적 상황 속에서 중국은 자연스럽게 베트남에 대해 종주권을 행사해 왔다.

2) 청불전쟁의 발발과 그 의의

1874년 베트남은 프랑스와 제2차 사이공 조약을 맺으면서 프랑스의 보호를 받으며 프랑스의 외교정책을 따르게 되었다. 이 조약은 실질적으로 베트남을 독립국으로 인정하는 대신 중국의 베트남에 대한 종주권을 부인하는 것이었다. 청은 이 조약을 즉각 거부하였고 1882년에는 응우옌 왕조 뜨 득 황제의 요청에 따라 베트남에 군대를 파견하였다. 또한 1883년 아르망 조약이 체결된 직후에는 자신들이 승인하지 않는 베트남의 어떠한 국제조약도 무효임을 선언했다. 청군은 태평천국군의 잔당으로 베트남 북부에서 활동해온 흑기군과 연합하여 프랑스군에 대항하였다. 이에 대해 프랑스는 대규모 원정군의 지원을 받아 청군의 점령지를 탈환하였다.

1884년 6월 청군과 프랑스군의 예기치 않은 충돌이 다시 벌어지면서 프랑스는 청에게 선전포고를 하고 전쟁을 재개했다. 프랑스 군대는 푸저우를 급습하면서 중국 수군에 큰 피해를 입히는 동시에 통킹에서도 기선을 제압하고 랑 썬 등을 점령했다. 하지만 청군의 반격도 만만치 않았다. 1885년 3월 프랑스군은 랑 썬 부근에서 대패하여 3900명의 병사를 잃었고 패전소식이 파리에 전해지자 페리 내각은 붕괴되고 말았다. 이후 전쟁이 교착상태에 빠지자 양국은 협상을 시작하여 1885년 6월 강화조약이 체결되었다. 조약의 주요내용은 청이 프랑스와 베트남 사이의 조약을 존중하는 대신 프랑스는 타이완과 펑후도에서 군대를 철수한다는 것이었다.

청불전쟁은 중국에게 있어 대내적으로 자강운동의 실패를 미리 확인해 주었 뿐 아니라 대외적으로는 베트남을 비롯한 동남아시아 지역에 대한 통제권의 상실을 가져왔다. 청불전쟁 이후 베트남은 중국과의 실질적 종속관계가 끊어지고 말았으며 명실상부하게 프랑스의 식민지로 전락하게 되었다. 이와 더불어 베트남은 더 이상 중국의 원조를 기대하지 않고 자신의 힘으로 독립을 쟁취하기 위한 기나긴 독립투쟁의 단계로 접어들게 된다.

(2) 청일전쟁

1) 동아시아 주도권 쟁탈의 시작

근대 동아시아 세계의 국제질서를 뒤바꾸어 놓은 가장 획기적인 사건은 무엇이었을까? 그것은 아마도 청일전쟁일 것이다. 그만큼 청일전쟁은 당사국의 대내적 상황뿐만 아니라 대외적 환경에도 막대한 영향을 미쳤다. 또한 이를 통해 세력이 재편되고 정치적, 군사적, 외교적 변화가 동아시아 세계 전역에 펼쳐졌다. 대내적 정치상황에서 가장 큰 영향을 받은 나라는 말할 것도 없이 중국이었다. 청일전쟁 패배 후 지배층과 지식인층이 받은 충격은 실로 엄청난 것이었다. 망국의 분위기가 정국을 압도한 가운데, 지배층에 대한 불신을 담은 혁명론과 이제까지의 구습을 타파하고 혁신해야 한다는 변법론이 머리를 들기 시작하였다. 변법운동의 지도자였던 량치차오(梁啓超)는 다음과 같이 말했다.

> 우리나라가 4천여 년의 큰 꿈에서 깨어난 것은 실로 갑오전쟁에서 패배하여 (일본에게) 대만을 할양하고 2억 냥을 배상한 이후에 비롯되었다.
>
> [무술변정기]

즉 아편전쟁이나 태평천국운동을 통해서가 아니라 청일전쟁의 패배를 겪으면서 중국은 비로소 그동안의 잘못을 인식하고 변화의 일념을 품게 되었음을 보여주고 있는 것이다. 그렇다면 청일전쟁은 어떤 배경 속에서 발발하였으며 전쟁 이후 동아시아 국제 정치는 어떻게 변하게 되었을까?

메이지유신 이후 청국과 일본의 관계는 처음엔 유구(류큐) 문제, 다음은 조선 문제를 둘러싸고 격렬하게 대립하였다. 메이지 정부는 청국과 사쓰마번 양쪽에 다 조공관계를 맺고 있던 유구를 강제로 일본 판도에 편입하는 작업에 착수하였다. 일본 정부는 1872년 유구를 유구번으로 삼고 대만출병을 통해 이를 청국에 승인시켰다. 또한 1879년 유구번을 오끼나와현으로 폐번치현을 단행하여 유구를 일본의 행정구역 안에 편입시켰다. 여기서 한 발짝 더 나아가 조선을 일본의 영향력 하에 두고자 하였다. 하지만 조선에 진출하고자 하는 일본에게 가장 큰 장애물은 청국과 조선 간에 존재하는 종속관계였다. 결국 청일 양국 간의 대립은 조선에 대한 청국의 종주권을 부정하고 여기에 진출의 기반을 획득하려는 일본과 조선에 대한 종주권을 전제로 발언권을 유지하려는 청국과의 항쟁으로 드러났다. 강화도 사건을 계기로 1876년에 체결된 조일수호조규 제1조에 "조선은 자주국으로 일본국과 평등한 권리를 보유한다."고 규정한 것은 조선을 청의 종주권에서 벗어나게 하려는 일본의 의도가 담겨 있었다.

갑신정변 이래로 청일 양국 간의 대립을 조정하기 위해 맺은 톈진조약(1884)에는 상호간 조선주둔 군대를 철병하고, 조선에 파병할 경우 서로 사전에 통고한다는 약조가 들어 있었다. 이 약조는 1894년 조선에 동학농민운동이 일어나자 청과 일본이 각각 조선에 군대를 출병하는 근거가 되었다. 동학농민전쟁이 진압된 후 사후처리 문제를 둘러싸고 청국과 일본은 심하게 대립하였다. 청국은 청일양국의 동시철병을 선결조건으로 하였던 데 반해 일본은 조선의 내정개혁을 주장하였던 것이다. 영국과 러시아가 중재에 나서 일본군 철병을 실현시키고자 했지만 성공하지 못하였다.

2) 청일전쟁과 일본의 도약

1894년 7월 일본해군의 기습공격으로 청일전쟁이 시작되었다. 예상을 뒤엎고 영국과 미국을 배후에 둔 일본이 전쟁을 유리하게 이끌었다. 평양 전투에서 청의 육군이 대패하였고 북양해군도 황해 해전에서 거의 전멸하고 말았다. 결국 전쟁이 발발한 지 2개월도 못되어 청국의 패전은 거의 확정적으로 되었고 이듬해 4월 시모노세키 조약이 체결되었다. 조약 내용은 청국 입장에서는 참혹하다시피 하였다. 먼저 청국의 조선에 대한 종주권이 최종적으로 부정되었고 랴오둥반도, 타이완, 펑후열도의 할양이 명시되었다. 또한 군비배상금으로 2억 냥(3억엔)을 일본에 지불하도록 하였다.

청일전쟁은 조선, 중국, 일본 3국에서 큰 시대적 전환점이 되었다. 조선은 청의 종주권에서 벗어나 일본의 영향 아래에서 제도적 개혁을 진행하였다. 갑오개혁은 이후 대한제국 하에서의 광무개혁으로 연결되었다. 광무개혁은 자주독립의 기반을 조성하고자 한 개혁이었으나 결국 일본의 제국주의적 행보 앞에 빛을 잃고 만다. 일본에게 있어서 조선 병합부터 중국대륙 진출로 나아가는 제국주의적 침략의 기본적 방향이 이 시점에 확립되었다. 또한 이 전쟁을 계기로 일본인의 중국관에 큰 변화가 생겨 중국을 정치문화의 선진국이 아닌 멸시의 대상으로 바라보게 되었다. 한편 중국은 일본을 직시하게 되었으며 메이지유신을 변법의 모델로 받아들이기도 하였다. 또한 중국에서 일본으로의 유학생 파견도 청일전쟁 이후부터 시작되며 러일전쟁을 경과하면서 일본에 대한 국제적 평가가 높아지면서 이런 경향은 가속화 되었다. 이후 중국에서는 일본과 구미열강의 정치적, 경제적 침략 소용돌이 속에서 의화단 운동이 일어나고 이로 인해 한층 더 반식민지의 굴레로 빠져 들면서 새로운 민족운동의 단계로 들어서게 된다.

사료 읽기

제1조. 안남은 프랑스의 보호를 인정하고 받아들이는데, 이 경우 유럽 외교권의 관례에 따른다. 즉 프랑스는 안남이 청(淸)을 포함한 모든 외국들과 갖는 관계에 대해 책임을 진다. 안남 정부는 프랑스를 매개로해서만 이들 나라들과 외교 교섭을 할 수 있다.

제2조. 빈 투언 성(平順省)은 남부의 6성과 함께 프랑스 소유로 한다.

제3조. 프랑스군은 호아인 썬(橫山)을 영구히 점령할 것이며. (중략) 투언 안(順安) 항 및 후에(Hue) 강의 어귀에 있는 항구들을 프랑스의 의사대로 개조할 것이다.

제4조. 안남 정부는 북부에 파견된 정벌군을 즉각 귀환시켜야 한다.

제5조. 안남 정부는 북부의 관리들에게 임지로 돌아가도록 명령하며 공석에는 새로운 관리를 임명하되, 공동의 합의 후에 프랑스 당국에 추인되어야 한다.

「제1차 후에조약」

제1조 청국은 조선국이 완전무결한 독립 자주국임을 확인한다. 따라서 위의 자주 독립을 훼손할 청국에 대한 조선국의 공헌(貢獻)·전례(典禮) 등은 앞으로 완전히 폐지한다.

제2조 청국은 아래에 기록한 토지의 주권 및 해당 지방에 대한 성루, 병기제조소와 관유물을 영원히 일본국에 할양한다.

1. 아래의 경계 내에 있는 펑톈성(奉天省) 남부 지방 (후략)
2. 타이완 전체 및 모든 부속 도서.
3. 펑후(澎湖) 열도 (후략)

제4조 청국은 군비배상금으로서 고평은(庫平銀) 2억 냥을 일본국에 지불할 것을 약속한다.

제6조 청일 양국간의 모든 조약은 교전으로 소멸하였기 때문에 청국은

본 조약 비준 교환 때 속히 전권위원을 임명하여 일본국 전권위원과 통상항해조약 및 육로교통무역에 관한 조약을 체결할 것을 약속한다. 그리고 현재 청국과 구주 각국과의 사이에 존재하는 제 조약 장정을 해당 청일 양국간 제 조약의 기초로 삼는다. 또한 본 조약 비준 교환일로부터 해당 제 조약의 실시에 이르기까지 청국은 일본국 정부·관리·상업·항해·육로·교통·무역·공업·선박 및 신민에 대하여 모두 최혜국대우를 한다.

「시모노세키 조약」

4. 반서양·반기독교 민족운동

(1) 열강의 중국 분할

1880년대에 아프리카 분할을 거의 마친 서구 열강은 청일전쟁을 통해서 청이 약체임을 인식한 후 중국에서의 거점 확보와 이권 획득을 한층 가속화시켰다. 청일전쟁의 승리로 일본은 아시아에 대한 우월감을 갖게 되었고 전쟁배상금을 획득하여 군비를 확충할 수 있었다. 하지만 일본의 랴오둥 반도 장악으로 남하정책에 큰 타격을 입게 된 러시아가 프랑스, 독일과 함께 일본 정부에게 랴오둥 반도의 반환을 요구하였다(삼국간섭). 일본은 미국과 영국에 협력을 구해 이에 대항해 보고자 하였으나 미국과 영국 또한 일본이 동북아시아에서 더 이상 세력을 확대하는 것을 원하지 않았다. 이에 일본은 삼국의 요구에 굴복하여 3천만 냥의 추가 배상금을 받는 조건으로 랴오둥 반도를 청에 반환하였다. 삼국간섭으로 러시아는 만주의 철도 부설권을 획득하면서 일본과 본격적으로 대립하기 시작하였고 일본은 민간차원에서도 러시아에 대한 반감이 확산되어 러시아와의 전쟁에 대한 여론이 점차 고조되었다. 1897년 11월 독일은 산둥성(山東省)에서 발생한 독일 선교사 피살 사건을 구실로 자오저우만(膠州灣)을 점령하고 1898년 청과 조약을 체결하여 칭다오 지역에 대한 99년간의 조차권과 산둥성 지난(濟南)까지의 철도 부설권 및 근교 광산 채굴권을 얻어냈다. 이에 자극받은 러시아도 1897년 12월 독일로부터 중국을 보호한다는 구실로 랴오둥 반도의 뤼순(旅順)으로 함대를 파견하여 뤼순과 다롄(大連)을 점령하고 25년간의 조차권과 하얼빈에서 다롄까지 연결하는 남만주 철도의 부설권을 얻어냈다. 이처럼 독일이 산둥을, 러시아가 만주를 세력권으로 삼아 지배하려는 시도는 열강들의 전면적인 조차지 쟁탈전을 가열시켰다.

이미 베트남을 식민지로 만든 프랑스는 1898년 4월 위치적으로 근접한 광저우만(廣州灣)을 점령하여 99년간의 조차권과 윈난(雲南) 철도 부설권을 얻어냈다. 영국은 6월에 주룽반도(九龍半島) 신계 지역에 대한 99년간의 조차권을 획득하고 러시아를 견제하기 위해 산둥 반도의 웨이하이웨이(威海衛)를 강제로 점령하여 25년간의 조차권을 얻어냈다. 또한 창장 하류 유역을 다른 나라에게 넘기지 않겠다는 승인을 받아내 이를 영국의 세력권에 포함시켰다. 청일전쟁 승리로 타이완과 펑후(澎湖) 열도를 차지한 일본도 타이완의 맞은 편 푸젠성(福建省)을 다른 나라에 할양하지 않겠다는 승인을 받아내고 중국 중부에 대한 경제적 침투를 강화했다. 이때 미국은 스페인과 전쟁을 치르고 스페인령 필리핀의 독립운동을 진압하느라 열강의 중국 분할에 참가할 겨를이 없었다.

(2) 의화단 운동

열강의 경제적 침탈에 가장 고통 받고 있던 사람들은 민중이었다. 내륙시장이 개방되면서 물가가 폭등하였으며 굴욕적인 조약들이 거듭되어가면서 천문학적으로 늘어난 배상금은 가중된 세금으로 돌아왔다. 서양 세력에 대한 반감은 반기독교 운동으로 표출되기 시작했다. 반기독교운동은 1870년대부터 계속되었다. 베이징 조약으로 내륙 포교가 허용된 이후 기독교의 선교활동이 활발해지자, 기독교의 확산으로 중국의 전통이 파괴될 것이라는 우려가 커졌다. 선교사들이 중국에 대한 자료를 본국에 제공함으로써 식민 정책에 협력하는 경우가 많았기 때문에 기독교에 대한 반감이 더욱 거세졌다. 초기에는 유교 질서의 유지를 원하는 보수적 관료와 지방의 실력자인 향신층이 주도하였으나 점차 민중 속으로 확산되었으며 강력한 반제국주의 운동으로 폭발하게 되었다. 이들은 지주들이나 외국세력에 굴복하는 태도를 보이는 관리들을 공격하고, 서양 선교사나 중국인 기독교도를 죽이거나 외국공관을 습격했다.

반기독교운동의 가장 대표적인 사례가 의화단운동으로, 당시에는 '권비의 난'이라고 했다. 그들이 권법을 익혔기 때문에 붙여진 이름이다. 의화단은 의화권(義和拳)이라는 비밀결사에서 유래했는데 권법, 봉술, 도술을 중심으로 육체를 단련하면서 종교 활동을 겸한 단체였다. 중국에서는 종교적 비밀결사 조직의 뿌리가 매우 깊은 편이었는데 미신적인 종교를 바탕에 깔고 있는 경우가 보통이었다.

의화단 세력은 1895년경부터 산둥성 서남부를 중심으로 산둥·장쑤·허난·안후이성 등을 무대로 활동했다. 1897년 중심부를 산둥성 서북 및 허베이성 남부로 옮기고 세력도 보강하여 농촌에 깊숙이 뿌리를 내렸으며 조직을 강화했다. 산둥성이나 허베이성 등 화북 지방은 수도 베이징이 있을 뿐 아니라 청일전쟁 이후 제국주의 열강들의 이권 침탈과 선교 활동, 군사적 침략이 집중된 지역으로 민중들의 반발이 끊이지 않던 곳이었다. 특히 산둥에서는 1855년 황허의 대개도 이래로 거의 매년 자연재해가 일어나 많은 사람들이 기아와 질병으로 죽는 사태가 일어났다.

1899년 산둥에서 의화단이 '부청멸양(扶淸滅洋)', 즉 '청을 도와 서양 세력을 물리치자'는 구호를 내걸고 대대적인 봉기를 시작했다. 여러 곳에서 기독교도를 살해하고 교회를 불태웠으며 선교사를 축출하였다. 철도와 전신 시설을 파괴하는 반외세 투쟁을 본격적으로 벌여 나갔다. 하나의 조직체계 안에서 일사분란하게 이루어진 것은 아니었고 각 지방에서 독자적으로 활동하는 여러 세력들이 있었다.

1900년 4월 의화단 세력은 톈진과 베이징에 들어가 모든 외국세력에게 물러날 것을 요구하면서 외국공사관이 모여 있는 지역을 포위했다. 당시의 의화단 세력은 약 20만 명 정도였다. 영국, 프랑스, 미국, 독일 등의 서양세력들은 청조에 2개월 이내에 의화단을 진압할 것을 요구하고 청조가 진압하지 못한다면 서양 연합군을 결성하여 이를 진압하겠다는 뜻을 밝혔다.

그러나 무술정변 이후 권력을 장악하고 있던 서태후는 의화단의 진압에 적극적이지 않았다. 서양 열강들은 서태후가 권력의 자리에서 물러나야 하며 그녀에 의해서 폐위되었던 광서제가 복위되어야 한다는 요구를 전했다. 이에 서태후는 강력히 반발하여 의화단을 베이징에 불러들여 활동하게 하였다. 의화단원과 청조의 정부군은 베이징의 공사관 구역에 모여 있는 외국 외교관들을 공격하는 한편 화북 전역에 걸쳐 반외세 투쟁을 벌여 나갔다. 베이징에 들어온 의화단은 거리를 떼 지어 다니면서 서양과 관계되는 것은 눈에 보이는 대로 파괴했다.

1900년 5월 베이징으로 의화단을 불러들인 서태후는 6월 21일 의화단의 도움으로 열강과 싸우기로 결심하고 열강에게 선전포고를 했다. 이러한 사태 전개에 위협을 느낀 열강들은 연합군 파견을 결정했다.

총 1만 3천명의 연합군은 8월 14일 베이징에 도착하여 공사관을 구출하고 의화단을 진압했다. 1901년 9월 청은 열강들과 베이징의정서(신축조약)를 체결했다. 여기에서는 시모노세키조약의 2.5배에 달하는 4억 5천만 냥의 배상금 지불이 결정되었다. 이로 인해 청의 재정은 결정적인 타격을 받았다.

일본은 연합군 중에서 가장 많은 병력을 동원했지만, 배상금 획득은 불과 7.7%(3,480만 량)에 불과했다. 그럼에도 불구하고 개항 이래 식민지화의 위험에 처해있던 일본이 '반(半) 식민지' 중국에서 발생한 '반란'을 진압하는 열강의 일원으로 참가한 것은 열강들로부터 '제국주의 대열'의 합류를 허락받았다는 점에서 매우 의미가 컸다. 이것은 이후 영국이 러시아를 견제하기 위해 일본과 동맹을 맺게 되는 중요한 원인이 되었다.

의화단 운동은 한편으로 러시아가 만주를 점령할 수 있는 구실을 제공했다. 러시아는 의화단을 진압하고 질서를 회복한다는 명분으로 만주로 진격하여 만주 전역을 점령했다. 러시아는 의화단 운동이 진압된 후에도 남만주로 파견한 병력을 철수하지 않고 만주를 러시아의 보호지역으로 인정하도록 청에게 강요했다. 러시아의 이러한 움직임은 다른 열강들의 불안을 불러일으켰다. 국제적 반대가 강해질 뿐만 아니라 1902년 1월 30일 러시아를 견제하는 영일동맹이 체결되자 러시아는 4월 8일 마침내 6개월 간격으로 3단계로 나누어 만주에서 철수하겠다는 협약에 서명했다.

강의노트

신축조약(1901년 9월 7일)

① 무기 및 무기제조 기재 2년간 수입금지
② 배상금 4억 5천만 냥
③ 공사관 구역 설정, 수비병 주둔
④ 북경에서 발해까지 모든 포대 철거
⑤ 북경에서 발해까지 각 곳에 외국군대 주둔
⑥ 총리각국사무아문을 외무부로 개조

---

(3) 동학농민운동

문호개방 이후의 국가적 갈등은 정부 내의 고위 인사와 유생들 사이의 정치적 혼란에 그치지 않고 전국의 농민들 사이에서도 사회적 모순으로 확대되고 있었다. 조선후기 지배층의 부패가 극에 달하여 국가의 조세, 재정 제도가 크게 문란해지자 19세기 중엽 이후에는 전국 각지에서 크고 작은 민란이 발생하였다. 여기에 문호개방과 더불어 외국 상품의 무제한적 수입과 곡물을 중심으로 하는 원자재의 대량수출 때문에 농촌의 생산기반이 파괴되자 향촌에서도 외세의 침략과 외국 상품의 침투에 반대하고 지배계급의 수탈에 저항하는 움직임이 일어나기 시작하였다.

민중 저항운동의 핵심에는 동학의 사상과 조직이 깔려 있었다. 1860년 경주에서 창시된 동학은 1890년대까지 충청도, 전라도, 경상도 지역으로 빠르게 확산되었다. 동학교단은 만민평등의 사상과 체제개혁 사상으로 무장하고 나라를 도와 백성을 편안히 한다는 보국안민의 기치를 내걸어 농민층의 의식성장에 큰 영향을 주었다. 또한 교세확장을 위해 실시한 포접제는 농민군의 조직과 동원에 큰 몫을 하였다. 비록 이후 전개된 갑오농민전쟁에서 농민군 속에 동학교도는 그다지 많지 않았지만 농민들이 부패한 지배층에 맞설 수 있는 사상적 기반 형성과 농민군의 조직화에 일정한 도움을 준 것은 사실이었다.

1894년 1월 9일 전라도 고부에서는 군수 조병갑의 악정을 규탄하고 폐정의 시정을 요구하며 전봉준을 중심으로 민란이 발생하였다. 전봉준 등은 1천여 명의 농민군을 이끌고 관아를 습격하여 군수를 내쫓고 아전들을 징벌한 후 곡식을 풀어 농민들에게 분배하였다. 민란은 여기서 그치지 않고 같은 해 3월에는 전라도 각지에서 농민들이 일어남으로써 전봉준을 총대장으로 하고, 손화중 · 김개남을 총관령으로 한 대규모 농민군이 조직되었다. 1만 3천명이 넘는 농민군은 "왜인과 양인을 물리치고 각지의 탐관오리와 서울의 권신을 쫓아내어 나라의 정치를 바로잡는다."는 목표아래 관군과 싸워 전라도 각 지역을 차례로 함락하였다. 농민군은 전주를 점령한 후 정부군과 화약을 맺고 전라도 53주에 농민적 자치기관인 집강소를 설치하여 폐정개혁안을 실천하였다.

그러나 갑오농민전쟁은 조선에서의 주도권 확보를 다투고 있던 청국과 일본이 각각 조선에 출병하는 구실을 제공해 주었다. 황토현 전투에서 정부군에 승리한 농민군은 5월 31일 전주성에 입성하였다. 이에 조선정부는 청군의 파병을 교섭하였다. 청군의 선발대가 전주성의 농민군을 목표로 아산에 도착 상륙한 것은 그로부터 일주일 뒤인 6월 8일이었다. 한편 일본정부는 조선정부가 청국에 원병을 요청하였다는 확실한 정보를 입수하자 공사관, 영사관 및 조선거주 일본인의 보호를 명분으로 조선파병을 결정하였다. 일본 군부(육군)는 조선파병을 계기로 청국과의 결전을 기도하였다. 조선을 전장으로 하여 벌어진 청일전쟁에서 승기를 잡은 일본군은 농민군에 대해 토벌을 시작하였다. 다시 일어난 농민군은 논산에 대본영을 설치하고 공주 우금치에서 조선정부 및 일본 연합군과 격전을 벌였으나 패하고 말았다. 이후 농민군은 전라도 지역으로 후퇴하여 재기를 노렸으나 전봉준의 체포로 농민전쟁은 사실상 그 종말을 고하였고 신분제 폐지를 통한 평등사회의 구현이라는 약속 또한 지켜내지 못하였다.

사료 읽기

제5조 대청국 국가는 무기 및 오로지 무기를 제조하기 위한 각종 기계를 중국의 경내로 실어 들여오는 것을 허용하지 않을 것임을 인정한다. (후략)

제6조 서력 1901년 5월 29일, 즉 광서 27년 4월 12일 상유에 따라 대청국 대황제는 각국에 대한 배상금 해관은 4억 5천만 냥을 지급하기로 허락한다. 이 배상금은 1900년 12월 12일, 즉 광서 26년 11월 1일부터 이 조항 내 제2조에 나열된 각국(各國), 각회(各會) 및 각인(各人) 및 중국 인민에 대한 배상액의 총액이다.

갑. 이 4억 5천만 냥은 해관은냥의 시가를 금화(金貨)로 바꾸며, 이 시가는 각국 각 화폐의 가격에 따라 다음과 같이 금으로 바꾼다. (… 중략 …) 이 4억 5천만 냥은 연리 4리의 이자를 붙여 부록에 붙인 별지의 상환표에 따라 원금을 39년에 나누어 지불한다. 원금과 이자는 금화로 지급하거나 아니면 상환 시기의 시가에 따라 금화로 바꾸어 지급한다. (후략)

「신축조약」

5. 서구적 세계관의 도입

(1) 사회진화론의 전파

1) 중국에서의 사회진화론

중국이 서양의 기술을 받아들여 군비증강에 한창 열을 올리고 있던 양무운동 시기, 푸저우(福州) 조선소 부설 해군학교인 선정학당(船政學堂)에서는 한 소년이 열심히 서양학문을 배우고 있었다. 영어, 산술, 기하, 대수, 역학, 전자학, 광학, 음악, 열학, 화학, 지질학, 천문학, 항해학 등으로 이루어진 새로운 학문은 유교도덕을 강조하는 중국의 전통학문에 비해 훨씬 실용적인 것으로 보였다. 조선 및 항해 기술자를 꿈꾸며 눈빛을 빛내던 이 소년은 다름 아닌 옌푸(嚴復)였다. 옌푸는 선정학당 졸업 후 배를 타다가 25세의 나이에 제1기 해외유학생으로 선발되어 영국의 그리니치 해군대학에서 수학하였다. 그는 유학시기 항해술 같은 기술보다는 서양의 정치제도와 사상에 관심이 기울어졌고 중국의 부강을 위해서는 서양사상의 도입이 필요함을 절실히 느꼈다. 그리하여 1879년 귀국 후에는 푸저우 선정학당과 톈진 수사학당(水師學堂)에서 교직에 종사하면서 서양사상의 번역과 소개에 노력하였다.

옌푸는 청일전쟁 이후 중국논단에 등장하여 1896년에서 1909년 사이에 토마스 헉슬리의『진화와 윤리』, 존 스튜어트 밀의『자유론』과『논리학』, 아담 스미스의『국부론』, 에드워드 젠크스의『정치학』, 몽테

스키외의 『법의 정신』 등의 번역서를 발표하였다. 그 중 헉슬리의 『진화와 윤리』는 『천연론』이란 이름으로 번역되었는데 책이 출간되자 사회에 적지 않은 영향을 파급시키면서 중국에 진화사관의 붐을 일으켰다. 옌푸는 『천연론』에서 다윈의 생물진화론을 사회적으로 해석하며 다음과 같이 말하였다.

> 생존경쟁이란 사물이 서로 경쟁하여 자신을 지키는 것이다. 자연도태란 가장 우수한 종이 살아남는 것이다. 그 뜻은 사람과 사물이 세상에 나와 서로 경쟁하며 천지자연의 이로움을 취하고자 한다는 것이다. 사람과 사물이 각기 경쟁하여 살아남기 위해 종과 종이 경쟁하고 무리와 무리가 경쟁하여 약자는 강자의 먹이가 되고 우둔한 자는 지혜로운 자의 부림을 당하게 된다.
>
> [엄복집]

『천연론』은 이처럼 "적자생존", "우승열패"가 사회진화의 원칙임을 설명하여 당시 중국 지식인들에게 국제경쟁 속에 처한 중국의 위기를 의식시키고 제도적 개혁과 단결의 필요성을 일깨워주었다. 『천연론』의 사상적 영향은 실로 막대한 것이어서 당시 중국의 젊은 지식인 세대 사이에는 "생존경쟁", "자연도태"와 같은 옌푸의 번역어가 마치 구호처럼 불려졌다.

2) 일본에서의 사회진화론

일본에 생물진화론이 본격적으로 알려지게 된 것은 1877년 미국의 동물학자 모르스(E. S. Morse)가 진화론을 주제로 도쿄대에서 강연을 행하면서부터였다. 다윈의 생물진화론이 서양에서는 격렬한 논의와 비판을 거치면서 서서히 수용되어 갔지만 일본에서는 진화론이 큰 저항 없이 받아들여졌다. 그것은 진화론을 생물학상의 이론으로 받아들인 것이 아니라 사회사상, 즉 사회진화론으로서 받아들였기 때문이었다. 일본에서는 생존경쟁과 자연선택(적자생존)이 하나의 확립된 진리이자 공식이 되었고 그것이 사회진보의 유일한 길 인양 선전되었다. 일본에서 사회사상으로서의 진화론은 근대 사상가들에게 영향을 주었다. 특히 밀의『자유론』과 루소의『사회계약론』이 소개되어 일본사회에 일고 있던 자유민권운동의 기초사상이라 할 수 있는 '천부인권론'이 부정되면서 스펜서 등의 '사회진화론'으로 관심이 옮겨가기도 하였다. 19세기 말 일본의 사회진화론 바람은 국가와 군권을 강조하는 철학 내용을 수입하고자 한 정부의 의도가 반영된 것이라 할 수 있었다. 개인, 인종, 국가 간에 우열이 있다고 하는 것은 국내적으로는 보통선거를 반대하고, 국제적으로는 부국강병을 정당화하여 국가주의를 강조하는 사상적 기반이 될 수 있었기 때문이었다.

3) 조선에서의 사회진화론

조선에서 진화론이 알려지는 시기는 1880년대부터로 이는 제국주의 열강의 한반도 진출이 가속화되고 있던 때였다. 당시 조선에서는 경쟁에 이길 수 있는 강한 자만이 생존을 지킬 수 있다고 하는 사회적 다윈주의가 설득력을 가지고 널리 유포되었다. 이는 제국주의 열강의 침략에 맞서서 나라를 지키고 민족을 보존하자는 지식인들의 처절한 각오 속에서 사회진화론이 수용되고 있었음을 말해준다. 1880년대에 진화사상을 접한 대표적인 인물은 조선 최초의 일본유학생인 유길준이었다. 1881년부터 1년 반에 걸친 일본유학을 마치고 귀국한 그는『경쟁론』을 집필하여, 국가의 일로부터 개인의 일에 이르기까지 인간사회는 경쟁을 통하여 진보한다고 역설하였다. 1880년대 이래로 일본에 의한 강제병합에 이르기까지 조선사회 내에서 진화사상의 영향은 엄청난 것으로 생존경쟁, 적자생존이라는 개념이 이 시대의 유행어가 되었다. 예를 들어 1906년 7월 서우학회가 조직되면서 그 취지문에 "생존경쟁은 자연의 이치요, 우승열패는 공적인 사례이다."라고 쓰고 있었다. 또한 1908년 2월 8일자 『대한매일신보』에 실린 『경쟁진화론의 대개』란 글에서는 "세계문명의 진보가 다윈의 공"이라고 하였고, 『대한자강회월보』 11호(1907년 5월)에 실린 『생존의 경쟁』이란 글에서도 "약육강식은 현세의 예시이고, 생존경쟁이 사회의 보편적 원리"라고 주장하며 사회진화론을 선전하였다. 이를 통해서 조선에서도 진화론이 사회사상으로서 수용되어 논의되었고 또 광적이라고 할 만큼 널리 유포되었음을 알 수 있다.

(2) 동아시아 각국의 사회주의 수용

1917년 레닌의 지도하에서 러시아혁명의 성공으로 탄생한 사회주의국가는 제국주의 열강에 억압받던 세계의 식민지와 종속국에 커다란 희망을 주었다. 신생 사회주의국가 소련이 식민지 민족의 해방투쟁에 강한 지지를 표명하고 나섰기 때문이다. 그 결과 식민지, 반식민지의 사회주의자나 민족주의자들은 사회주의의 여러 유파 가운데서도 마르크스-레닌주의야말로 민족해방의 염원을 달성하는 가장 효과적인 방법이라는 기대를 품게 되었다. 특히 레닌의 제국주의론은 식민지 민족의 반제국주의 투쟁을 이론적으로 뒷받침해 주었기에 이 무렵 많은 민족운동가들이 바로 이 이론을 통해 마르크스-레닌주의를 받아들였다. 조선, 중국, 베트남의 민족해방 세력이 1920년대 초부터 소련식 사회주의를 받아들이게 되는 중요한 이유의 하나는 바로 여기에 있다.

동아시아 각국에 혁명적 사회주의가 전파되자 소련은 1920년대 초부터 코민테른을 통해 각국 공산당의 창립을 지원하였다. 이에 1921년 중국공산당, 1922년 일본공산당, 1925년 조선공산당, 1930년 인도차이나 공산당이 창립되었다. 중국에서는 천두슈(陳獨秀)와 리다자오(李大釗)가 앞장섰고 창당에 가담한 인물 중에는 마오쩌둥(毛澤東)도 있었다. 코민테른에서 파견한 보이틴스키가 상하이를 거점으로 재정적, 이론적 지원을 하면서 이들을 포함한 여러 개의 공산주의 소조를 결집하여 창당하게 되었다. 조선에서는 김재봉이 앞장섰다. 그는 3.1운동에 참가하는 등 독립운동을 벌이다가 1921년 소련으로 망명하여 이르쿠츠크파 고려공산당 활동에 참가하였다. 이윽고 코민테른의 지시를 받고 귀국하여 이미 서울 등지에서 성립된 소규모 조직들을 통합해 조선공산당을 창당하였다. 베트남에서는 호치민이 앞장섰는데 그는 프랑스에서 견습공으로 일하면서 1차대전기의 유럽사회 실상과 식민지 조국의 현실을 대비시키면서 독립운동의 길을 모색하다가 1920년 프랑스 공산당에 가입하였다. 몇 년 뒤 코민테른의 지시에 따라 귀국하여 베트남 각지의 소규모 조직들을 규합하여 공산당을 창당하였다.

제국주의 길을 걷고 있던 일본에서도 청일전쟁과 러일전쟁을 계기로 급속한 산업화의 진전과 함께 노동자의 저임금과 장시간 노동이라는 심각한 사회문제가 발생하면서 사회주의 사상에 관한 논의가 지식인들 사이에 주목을 받았다. 이를 배경으로 기독교사회주의, 아나키즘, 노동조합주의 등의 다양한 유파가 발생하였으며 이들은 서로 연대하여 1901년 일본 최초의 사회주의 정당인 '사회민주당'을 결성했다. 그 후 가타야마 센, 사카이 토시히코 등이 산업화와 도시화의 진전으로 인한 사회모순을 배경으로 노동운동을 벌이면서 공산당 창당에 앞장섰다.

광의의 민족운동세력은 제국주의 침략을 민족의 위기로 인식하면서 서구의 다양한 사회사상을 민족의 독립에 희망을 주는 대안으로 받아들였다. 사회주의 세력의 등장은 민족운동 전체의 역량 강화에 크게 기여하였다. 우선 조직 면에서 당을 중심으로 각종 대중운동 단체들이 연계되어 전국적으로 사회 각 영역의 민중이 상호연계 속에 하나의 목표를 향해 나아갈 수 있도록 북돋웠다. 둘째, 당군의 개념을 바탕으로 자체의 군대를 양성하여 무장투쟁 역량을 획기적으로 높였다. 소련 공산당을 모델로 중국공산당이 홍군을 양성해 자신의 근거지와 지역정권을 확보하자 중국에서 활약하던 조선과 베트남의 독립운동세력도 그것을 모델로 자체의 독립군을 편성하여 활동하기 시작했다. 셋째, 통일전선의 논리와 경험이 좌우의 이념을 망라한 대동단결을 촉진하였다. 중국의 1, 2차 국공합작, 조선의 신간회와 조선독립동맹, 베트남의 인도차이나 반제민족통일전선과 베트남독립동맹 등이 그런 역할을 담당한 대표적인 예다. 넷째, 소련 혹은 코민테른을 중심으로 한 국제적 연결망과 정보망을 갖추게 되면서 제국주의 국가의 사정, 특히 전쟁 중에는 전황을 파악하기가 용이했다.

제국주의 침략과 반제 민족해방운동이야말로 사회주의 실행의 정치경제적 조건이 결여된 식민지, 반식민지에서 사회주의 세력이 등장하고 세력을 넓히게 만드는 원천을 제공했다. 일본의 사회주의자들이 혁명정당과 의회정당 사이를 동요하면서 겨우 명맥을 유지해 결국 의회정당으로 남게 된 것과 달리 조선, 중국, 베트남의 사회주의자들은 우여곡절 속에서도 민족해방 세력의 일익을 담당하여 정권을 다투는 세력으로 급성장하였다.

사료 읽기

대개 인생의 만사가 경쟁을 의지하지 않는 일이 없으니 크게 천하 국가의 일부터 작게 한 몸 한 집안의 일까지 실로 다 경쟁으로 인해서 먼저 진보할 수 있는 바라. 만일 인생에 경쟁하는 바가 없으면 어떤 방법으로 그 지덕과 행복을 증진할 수 있는가? 만약 국가들 사이에 경쟁하는 바가 없으면 어떤 방법으로 그 광위(光威)와 부강을 증진할 수 있는가? 대개 경쟁이라는 것은, 무릇 지혜를 연마하고 도덕을 닦는 일부터 문학, 기예, 농공상의 백반 사업까지 사람마다 그 고비우열(高卑優劣)을 서로 비교하여 타인보다 초월하기를 욕심내는 일이라.

유길준, 「경쟁론」

국가를 다스리는 상권(上權)을 일러 주권(主權. sovereignty)이라 하는데, 이 주권은 안에서 행해지기도 하고 밖에서 행해지기도 한다. 주권이 안에서 행해지는 것은 각국의 법도에 의거하며, 그것은 백성에게 맡겨지기도 하고 군주에 귀속되기도 한다. 이것을 논한 자가 일찍이 이를 내공법(內公法. internal public law)이라 불렀는데, 사실 국법(國法. constitutional law)이라고 부르는 것이 더 타당하다. 주권이 밖에서 행해지는 것은 본국이 자주(自主. independence)라 하며 타국의 명령을 듣지 않는 것이다. 각국의 교제가 평화시든 전시든 모두 유지되는 것은 이에 의거한다. 이를 논한 자가 일찍이 이를 외공법(外公法)이라 불렀는데, 속칭 공법이 바로 이것이다.
만약 새로 수립된 어느 국가가 각국으로부터 승인(승인이란 자립 자주국임을 인정하고 그와 왕래하는 것이다)을 받고 국제사회(general society of nations)에 받아들여지는지의 여부는 모두 각국의 의향에 따르는데, 혹은 그 나라의 국법을 보거나 혹은 그 나라의 군주를 보고 결정한다. 이미 존재하던 국가의 경우 그 안의 국법이 어떠하든 집권자가 누구이든 민간에 분쟁이 있다 해도, 공법은 그 나라가 여전히 존재하는 것으로 간주한다. 반드시 내란이 심해지거나 외적에 의해 정복되어 그 주권이 전멸하는 데 이르러서야 비로소 그 나라가 망한 것으로 본다. (…중략…)

주권이 안에서 행해지는 데는 타국의 승인이 필요하지 않다. (…중략…) 주권이 바깥에서 행해지는 데는 반드시 타국의 승인을 필요로 하며 그래야 비로소 완전해질 수 있다. 새로 건립된 국가가 만약 국제사회의 일원으로 가입하고자 한다면 각국은 서로 행할 권리와 의무를 승인하며, 타국이 그것을 승인하지 않으면 이러한 권리들을 함께 누릴 수 없다. 각국은 그 승인 여부를 모두 자주적으로 결정하며 그 책임을 감당한다.

만약 내변(內變. revolution)이 발생해 국법과 제도를 바꾸어도 그 국가는 여전히 같은 국가이며 둘이 아니다. 일찍이 누려온 권리는 상실되는 것이 없고 마땅히 지켜야 할 의무도 사라지지 않는다. (…중략…) 그 내변이 아직 종결되지 않고 민간이 아직 국세를 다투고 있을 때, (…중략…) 만약 외국이 이를 방관하고 관여하지 않는다면 이는 반드시 공법에 따른 의무이며, 외국이 국외중립을 지키는 것에 대해서는 교전하는 양측 모두 원망할 수 없다. 만약 떳떳한 쪽을 택하여 돕는다면 이쪽의 친구가 되고 저쪽의 적이 된다. 각국의 공법은 교전자의 이치가 바른지 그른지를 따지지 않기 때문에 어느 한 쪽을 돕는 국가가 적을 공격하면 교전의 권리를 누릴 수 있다.

마틴, 『만국공법』

6. 입헌운동과 혁명운동

(1) 중국의 변법자강운동

청일전쟁 이후 열강들의 조차지 쟁탈이 본격화되자, 청의 지식인들 사이에서는 곧 중국이 조각조각 잘려 질(瓜分) 것이라는 위기감이 확산되었다.

"일본과 맺은 조약을 파기하고, 수도를 옮겨 다시 일본과 전쟁을 벌여야 합니다. 또한 나라에 변법을 실시하여 부국강병의 길을 도모해야 합니다." 1895년 5월, 과거 응시를 위해 각 성에서 베이징으로 올라온 거인(擧人)[69] 1300명은 청일전쟁 후 일본과 체결한 시모노세키 조약의 체결을 반대하며 연명으로 황제에게 상서를 올렸다(공거상서). 그 중심에는 1888년 이래로 변법(제도개혁)의 필요성을 제기하고 변법사상을 선전해온 캉유웨이(康有爲)와 그의 제자 량치차오(梁啓超)가 있었다. 캉유웨이가 주장한 변법사상의 기초에는 유교의 창시자인 공자에 대한 새로운 이해가 깔려 있었다. 즉 공자는 단순히 옛 것을 정리하여 후대에 전달해 준 사람이 아니라 현세의 제도를 바로잡고자 한 개혁자이며, 육경(六經)은 모두 옛 것에 의탁하여 제도를 개혁하기 위해 공자가 직접 쓴 것이라고 주장하였던 것이다(공자개제고). 캉유웨이가 변법을 주장할 수 있었던 것은 서양문물의 접촉이 용이하였던 광둥성 출신이라는 지리적 원인과 더불어 홍콩, 상하이를 여행하면서 서양문물의 우수성을 직접 확인한 후 스스로 서양서적을 탐독하여 정치학, 물리학, 산학, 역법 등의 서양학문을 익힐 수 있었기 때문이었다.

그림 22 캉유웨이

변법운동은 개혁과 실천을 중심으로 하는 유교의 공양학을 사상적 기반으로 하고, 일본과 러시아의 정치체제를 모델로 삼아 입헌 군주제에 입각한 정치개혁과 부국강병을 모색한 근대화운동이었다. 변법파는 1898년 6월 광서제(光緖帝)의 승인 하에 무술변법(戊戌變法)의 개혁조치를 단행하여 근대적 학교 설립, 신식 군대 편성, 민간 상공업 진흥, 국회 개설 등의 제도적 개혁을 시도하였다. 이것은 앞서 시행되었던 양무운동과는 달리 제도적 개혁을 통해 중국 왕조가 가지고 있던 전통적 정치질서를 변혁하고자 했다는 점에서 정치 근대화 운동이라고 할 수 있었다.

그러나 캉유웨이가 주축이 되어 실시된 무술신정은 지방관들의 지지를 얻지 못하고 군사력도 장악하지 못한 상태에서, 군주권을 침해하는 제도 개혁에 크게 반발한 서태후(西太后) 등 보수파의 거센 저항에 막혀 불과 3개월 만에 실패로 끝나고 말았다(무술정변). 하지만 이

때 실시하고자 했던 정치, 경제, 군사, 교육 등에 있어서의 개혁조치는 이후 1901년부터 실시되었던 청말 신정의 주요 내용으로 고스란히 이어지면서 청조의 정치적 변화와 몰락을 야기하는 원인이 되었다.

변법파가 주장하였던 제도개혁 중에서 입헌군주제는 중국에서 2천년 이상 지속되어 왔던 황제지배체제를 그 근본부터 뒤흔드는 것으로 특히 보수파의 반대가 극심하였다. 하지만 러일전쟁 이후 그 실행을 촉구하는 여론이 더욱 강렬해 지자 결국 1906년 황실 주도로 9년 안에 입헌제를 도입하겠다고 공약하였고 민간의 입헌운동도 더욱 힘을 받았다. 그러나 청조가 일본처럼 황제권을 절대화하는 내용의 흠정헌법 대강을 마련하자 곧 민심이 이반하여 청조를 타도하고자 하는 혁명운동으로 일원화되었고 중국에서의 입헌군주제는 실현되지 못하였다.

강의노트

무술신정(1898. 6. 11~9. 21 ; 103일간)

ㅇ 조칙 「명정국시(明定國是)」 반포, 변법신아문 설치
- ① 정치면 : 변법국시, 관민의 정책 건의 및 상서의 자유, 인재등용
- ② 경제면 : 농·공·상·광업 진흥, 기술개발촉진, 철도건설, 우편제도 정비.
- ③ 군사면 : 구식군대 철폐, 양식 훈련실시, 민병제도
- ④ 사회·문화면 : 전족의 폐지, 과거제 개혁(팔고문 폐지), 근대적 학교제도, 유학생 파견, 외국서적 번역 장려
- ⑤ 기타 : 헌법제정, 국회개설, 이금제 철폐, 조운전폐, 간선철도 건설, 민족 차별철폐, 공교 국교화, 변발폐지, 새로운 수도 건설

(2) 일본과 조선에서의 입헌운동

1) 일본의 입헌운동

중국과는 달리 일본에서는 입헌군주제가 빠르게 수용되었다. 이는 일본에서 사실상 군왕 역할을 하던 쇼군권력이 타도된 직후, 내외의 위기 속에서 새로운 권력핵심을 창출해야 하는 필요성이 절박해졌기 때문이었다. 일본에서의 입헌군주제 확립은 군왕의 독재로부터 개인의 자유와 권리를 보호하기 위해서라기보다는 국력을 결집하여 부국강병을 이루기 위한 수단으로 행해졌다. 결국 1889년 일본에서는 독일식 비정당내각제를 내용으로 하는 헌법이 공포되었고 이듬해 최초의 중의원 선거를 거쳐 양원제 의회가 개설됨으로써 동아시아 최초의 입헌군주국이 탄생되었다. 제국헌법상 천황은 신성불가침한 존재로서 입법, 사법, 행정의 전권을 총괄하는 위치에 있었다. 내각은 국회가 아니라 천황에 의해 구성되며 따라서 의회가 아니라 천황에게만 책임을 지도록 함으로써 사실상 정당내각제를 부정했다. 그 결과 실제 국정은 천황의 이름으로 관료와 군부에 의해 독점 운영되었고 의회는 유명무실한 존재가 되고 말았다. 이처럼 제한된 의미의 입헌제였지만 일본은 이를 통하여 문명국으로서 국제질서에 진입할 명분을 만들었고 열강을 상대로 불평등조약 개정작업을 진전시킬 수 있었다.

2) 조선의 입헌운동

조선의 경우 의회설립을 위한 정치운동은 독립협회의 주도하에 토론회, 대중 집회와 시위청원 형태로 진행되었다. 그들은 1898년 4월 『독립신문』 사설을 통해 의회를 설립하면 정책결정 사항의 이해득실이 토론되고 공개되어 전 인민이 알게 되므로 공평하게 결정될 것이고 이에 사람마다 정부 일을 자기 일처럼 여겨 상하가 소통되고 애국심이 배가될 터이니 외국열강이 감히 능멸하거나 침범하려 들지 못할 것이라 주장했다. 독립협회는 이런 확신에 의거해 시위상소라는 사대부 전통의 방식을 계승 발전시킨 청원으로 정부에 압력을 가해 중추원을 의회제로 개편하라고 요구했다. 정부는 독립협회의 요구를 참고하여 한국 최초의 의회규칙인 중추원관제를 1898년 공포하여 의원 50명 중 절반은 황제가 임명하고 나머지 절반은 민간단체가 선거하도록 하였다. 그러나 정부 내의 수구파는 이 관제의 공포를 미룬 채 수정하여 의원 전원을 황제가 임명하는 단순한 자문기관으로 전락시켰다. 이처럼 대한제국 황제와 정부는 전제군주제를 추구하였고 입헌운동은 일제에 의해 국권이 강탈당하면서 종말을 고했다.

(3) 신해혁명과 공화제 국가의 탄생

조선과 중국에서 입헌군주제 개혁이 실패하자 군주제를 폐지하자는 공화혁명론이 점차 목소리를 내기 시작했다. 조선에서는 신민회가 이에 앞장섰으나 한일 강제병합으로 혁명대상이 일제로 바뀌게 되었다.

중국에서는 청일전쟁 이래로 지식인들 사이에 망국의 위기가 급속도로 확산되었다. 이에 대해 구망(求亡)의 방법으로 캉유웨이의 변법자강운동과 같은 개혁운동도 추진되었지만 다른 한 쪽에서는 만주족 정권을 무너뜨리고 한족의 합중정부를 수립하자는 혁명운동이 벌어지고 있었다. 이미 쑨원이 수립한 흥중회는 1895년과 1900년 광주기의와 혜주기의를 통해 혁명의 분위기를 확산시켰다. 그리고 러일전쟁이 종결될 즈음인 1905년 8월 20일 일본 도쿄에서 각종 반청, 반외세 단체들이 연합하여 중국동맹회를 수립하였다. 중국에서 혁명운동의 전개는 청일전쟁 이래로 중국의 반식민지화가 가속화되고 청 정부가 열강에 종속적인 지위로 떨어지게 됨에 따라 민족주의 운동을 통해 국내외적으로 중국의 독립을 추구한 데서 그 원인을 찾을 수 있었다. 특히 러일전쟁 이후로 만주지역에 대한 일본의 진출이 심화되고 만주지역 뿐만 아니라 중국 각 지역에 대한 이권을 열강에게 넘겨주는 청 정부에 대한 반감이 한층 심화된 것이 혁명운동의 주된 배경이라 할 수 있었다. 청 정부의 신정도 개혁의 핵심이라 할 수 있는 입헌제로의 변환을 제대로 추진하지 못하고 있는 상태에서 이미 제 기능을 발휘하지 못하게 된 구체제를 변혁하고자 한 열망이 혁명운동으로 구체화되었던 것이다. 결국 1911년 5월 청 정부가 중국 각 지역의 민영철도 회사를 국유화하여, 중국에 거액의 차관을 제공하기로 약속한 미, 영, 독, 프 4개국 은행단에게 철도부설권을 매각한다고 선포하자 쓰촨, 후베이, 후난, 광둥 사람들이 이에 분개하여 철도를 지키기 위한 보로운동에 참여하였다. 이와 같은 혁명적 분위기 속에서 1911년 10월 10일 후베이성의 우창에서 혁명적 신군이 일으킨 기의가 성공하면서 중국 남부 14개성이 독립을 선포하는 신해혁명이 발발하였다. 신해혁명을 통해 1912년 건립된 중화민국은 2천 년간 지속되었던 왕정을 마감하고 공화제 국가를 수립하였다. 이로써 중화왕조로 대표

그림 23 쑨원

되던 동북아시아 전통질서를 해체하고 민족주의로 무장한 사회주의 국가로의 이행과정을 시작하게 된다.

그러나 공화제 전통이 박약한 중국에 있어 오랫동안 유지되었던 군주제의 유산과 이를 뒷받침하는 사상적 기반으로서의 유교는 공화국의 존재 자체를 위협하는 시한폭탄과 같았다. 신해혁명을 통해 민국(民國)이 성립되었지만 중국 국민에게 민주공화정을 실행할 능력이 있다고 믿은 지도자는 거의 없었다. 쑨원(孫文)조차도 송자오런(宋敎仁)이 주장하는 의회제에 강하게 반대하며 강력한 총통제를 실시할 것을 주장하였다. 쑨원에게서 중화민국 대총통의 자리를 계승한 위안스카이(袁世凱)는 공화제를 폐지하고 전제군주제로 이행하고자 하였다. 그리고 그 수순으로 외국인 정치고문인 아리가 나가오와 프랭크 굿나우를 고용하여 공화제에 비판을 가하게 하였다. 즉 그들은 중국의 정치적 전통과 사회적 관습으로 봐서 중국인에게는 공화제나 대의정부라는 것이 부적합하고 적어도 현 단계에서는 군주정이 중국의 필요성과 부합된다고 주장하였던 것이다.

강의노트

신해혁명

① 혁명의 도화선
철도를 국유화, 후난, 후베이, 광둥, 쓰촨 등에서 국유화 반대운동
② 1911.10.10 무창 봉기
- 10. 9 한구 러시아 조계 내 혁명파 거점에서 실수로 폭탄 폭발, 호광총독 관서 공략, 한구, 한양, 무창 혁명군 손에 해방됨
- 15개 성 연쇄적으로 봉기·독립선언
- 11月 하순 각성대표회의(중화민국 임시정부조직 결의)

③ 1912. 1. 1 중화민국성립, 쑨원 임시 대총통 취임, 아시아 최초의 민주공화정부
④ 1912. 2. 선통제 퇴위 (청조 멸망) 위안스카이, 총리대신, 북양신군 장악, 청조 황제 퇴

위 및 공화제 실현 약속, 수도의 남경이전 등 조건으로 손문 총통 사임.

⑤ 1912. 3. 원세개 임시 대총통 취임.

- 1913. 2. 국회의원 선거, 국민당 압승, 의회민주주의 실현 노력, 국민당을 이끈 송교인암살. (동맹회를 국민당으로 개조)
- 1913.10. 원세개 정식 총통으로 인정

---

(4) 신문화 운동

위안스카이가 제제운동(帝制運動)을 추진하고 있던 시기에 중국의 지식인들 사이에는 서양의 사상과 학문을 받아들이고 이를 통해 중국의 전통사상을 비판 또는 재해석하는 신문화운동이 발생하였다. 신문화운동을 이끈 주역은 1915년 9월 천두슈(陳獨秀)가 창간한 『신청년』이었다. 『신청년』에는 당시의 많은 진보적 지식인들이 필진이 되어 사상과 문화를 개혁하는 글을 기고하였다. 신문화운동의 주요 내용은 민주와 과학이었다. 민주란 전제를 반대하고 구예교, 구도덕을 반대하는 것이었다. 따라서 공격의 대상을 공자의 학설을 통해 전제제도를 유지하려는 구세력에 집중하여 공자와 유교에 대한 비판을 가하는 한편 민중의 우상숭배 전통을 일소시키고자 하였다. 또한 과학이란 구호는 미신을 반대하고 자연과학의 지식을 통해 우주의 궁금증을 풀어야 한다는 것이었다. 자연과학의 지식을 전파하기 위해 『신청년』은 자연과학에 관한 문장을 많이 게재하였고 독자들에게 사물을 객관적으로 보는 과학적인 태도를 갖게 하였다. 『신청년』을 중심으로 한 신문화운동은 다른 한편으로는 국학을 부흥시키는 전기를 마련하기도 하였다.

신문화운동의 서양사상 수용과 공자비판, 그리고 백화문학의 주장에 대해서 일부 보수주의적 학자들은 국학을 새롭게 정리하고 구가치에 대한 새로운 평가를 내렸다. 1921년 난징(南京) 동남대학의 메이광디(梅光迪)와 우미(吳宓) 등이 창간한 『학형』은 사회병폐의 원인은 공자의 가르침을 행하지 않는 것에 있으며 중국의 학술은 복고에 있지 유신에 있는 것이 아니라고 하였다. 또 1925년 상하이(上海)에서 장스자오(章士釗)는 『갑인』 주간을 발행하여 백화문을 싣지 않는 등 백화문에 대한 공격을 가하였다. 한편 신문학운동을 제창하였던 후스(胡適)는 '국고(國故)의 정리'를 내세웠는데 이는 고증의 방법을 이용하여 고서를 정리하자는 것으로서 새로운 가치의 창조뿐만 아니라 옛 것의 가치를 수용하고 새롭게 평가하자는 내용을 담고 있었다.

사료 읽기

요컨대 법(法)이란 천하의 공정한 그릇(公器)이고, 변화라는 것은 천하의 공정한 이치(公理)이다. 대지가 이미 서로 통하여 만국은 나날이 서로 경쟁하면서 위를 향해 뻗어나가려 하고, 이렇게 치달리는 대세는 도저히 막아낼 수 있는 바가 아니다. 그렇기 때문에 변하려 해도 변하고, 변하지 않으려 해도 변하게 되어 있다. 스스로 변하려 해서 변하는 자는 변화의 권한이 자기에게 있어 나라를 지킬 수 있고(保國), 종족을 지킬 수 있고(保種), 윤리도덕을 지킬 수 있다(保敎). 하지만 변하지 않으려 하다가 결국 마지못해 변하는 자는 변화의 권한이 남에게 있어 그에 의해 속박되고 그에 의해 좌우된다. 아! 이는 내가 감히 말하고자 하는 바가 아니다!
그러므로 변화의 길에는 네 가지가 있다. 첫째 일본처럼 스스로 변하는 것이다. 둘째 오스만제국처럼 타인이 그 권한을 장악하여 대신 변하는 것이다(이집트, 조선 등이 이에 속한다). 셋째 인도처럼 한 국가에 합병되어 대신 변하는 것이다(베트남, 미얀마 등이 이에 속한다). 넷째 폴란드처럼 여러 나라에 의해 분할되어 대신 변하는 것이다. 길하고 흉한 것, 물러나고 나아가는 갈림길 사이에 우리는 무엇을 택하겠는가?

「양계초전집」

우리들이 생각해 보니 최근 정치를 독점하는 것은 위의 천황도 밑의 인민도 아닌 오로지 정부의 관리이다. 그들 관리가 천황을 존경하지 않는다고는 할 수 없고 인민을 유지하지 있지 않다고도 할 수 없다. 하지만 실제로 각령은 다양하고 더구나 아침에 발표되고 저녁에 고칠 정도로 자주 개정되어 방침이 불명확하며 정치나 형벌은 개인적인 감정이 뒤얽혀 공정함을 결하고 상여나 벌칙도 좋고 싫음에 의한 자의적인 방법이다. 그런데도 언론은 억압당해 그 어려움과 괴로움을 표명할 수가 없다. 우리들의 나라를 사랑하는 심정은 지우지 못한 채, 이 심한 상태를 구할 길을 추구하면 그것은 많은 인민들이 논의를 실시할 것 밖에는 있을 수 없다. 그리고 이러한 논의를 실시하기에는 민선에 의한 의원을 만드는 이외에는 없다. 그렇게 하면 관리의 권력을 제한하는 장소가 생기므로 위아래 함께 안전하게 되어 민선의원이 생겨난 덕분에 의한 행복을 향수할 수 있을 것이다. 애당초 정부에 대해 조세를 지불할 의무가 인민에게 있다는 것은 인민은 그 정부의 정치에 대해 그것을 알고 시비를 판단할 권리를 가지고 있다는 것을 말한다. 지금 민선의 위원 창설을 거부하는 자들은 말한다. 「우리나라의 인민들은 배우지 못하여 무지함으로 아직 문명을 받아들일 수 있는 상태에 도달하지 않았다. 그러므로 지금 당장 민선의원 창설은 시기상조이다.」라고. 하지만 만약 실제로 그렇다 해도 이러한 인민들을 학문이 있고 지식이 풍부한 자로 만들어 급속도로 문명이 열린 상태로 진보시킬 방법은 바로 민선의원을 만드는 것에 있다고 우리들은 생각한다.

「민선의원설립건백서」

오늘의 우리가 앞 시대와 다른 점은 오랑캐를 쫓아내고 중화를 회복하는 일 외에 국체민생을 백성과 더불어 변혁하고자 하는 것으로 비록 수많은 복잡한 과정을 거치더라도 요컨대 그 일관된 정신은 자유·평등·박애이다. 따라서 앞 시대는 영웅혁명이었지만, 지금은 국민혁명의 시대이다. 이른바 국민혁명이라는 것은 한 나라의 백성이 모두 자유·평등·박애의 정신을 가지는 것으로, 다시 말해 바로 모두가 혁명의 책임을 진다는 것이니, 군정부는 특히 그 기관에 지나지 않을 뿐이다. 지금 이후 국민의 책임은 군정부의 책임이고, 군정부의 공은 바로 국민의 공이다. 군정부와 국민은 같은 마음으로 힘을 모아 책임을 다해야 할 것이다. 이에 특별히 속마음을 드러내어 오늘날 혁명의 경륜과 장래 국가통치의 근본으로 삼기 위해 천하에 포고한다.

(1) 오랑캐를 쫓아낸다. (하략)

(2) 중화를 회복한다. (하략)

(3) 민국을 건립한다. (하략)

(4) 지권(地權)을 평균화한다. (하략)

위의 네 가지 강령은 그 실시의 순서에 따르면 세 시기로 나뉜다. 첫째의 시기는 군법(軍法)에 의한 통치의 시기이다. (…중략…) 두 번째의 시기는 약법(約法)에 의한 통치의 시기이다. (…중략…) 세 번째 시기는 헌법(憲法)에 의한 통치의 시기이다(하략).

「군정부선언」, 『손중산전집』

청년은 이른바 봄과 같으며, 해가 뜨는 아침과 같고, 온갖 꽃에서 싹이 돋아나는 것과 같으며, 숫돌로 날을 간 날카로운 칼과 같아서 인생에서 고귀한 시기에 있는 사람이다. 청년이 사회에 존재한다는 것은 사람의 몸에 신선하고 활기찬 세포가 존재하는 것과 같다. 신진대사란 진부하고 썩은 것을 끊임없이 자연 도태시키는 대신, 신선하고 생기 있는 것이 공간과 시간에 자리잡도록 하는 것이다. 신체가 신진대사를 적절하게 하면 그 사람은 건강할 것이며, 낡고 썩은 세포가 신체를 막아버리면 그 사람은 죽을 것이다. 사회에 신진대사가 잘 이루어지면 그 사회는 융성할 것이고, 낡고 썩은 사람들 때문에 사회의 신진대사가 이루어지지 않으면 그 사회는 망할 것이다. (…중략…) 내가 바라는 것은 중국사회의 환골탈태이다. 내가 진정한 마음으로 말하고자 하는 것은 새롭고 활발한 청년들이 자각하고 분연하게 투쟁하기를 바란다는 것이다.

청년들이여! 이러한 일을 맡을 수 있는 사람이 있는가? 그 옳고 그름을 밝혀 결단을 내리도록 학 위하여 다음 여섯 가지를 말하니, 차분히 그 내용을 살펴보기를 바란다.

(1) 자주적이어야 하며, 노예적이지 않아야 한다. (하략)

(2) 진보적이어야 하며, 보수적이지 않아야 한다. (하략)

(3) 진취적이어야 하며, 퇴행적이지 않아야 한다. (하략)

(4) 세계적이어야 하며, 쇄국적이지 않아야 한다. (하략)

(5) 실리적이어야 하며, 허식적이지 않아야 한다. (하략)

(6) 과학적이어야 하며, 공상적이지 않아야 한다. (하략)

천두슈(陳獨秀), 「경고청년(警告青年)」, 『청년잡지』 (1915.9)

7. 동아시아 삼국의 도시 근대화

(1) 도시화의 전제, 개항장

아편전쟁 이래로 청, 일본, 조선이 차례로 조약을 통해 주요 도시를 개항하고 외국과 통상하면서, 외국인의 거주와 내왕, 통상을 위해 개방한 제한지역인 개항장이 형성되었다. 개항장은 동아시아에서만 볼 수 있는 독특한 제도로서, 1842년 난징조약 체결 이후부터 이 제도가 폐지되는 1943년까지 상하이, 톈진, 요코하마, 고베, 부산, 인천 등을 비롯한 동북아시아의 주요 개항 도시에 설치되었다. 이들 개항 도시의 개항장은 기선을 이용한 정기항로로 연결되어 상호 물적, 인적 교류의 창구와 거점 역할을 담당했는데, 이 네트워크는 개항의 시차로 인해 중국과 일본에 먼저 형성된 다음 조선으로 확장되었다.

개항장에 대외 통상장이 건립되면 통상장 내에는 상업거래지역, 내외국인 거주지역, 영사관, 시장 등이 들어섰다. 그럼으로써 개항도시는 신도시로서의 완전한 기능을 갖추었고, 투자자들과 상인들의 관심을 끌 수 있었다. 개항 후 통상장에는 외국의 많은 상인이 들어와 숙소와 상점을 짓고 상공업 활동을 영위하고자 했다. 따라서 통상 구역에는 여러 건축물들의 건설이 빈번하게 진행되었으며 이전의 구시가지에서는 볼 수 없었던 새로운 건축양식의 대규모 공공건축이 등장했는데 그 대표적 유형으로는 금융기관, 영사관, 교통시설, 우편시설, 상업 및 공업 시설, 서비스업 시설들이 있었다. 통상장 전역에 세워진 이들 건축물은 이전 시가지와는 완전히 다른 도시풍경을 구성하고 있었다. 이러한 이국적 풍경은 전통도시의 모습에 길들여져 있던 현지인들에게 묘한 흥취와 함께 한편으로는 모종의 반감을 불러일으켰다.

개항장은 선박의 정박, 외국 상인의 거주, 상품의 무역이 이루어지는 항구를 통칭하는 것이었지만, 이후 내륙에도 외국인의 거주와 무역을 허용하는 개시장, 개방지, 잡거지 등이 설정되었다. 개항기 외국인에게 개항장 밖의 지역은 행상 또는 여행만이 허용되었던 반면 개항장 안에서는 부동산을 취득하여 거주, 영업할 수 있는 권리가 주어졌으므로 개항장은 외국 정부 또는 거류외국인들에게 지역 행정권을 상당 부분 위임한 장소였다. 이처럼 개항장 내에는 조약과 관례에 기초하여 일정한 범위의 지역을 구획, 한정해 이를 외국인 전용의 거류지로 정하고 외국인이 입법, 행정, 사법, 치안을 관리하는 구역이 있었는데 이를 '조계'라고 하였다. 토지의 임차가 허용된 구역이라는 의미의 '조계'는 중국에서 주로 쓰였던 데 비해 일본에서는 외국인이 거류하는 지구라는 뜻으로 '거류지'라는 용어가 사용되었다. 조계와 거류지라는 호칭은 중국과 일본, 한국 사이에서 혼용되었지만 그 관리방식은 서로 다르지 않았다.

조계 또는 거류지는 이를 관리하는 국가가 하나인지 아니면 여럿인지를 기준으로 전관조계(전관거류지)와 공동조계(공동거류지, 잡거지)로 구분되었다. 상하이에는 1845년 영국 조계가 설치된 이래로 차례로 미국 조계와 프랑스 조계가 설치되었고 다시 1863년에는 영국과 미국 조계가 병합되면서 공동조계와 프랑스 전관조계로 나뉘어 설치되었다. 이후 전관조계와 공동조계가 병존하는 상하이를 모델로 한 조계가 동북아시아 각 국의 개항 도시에 설치되었는데 그 대표적 도시가 요코하마와 인천이었다. 이에 비해 부산의 조계는 일본과 청의 전관

조계를 중심으로 형성되었고 이후 인천 모델을 받아들여 거주 및 관리 방식을 점차 공동조계의 잡거 형태로 이행하였다.

한편 조계의 설치 목적이 거류민의 거주, 통상에 있었던 데 비해 조차지는 군사시설의 설치에 주된 목적이 있었다. 즉 조차지는 조차국이 다른 나라 영토의 일부를 빌리고 그 지역을 관장하며 군대를 주둔시키는 등 독점적 관할권을 가지는 지역을 말하였다. 대표적인 조차지로는 영국의 주룽반도 조차지, 독일의 자오저우만 조차지와 러시아의 마산 조차지를 들 수 있다. 이러한 조차지는 조차기한이 부여되는 것이 상례였으나 이는 조차라는 이름을 빌린 영토의 할양에 해당되었다.

조계(거류지)는 치외법권에 의거해 일정 지역의 토지를 조약 대상국 또는 거류민 개개인에게 임대하고 거주권과 관리권을 허용하는 곳이었으므로 기본적으로는 조약 대상국의 국민만이 거주하는 공간이었다. 이러한 배타적 집단거주지가 형성된 것은 조약 대상국이 교민을 보호하고 관리하고자 한 데에 목적이 있었지만 치안과 주권 상의 문제 때문에 외국인과 자국민의 접촉을 제한하고자 한 소속국의 의도와도 부합되는 것이었다. 하지만 영국 조계와 같이 개방적 성격을 지니고 있던 조계는 외국인 또는 현지인과의 공동 거주가 허용되었으며 공동조계의 경우 규약에 따라 여러 나라의 국민이 공동으로 거주하는 지역이었다. 현지인의 경우 처음부터 공동조계 내에 거주하고 있었거나 개항장을 왕래하면서 점차 조계 내에 거주하기도 하였고, 거류민 또한 조계의 구역이 확장되거나 거주 범위가 확대되면서 현지인이 거주하는 지역까지 들어가기도 하였다. 그렇다고 하여도 외국인과 현지인의 거주 공간 사이에는 일정한 거리가 두어졌고 일상의 공간 또한 구분되었다. 외국 정부는 위생과 치안상의 문제 때문에 소속국 정부에 요청하여 외국인 전용 거주지를 설치하였으며 이러한 전용 거주지는 대부분 풍경이 좋거나 해안에 가까워 공기가 청결한 곳에 위치하였다. 조차지의 경우 외국인과 현지인의 거주 지역 분리정책은 훨씬 더 엄격히 시행되었는데, 독일의 자오저우만(칭다오) 조차지에서는 유럽인의 주거지로 획정한 곳에 중국인이 집을 짓고 거주하는 것을 엄금하였고 중국인들을 이주시켜 가난한 중국 노동자들의 집단 거주 지역을 따로 만들기도 하였다. 이처럼 현지인과 외국인의 거주 공간을 구분한 것은 한편으로는 식민자의 우월한 지위를 유지하기 위해서였고, 또 한편으로는 현지인에 대해 감독과 관리를 원활히 진행하기 위해서였다.

(2) 개항도시의 등장

1) 중국의 개항도시

아편전쟁 후 중국에서는 광저우, 샤먼, 푸저우, 상하이, 닝보 등 5개 항이 개방되었고 이 같은 개항장은 곧이어 문을 연 톈진과 우한을 포함하여 십여 개로 늘어났다. 그 무렵 일본에서는 미일수호통상조약에 따라 요코하마, 하코다테, 니이가타, 효오고, 나가사키가 개항되었고, 그로부터 20여년 뒤 조선에서는 조일수호조규에 따라 부산, 인천, 원산이 개항되었다. 이들 개항장은 기선을 이용한 정기항로로 연결되어 상호 물적, 인적 교류의 창구와 거점 역할을 담당했는데, 이 네트워크의 중심은 상하이였다. 이 네트워크는 개항의 시차로 인해 중국과 일본에 먼저 형성된 다음 조선으로 확장되었다.

상하이에는 1845년 영국 조계, 미국 조계, 프랑스 조계가 설치되었고 다시 1863년에는 영국과 미국 조계가 병합되면서 공공 조계와 프랑스 조계로 나뉘어 설치되었다. 조계의 설치로 인해 상하이는 국가 권력으로부터 지배되지 않는 도시로서 독립성을 유지할 수 있었고 자유와 개방을 누릴 수 있었다. 그리고 이러한 자유를 통해 상하이는 역동성을 가질 수 있었다. 상하이의 조계를 모델로 한 거류지가 1859년 요코하마에 설치되었고 1883년 인천에도 형성되었다. 상하이와 요코하마의 거류지는 영미를 비롯한 구미열강의 요구에 따라 설치되었다. 인천의 조계는 일본정부의 요구로 설치되기 시작했고 청과 구미 각국도 그 뒤를 따랐다.

개항과 통상장의 설치는 도시 발전의 중요한 계기가 되었다. 도시경제의 현대화는 개방에 기초한 것이었다. 중국의 동부 연안과 장강유역의 도시발전은 통상 개항과 밀접한 관련이 있다. 상하이는 개항 후 해양 경제와 장강 경제를 연결하면서 지리적 이점을 활용하여 거대한 경제적 위치를 차지하게 되었다. 상하이는 세계도시의 발전 특징을 고루 갖추고 있었다. 먼저 무역을 선도하였고 제조업이 발달하였으며 금융발전을 핵심으로 하고 있을 뿐만 아니라 대외 교통의 요지이고 해상과 장강 교류의 중심이라는 점에서 성장의 유리한 조건을 구비하고 있었다.

중국의 상하이는 '동양의 런던'이라고 불리었듯이 중국의 근대 도시로서 가장 먼저 발달했다. 19세기 중엽에는 중국의 조계 중에서 가스등이 처음으로 등장하면서 야간 생활에 변화를 가져왔으며 1883년 상하이 영국 조계지에 처음 등장한 상수도 또한 중국인들의 거주 지역에서 모방, 수용되면서 생활에 커다란 변화를 불러왔다. 1919년부터 화교들은 홍콩에서 대규모 백화점을 들여와 상하이의 난징로에 점포를 개설하였으며 황푸강 주변에는 후이펑(匯豊)은행과 이허(怡和)양행 등 근대식의 거대한 건물들이 들어섰다. 또한 1920년대 후반의 난징 국민정부 시대에는 도로와 각종 교통수단이 발달하면서 상하이 사람들의 생활에 시공간적으로 이전과는 비교할 수 없을 만큼 큰 변화가 생겼다.

톈진은 개항 후 화북의 전통시장과 국제시장을 직접 연결하는 중요한 역할을 하였다. 톈진은 양호한 지리적 위치와 광활한 배후지 때문에 북방 최대의 무역 항구가 되었다. 상하이를 압도하지는 못하였지만 톈진의 교역 규모는 점차 커져 갔고, 화북지방에서의 중소규모 시장의 수출입 상품이 모두 톈진을 통과하였다. 20세기에 들어 톈진의 수륙 교통운송망이 개혁되면서 톈진의 대외무역은 크게 발전하였다. 톈진은 개항을 통하여 베이징에 의지하던 상황에서 벗어나게 되었고 20세기 초에는 톈진을 중심으로 하는 수륙 교통망이 형성되어 톈진은 경제적으로도 상하이에 결코 뒤지지 않았다. 대외무역 성장으로 인해 톈진는 이 후 중국 화북 제일의 도시이자 전국 제2대 도시로 성장하게 되었다.

2) 일본과 조선의 근대도시

일본의 경우 개항 이후 도쿄를 포함한 관동지방 일대를 배후지로 한 요코하마와 간사이(관서) 지방 일대를 배후지로 한 고베의 두 항구가 두드러진 발전을 보였고 무역거래량도 가장 많았다. 당시의 무역은 이른바 거류지무역이었다. 거류지에는 많은 외국 상관이 건립되어 외국상인이 근무, 거주했으며 일본상인은 상관에 출입하여 이들과 거래했으므로 개항장 무역액과 거류지의 발전은 비례관계에 있었다. 에도와 교토를 잇는 간선도로의 역참 근처 조그만 마을에 불과하였던 요코하마는 1860년 거류지 설치 승인을 받은 후 일본 메이지 정부의 주도로 도시 개발이 진행되었다. 거류지에 공원과 도로가 건설되었고 구획정리 사업이 추진되었다. 1871년 청일수호조규에 의해 거류지에서 중국인의 차지권(借地權)이 인정되면서 중국인 인구가 증가하여 오늘날의 차이나타운에 해당하는 중국인 집단 거구지역이 형성되었다. 개항 이후 요코하마의 외국 무역이 급속히 확대되고 도시가 발전하면서 국내외 교통편의 수요가 증가하였다. 이에 따라 1867년 미국의 태평양우선회사가 샌프란시스코-요코하마-상하이 항로를 개설했고 1875년에는 우편기선미쓰비시회사가 일본 최초의 해외 정기항로 요코하마-상하이 항로를 마련했다. 또 1889년 도쿄와 고베를 잇는 철도가 개통되면서 요코하마역이 건설되어 국내 교통의 편의를 제공하였다. 메이지유신 이후 100년간에 걸쳐 개항장과 거류지가 경제, 정치, 문화, 사회, 풍속 등에 걸쳐 일본의 근대화와 도시화에 끼친 영향은 매우 크다고 할 수 있었다.

1876년 조일수호조규에 의해 부산이 개항되자 이듬해 초량왜관 지역은 일본의 부산 전관(專管)거류지로 개편되었다. 거류지에는 일본영사관이 설치되었다. 1894년의 청일전쟁 이래 일본군 병참 라인의 거점이 된 부산은 1904년 경부철도가 완성되자 러일전쟁 당시 일본군의 병참 역할을 담당했다. 이어 1905년에는 시모노세키(下關)와 부산을 연결하는 연락선이 개설되어 부산을 통해 조선과 일본의 철도망이 연결되었다. 해안선 가까이에 산이 있는 부산에서는 일본인 자본에 의해 용지확보를 위한 매립공사가 반복적으로 진행되었다. 1902년에 일본인 회사가 최초로 매립공사에 착공하였다. 그 후 철도, 역사, 선창, 창고, 세관 등의 시설이 만들어졌다.

철도의 건설은 도시의 성쇠에 막대한 영향을 끼쳤다. 한국에서도 한가한 촌마을이었던 대전은 경부선이 개통되고 대전역이 들어서자 철도 공사에 종사하던 일본인 거류민이 정착하면서 신흥도시 대전이 탄생했다. 1904년 일본인 거류지에는 군인, 경관, 이민단이 들어와 용달업, 토목건축업, 상품판매업, 운송업 등을 시작했다. 반대로 충청남도의 관청이 있었던 공주는 쇠락했다. 경부선과 호남선이 지나는 조치원, 대전, 논산 등이 성장하면서 공주는 상업중심지의 역할을 잃고 말았던 것이다. 심지어 도청 소재지마저 철도가 지나는 대전으로 옮겨져 공주는 행정 중심지로서의 역할까지 잃고 말았다. 강경과 군산의 운명도 뒤바뀌었다. 강경은 금강의 물길을 따라 바다와 산에서 나는 산물이 집적되는 곳이었다. 온갖 물자가 이곳에 모였다가 군산, 공주, 전주, 대전으로 이동하는 번화한 포구였다. 그런데 경부선과 호남선이 개통되자 금강의 물길은 힘을 잃었고 그 대신 군산이 부상하였다. 조선시대에 서울로 올라갈 세곡이 집산되던 군산은 호남선의 종착지가 되면서 한반도 전역의 쌀이 모였다가 목포를 통해 일본으로 반출되는 곳이 되고 말았다.

(3) 도시문화의 형성

1) 신문과 정기간행물

개항도시와 같이 대외적으로 개방한 도시들은 외국인이 집단적으로 장기 거주하게 됨에 따라 생활의 편의와 교통통신을 위한 근대적 편의시설이 갖춰지기 시작했다. 즉 전신, 전화, 우편, 신문, 전차, 기차 등이 신문물로서 받아들여졌던 것이다. 이처럼 구미에서 전래된 신문물은 메이지유신 전에는 주로 상하이를 창구로 하여 일본과 조선으로 전파되었고 메이지유신 이후엔 점차 도쿄가 그 중심 창구로 부상하기 시작했는데 이는 청일전쟁을 거치면서 비로소 굳어졌다. 일본에서는 1920년대 만성불황에도 불구하고 도시화가 진전되면서 도시의 문화생활에는 풍요가 넘쳤고 그것이 점차 대중화되면서 대중문화가 발달하기 시작했다. 백화점은 도시의 '밝고 새로운 생활'의 상징으로 등장했으며 도심과 근교의 주택가를 잇는 신흥 통근전차 노선은 이러한 백화점을 거점으로 방사선처럼 뻗어나갔다. 조선의 경성에서도 1920년대에 전차와 버스가 대중교통수단으로서 서민생활의 일부로 자리잡기 시작하였다. 1920년대 말 경성시내에서 운행한 전차의 수는 120대였다. 경성에 처음으로 개점한 백화점은 1921년에 세워진 조지야백화점이었고, 1930년에는 미쯔코시백화점이 대규모 신관을 건립했다.

많은 일반 민간인에게 새로운 정보를 전달해주면서 내셔널리즘을 강화시켜준 신문물은 바로 신문이었다. 1828년 서양 선교사가 창간한 '유니버설 가제트(The Universal Gazette)'의 한자이름이 '천하신문'인 데서 알 수 있듯이 선교사들은 가제트를 '신문' 또는 '신보'로 번역했다. 상하이와 요코하마에서는 각각 1851년과 1861년 영국인에 의해 영자신문이 창간되어 구미 회사들에 필요한 정보를 제공했고 이윽고 이를 모델로 하는 중국어, 일본어 신문이 창간되었다. 상하이 최초의 중국어 신문은 영국회사 자림양행에 의해 1861년 창간된 '상하이신보'다. 거기에는 선박의 출입일정, 물가정보, 각종 광고 등이 게재되어 중국인의 필요에 부응했다. 1872년 영국인에 의해 창간된 '선바오(申報)'는 상하이를 대표하는 일간지로 자리잡아갔다. 이 신문은 일본의 타이완 침공과 청불전쟁에 특파원을 파견하여 보도의 현장성을 살리는 획기적인 취재를 개시했다. 중국인 자신에 의한 신문은 1874년 왕타오(王韜)에 의해 홍콩에서 창간된 '순환일보(循環日報)'가 처음이다. 이 신문은 1941년 일본군의 침공으로 정간될 때까지 발행되었다.

한편 요코하마에서는 1864년 미국 영사관 통역관이 최초의 일본어 신문 '카이가이신문(海外新聞)'을 창간하면서 일본 국내외 뉴스와 광고를 게재했다. 1871년 일본인에 의해 '요코하마마이니치신문'이 창간되었고 그 후 일본어신문 창간의 붐이 일었다. 개항자체가 늦었던 조선에서는 1883년 정부당국이 최초의 근대적 신문 '한성순보'를 창간했다. 그러나 이 신문은 여전히 한문으로 씌어졌으며, 한글신문으로는 1886년 국한문혼용의 '한성주보'를 거쳐 1896년 독립협회가 창간한 '독립신문'이 처음이다. 그밖에 '대한매일신보'가 1904년 영국인 베셀(E. T. Bethel)과 양기탁 등에 의해 창간되어 영문판 외에 국한문 혼용판과 한글전용판을 발간했다. 박은식과 신채호의 애국계몽적 논설로 유명했던 이 신문은 한말 최대의 발행부수를 자랑했으나, 한일합병 직후 총독부에 의해 폐간되었다.

도시에서 출판된 정기간행물은 정치, 경제, 사회, 문화적 정보를 제공하여 시민들의 정치적, 사회적 여론을 선도하였을 뿐 아니라 각 계층의 이익을 대변하고 이념과 사상을 교육함으로써 근대 대중문화의 발전에 상당 부분 기여하였다. 그런 의미에서 정기간행물은 도시근대화 및 교육근대화에 적지 않은 작용을 했다고 볼 수 있다. 먼저 정기간행물이 지니고 있는 뉴스 전달 기능으로 각종 사회 소식들이 신속하게 전달됨으로써 사람과 사람 사이, 도시 내부와 외부 사이, 그리고 사회의 각 계층과 각 사회조직 사이의 교류가 원활하게 진행되었다. 또한 국내외에서 발생한 중대한 사건들이 신문을 통해 보도됨으로써 도시사회 각 계층의 인사들이 지역정보 뿐만 아니라 전 세계의 변화상을 이해하고 파악하게 되어 도시의 개방성에 유리한 조건을 제공해 주었고 이로 인해 도시는 보수적 성향에서 탈피하여 개혁 지향적 성격을 지니게 되었다. 다음으로 근대의 정기간행물은 정치적 선전 기능을 많이 담당하고 있었고 근대 지식인들은 신문과 잡지를 통해 정보를 전달하였으므로 외세의 침탈과 내부의 전제제도 및 전통사상에 대한 비판의 내용을 담은 글들은 민주주의 사상과 신문화, 신지식을 수

많은 대중에게 전달해 줌으로써 정치적 계몽과 교육의 역할을 담당하였다.

2) 교육의 보급

일본에서 대중문화의 발달을 촉진한 커다란 전제는 교육의 보급이었다. 1910년대 후반부터 공,사립대학이 인가를 받고, 중학교, 고등(여)학교가 증설되는 등 고등교육기관이 확장된 결과 지식층이 대폭적으로 확대되었으며 이들은 중간층 시민으로서 이 시대의 문화에 중심적인 역할을 담당하게 되었다. 1920년에는 취학률이 90%를 넘게 되고 의무교육도 확충, 보급되어 남녀 간의 취학률 격차도 거의 없어졌다. 국민의 대부분이 문장을 읽을 수 있게 된 것도 문화의 대중화를 촉진했다.

중국의 경우 신해혁명 이후 새로이 성립된 민국 정부는 교육 근대화를 추진하고 촉진시키기 위해서 적극적인 태도를 취했다. 민국 원년 이후 중앙정부의 교육부는 일련의 교육법령·법규를 반포하였고 전국적으로 '국민 도덕배양'을 위주로 하는 교육이념을 창도하는 동시에 공자존숭, 경전강독, 출신차별, 체벌, 귀족학교를 폐지하였다. 또한 청대 학부에서 반포한 교과서를 금지하고 민주공화 이념과 과학교육을 담고 있는 교재를 선정하여 간행하는 동시에 여성교육과 사회교육을 확대하고 남녀의 평등한 교육 권리를 추진하며 사학을 장려함으로써 근대적 교육체제가 신속히 성숙할 수 있도록 기반을 마련하였다.

사료 읽기

옛날의 아사쿠사에는 '십이층'이라는 기발한 건물이 우뚝 서 있었다. 붉은 벽돌로 쌓은, 그 높고 투박한 탑 모습은 어디서나 쉽게 발견할 수 있었다. 어느 집의 망루에서나, 어느 집의 베란다에서나, 어느 집의 어떤 비좁은 2층 창문에서나 쉽게 발견할 수 있었다.

동시에 또는 넓은 도쿄의, 무코지마(向島)의 제방에 서도, 우에노의 전망대에서도, 아타고산의 높은 돌계단 위에서도, 언제나, 쉽게 그것을 발견할 수 있었다.

'아아, 저기…저기에 십이층이…'

그래서 그 무코지마의 제방에서, 우에노의 전망대에서, 아타고 산의 높은 돌계단 위에서 그것을 발견했을 때 그때의 그러한 뜻밖의 기쁨……. 그 때의 기쁨은, 바로 아사쿠사를 발견한 기쁨이었다. … 영검스러운 관음보살을 지닌 아사쿠사를 느꼈다는 기쁨이었다. … 그토록 항상 그 탑은 아사쿠사에서 중요한 존재였다.

E. 사이덴스티커, 『도쿄이야기』

우리가 독립신문을 오늘 처음으로 출판하는데, 조선 속에 있는 내외국 인민에게 우리의 주의를 미리 말씀하여 아시게 하노라. 우리는 첫째 편벽되지 아니한 고로 무슨 당에도 상관이 없고, 상하 귀천을 달리 대접 아니하고, 모두 조선 사람으로만 알고, 조선만을 위하며, 공평히 인민에게 말할 터인데, 우리가 서울 백성만 위할 것이 아니라 조선 전국 인민을 위하여 무슨 일이든지 대언(代言)하여 주려 함. 정부에서 하시는 일을 백성에게 전할 터이요, 백성의 정세를 정부에 전할 터이니 만일 백성이 정부 일을 자세히 알고, 정부에서 백성의 일을 자세히 아시면, 피차에 유익한 일만 있을 터이요, 불평한 마음과 의심하는 생각이 없어질 터이옴.……또 한 쪽에 영문으로 기록하기는, 외국 인민이 조선 사정을 자세히 모른 즉 혹 편벽된 말만

듣고 조선을 잘못 생각할까 보아 실상 사정을 알게 하고자 하여 영문으로 조금 기록함. 그러한 즉 이 신문은 조선만 위함을 가히 알 터이요, 이 신문을 인연하여 내외 남녀 상하 귀천이 모두 조선 일을 서로 알 터이옴. 우리가 또 외국 사정도 조선 인민을 위하여 간간히 기록할 터이니 그것을 인연하여 외국은 가지 못하더라도 조선 인민이 외국 사정도 알 터이옴. 오늘은 처음인고로 대강 우리 주의만 세상에 고하고, 우리 신문을 보면 조선 인민이 소견과 지혜가 진보함을 믿노라.

「독립신문」 1896년 4월 7일

아, 백성을 가르치지 않으면 나라를 굳건히 하기가 매우 어렵다. 세상 형편을 돌아보건대 부유하고 강하여 우뚝이 독립한 나라들은 모두 그 나라 백성들이 개명(開明)한 지식을 가지고 있다. 지식이 개명하는 것은 교육이 잘된 데서 이루어지는 것이다. 교육은 실로 나라를 보존하는 근본으로 된다. 그래서 나는 임금과 스승의 자리에 있으면서 교육하는 책임을 스스로 떠맡고 있다.

교육에는 방도가 있으니 먼저 허명과 실용을 분별해야 한다. 책을 일고 글자를 익히어 고인의 찌꺼기만 주워 모으고 지금 돌아가는 큰 형편에 어두운 자는 문장이 아무리 뛰어나더라도 쓸모없는 서생에 지나지 않는다. 이제 나는 교육하는 강령을 제시하여 허명을 제거하고 실용을 내세우는 바이다.

덕(德)을 길러야 한다. 오륜에 맞는 행실을 닦아 풍속을 어지럽히지 말고 풍속과 교화를 추세워 인간 세상의 질서를 유지하고 사회의 행복을 증진시킬 것이다.

체력(體)을 길러야 한다. 신중하고 부지런히 움직여 편하려고 하지 말며 고난을 피하지 말아야 한다. 근육을 튼튼히 하고 뼈를 건장하게 해야 병이 없이 건장한 기쁨을 누릴 것이다.

지혜(智)을 키워야 한다. 이치를 연구하여 지식을 넓히고 열심히 도리를 파고들어야 한다. 좋아하고 싫어하며, 옳고 그르며, 길고 짧은 데 대하여 너와 너를 구별하지 말라. 상세히 따지고 널리 통달하여 사리를 추구하지 말며 대중의 이익을 도모할 것이다.

이 세 가지가 교육하는 강령인데 내가 정부에 지시하여 학교를 널리 세우고 인재를 양성하는 것은 너희들 신하와 백성이 학식으로 나라를 중흥시키는 큰 공로를 이룩하기 위해서이다.

『교육입국조서』

8. 사회적 약자의 자각

(1) 농민·노동자 단체의 조직

1) 각국의 브나로드운동

사회주의의 수용과 전파는 각국 지식인의 사회운동에 영향을 미쳤다. 특히 농민과 노동자가 주체적으로 자신의 이해와 요구를 바탕으로 국가의 주권자로서 국정에 참여하는 방향으로 나아가야 한다고 강조하였다. 초기에 사회주의를 수용한 학생과 지식인들은 브나로드(인민속으로) 운동을 통해 노농대중의 실상을 파악하고 그들과 결합하고자 하였다.

일본의 학생운동은 1918년 쌀소동에 자극을 받아 시작되었고, 실천활동으로서는 보통선거운동에 참가하고 브나로드의 기치 아래 공장지대나 농촌에서 생활하면서 노동자와 농민에 대한 계몽활동을 전개했다. 특히 농촌에서 도시로 진학한 청년들은 여름방학이나 겨울방학을 이용해서 귀성하여 도시의 새로운 사상과 분위기를 전파하는 데 중요한 역할을 했다. 중국의 학생과 교사들은 1919년 5·4운동 과정에서 평민교육강연단을 만들어 활동한 경험을 바탕으로 브나로드 운동을 시작하였다. 중학생과 대학생 및 교사들이 배울 형편이 안 되는 청소년들을 대상으로 야학을 세워 글자를 가르쳐주면서 기초상식과 시사문제 등을 곁들여 설명해주는 형태의 평민교육운동에 참여하였다. 한국에서의 브나로드운동은 일제의 식민통치에 저항하는 농촌계몽운동의 형태로 전개되었다. 한국 브나로드운동은 좁은 의미에서 1931년부터 1934년까지 동아일보사가 전개한 문맹퇴치를 위한 민중계몽운동을 말한다. 민중계몽을 통한 민족자강으로 독립의 기반을 다진다는 목적의 이 운동에는 언론계, 조선어학회, 청년학생이 함께 참여했다.

2) 일본의 노동운동

일본에서는 제1차 세계대전 이래로 노동운동이 급속도로 성장하였다. 제1차 세계대전은 여러 측면에서 일본에 많은 영향을 주었는데 사회운동 분야도 큰 비중을 차지하였다. 대전 중의 급속한 산업발전으로 노동자의 수는 큰 폭으로 늘어났지만 물가고로 인해 생활은 그리 나아지지 않았다. 당연히 사회운동이 크게 고양되어 노동쟁의 건수가 급격히 증가하였다. 1912년 1월에 도쿄에서 시영전철 노동자의 대파업이 일어났다. 또 이해 8월에는 기독교적 인도주의 입장에서 노동문제에 관심을 가졌던 스즈키 분지 등의 주도하에 '우애회'라는 단체가 만들어졌다. '노자협조주의'에 입각하여 노동자계급의 지위향상과 노동조합의 결성을 목적으로 했다. 처음 15명으로 출발한 우애회는 4년 후엔 전국에 지부를 두고 2만 명의 회원을 가질 정도로 선진적인 숙련공의 마음을 사로잡았다. 1917년에 들어와 노동쟁의는 비약적으로 늘어나고, 대전 경기로 인한 빈부격차가 불거지면서 사회의 불안이 가속화되었다. 우애회는 1919년에 '대일본노동총동맹 우애회'가 되어 완전히 직업별 노동조합의 전국연합으로 탈바꿈하고, 1921년에는 '일본노동총동맹'이 되면서 노자협조주의에서 서서히 '계급투쟁주의'로 노선을 전환하였다. 1920년 이후 전후의 공황이 시작되면서 하라내각과 자본가의 공세가 심해져 쟁의 건수는 감소하지만 쟁의행위의 양상은 더욱 격렬해졌다. 도쿄에서 일본 최초의 '메이데이' 시위행진이 이루어진 것도 이 해의 일이었다.

3) 중국의 대중운동

중국에서도 대규모의 대중운동이 1919년에 일어났다. 파리 강화회의에서 열강이 일본의 손을 들어 21개조 요구를 승인하자 '국권 쟁취', '칭다오 반환', '강화조약 조인 거부' 등을 내세운 5·4 운동이 발생한 것이다. 처음에는 학생운동으로 시작한 5·4운동은 곧 노동자와 상인이 이에 가세하는 대중운동으로 발전하였다. 그리하여 상하이에서는 상인, 노동자가 학생과 함께 파업에 돌입하여 계엄령 하에서도 8일간 도시 기능을 마비시키고 전국 150여 개의 도시로 확산되어 정부를 굴복시켰다. 무엇보다도 5·4운동은 노동자계급이 처음으로 정치 무대에 등장하고 자각적인 노동운동이 시작되었다는 점에서 큰 의의를 지니는 것이었다.

한편 중국에서 인구의 80%를 차지하는 농촌은 오랫동안 무지와 빈곤에 갇힌 채 군벌의 봉건적 지배의 토대가 되어왔다. 오래 계속되는 군벌전쟁과 제국주의의 침투는 농촌의 황폐화와 지주의 토지집중을 초래하였다. 1926년의 조사에 의하면 농촌인구의 14%인 지주가 경지의 62%를 소유하고, 68%를 차지하는 빈·중농의 토지는 겨우 19%밖에 되지 않았다. 지주가 거두는 소작료는 대부분의 경우 수확의 50%를 넘었고 군벌이 징수하는 토지세는 군사비 조달을 위하여 몇 년 앞질러서 미리 징수되었다. 이러한 억압 속에서 농민의 저항도 서서히 나타나 주로 화남에서 중공당원이 지도하는 농민협회가 결성되기 시작하였다. 최초의 농민협회는 1921년 9월 션슈엔루(沈玄盧)에 의해 조직되었다. 이 농민협회는 소작료 인하, 악덕상인의 쌀

값 조작 반대를 내걸고 싸웠으나 지방당국의 군대에 의해 진압되었다. 또 1922년 7월 광동성 하이펑(海豊)현에서는 중공당원 펑바이(彭湃)가 지도하는 농민협회가 결성되었다. 이 농민운동은 차츰 인근 현에도 퍼져나가 1923년 5월에는 6현 20만의 농민이 농민협회에 조직되어 1924년 군벌 천지웅밍(陳炯明)에 의해 해산될 때까지 지속되었다. 호남성 형산현의 악북농공회는 당으로부터 파견된 노동자의 협력에 의해 1923년 9월에 만들어져 순식간에 10여 만의 농민을 결집시켰다. 농민들은 단경기의 식량 가격 인하와 곡물, 면화의 반출 저지를 요구하며 싸웠으나 군벌 군대에 의해 해산되고 말았다.

4) 조선의 농민운동

조선에서의 농민운동은 1920년대부터 대중적인 기반을 가지고 조직적인 형태로 전개되기 시작하여 1930년대까지 활발한 움직임을 보였다. 1920년부터 1925년까지의 소작쟁의 건수는 200건 이하였지만 건당 참가인원은 100명 전후였던 단체적 쟁의가 많았다. 1926년부터 1933년에는 소규모의 소작쟁의가 빈번히 일어났으며 1933년의 소작쟁의는 전국 각지로 확산되어 2000건에 달했다. 특히 1933년 2월 조선소작쟁의조정령이 시행된 이후 쟁의 규모가 소규모화하면서 그 건수는 급격하게 증가하여 1937년에는 3만 1798건으로 최고에 달했다. 이 가운데 일본인 지주에 대한 소작쟁의는 1933년 379건에서 1934년 1178건으로 거의 3배 이상 증가했고 그 이듬해에는 다시 2.5배 이상 증가했다. 소작쟁의 건수의 증가와 함께 농민단체의 결사 수도 꾸준히 증가했다. 1931년 농민단체 수는 1759개로 최고에 달했으며 이때부터 일제의 탄압이 강화되어 합법적인 존립이 어렵게 되면서 농민단체의 수는 감소하지 않을 수 없었다. 이후 1930년대 후반부터 농민운동은 지하투쟁으로 전개되었다. 이처럼 조선에서의 소작쟁의, 노동운동은 단순히 계급운동으로서만 전개된 것이 아니라 민족독립운동으로 전개되었다는 데 그 의미가 있다. 그러나 1930년대 중반 이후 일본의 대륙침략이 본격화되면서 일본은 식민지조선에서 '황민화정책'을 강력하게 추진하면서 대중운동에 대하여 철저하게 탄압을 강화해나갔다.

(2) 여성 운동

1) 치우진(秋瑾)의 혁명운동

20세기에 들어서자 차츰 중국에 서구의 근대사상이 전해지면서 허버트 스펜서나 밀의 여권사상도 소개되었다. 또한 청조의 부패정치에 반대하여 변혁을 촉구하는 혁명파의 운동이 일어나자 여성해방은 봉건적 가정에서 나온다는 사실을 호소하기 시작했다. 김일(김천택)은 희망이 없는 암흑세계 가운데에 있는 중국여성을 위해 자유의 종, 혁명의 종을 두드려 울린다는 의미에서 '여계종(女界鐘)'을 지었다. 그는 자신의 책에서 여성의 자유를 속박하는 전족이나 긴 머리에서 해방되어야 한다는 것, 20세기의 세계는 여권혁명의 시대에 있다는 것, 민권과 여권이 밀접하게 관련된다는 것, 여성이 획득해야 할 모든 권리 등을

그림 24 치우진

명확히 밝혔다. 혁명운동이 진전되면서 여성도 혁명운동에 참가해야 한다는 주장도 고조되어 '삼민주의'를 제창한 손문은 남녀동권을 '민주'의 일부로 보기도 했다.

치우진(秋瑾)은 자신이 유린당했던 암흑의 상황이 생각나서 자립의 길을 찾는 한편 멸청흥한(청조를 멸하고 한족의 정권을 세움)의 민족운동을 위한 행동을 시작했다. 자립하기 위해서는 '학문을 해야 한다'고 생각하여 일본으로 유학을 갔지만 '멸청흥한'을 실현하기 위해 귀국하여 여성해방운동이나 혁명활동에 분주히 참가하였다. 그녀는 당시 여성의 상황을 다음과 같이 설명하며 이를 극복하기 위해 학문과 기예를 배우고 익혀서 자활의 길을 열어야 한다고 하였다.

> 오오, 2억의 남성은 문명의 신세계에 들어가 있는데 우리 2억의 여성동포는 여전히 18중 지옥의 암흑에 빠져 있고 그 한 단계도 올라가려 하지 않고 있습니다. 발은 전족, 머리는 꽃이나 리본, 비녀를 꽂고 분을 하얗게 바르고 입술에는 연지를 빨갛게 바릅니다. 한 평생 안다는 것은 단지 남성에게 의지하여 입고 먹는 것을 전적으로 의존할 뿐입니다. 자매님들에게 묻겠습니다. 이 세상에 태어나서 자유의 행복함을 향유한 바가 있었습니까?
>
> [삼가 자매들에게 고함](1907)

치우진은 반정부혐의로 체포될 당시 도망칠 수 있었으나 피신하지 않고 체포되어 처형당했으니 여성혁명가라면 단연 치우진의 이름이 거명될 정도였다. 한편 허전(何震)은 남편 류스페이(劉師培)와 함께 일본에서 여자복권회를 만들고 1907년 6월에 기관지인 '천의(天義)'를 창간하여 무정부주의의 여성해방론을 전개했다. 그 취지는 '오래된 사회를 파괴하고 인류의 평등을 실행하는 것, 여계(女界)혁명을 제창하는 것 외에 종족, 정치, 경제의 모든 혁명도 겸해서 제출하는 것'이었다.

2) 여성 해방 운동

도시화가 진전하면서 여성의 지위와 사회활동도 변화를 보였다. 특히 1908년에 창립된 상하이 기독교여성청년회는 중국 최초의 여성청년회 조직으로서 여성의 지(智), 덕(德), 체(體), 사(社) 각 분야의 발전을 목표로 삼고 사회봉사나 교육에도 관심을 드러내고 있었다. 여성청년회의 활동은 국민혁명기에 반제, 반봉건을 기치로 내건 반기독교운동의 반제국주의 노선과는 대립되는, 상대적으로 보수적인 측면이 있었으나 한편으로는 국민당의 혁명참여 요구에도 응하지 않는 비타협적인 측면도 있었다. 기독교여성청년회는 가부장제와 여성에 대한 사회적 억압을 거부하고 여성의 지위 향상을 목표로 했다는 점에서 근대적인 여성 운동이라는 의의를 지닌다.

여성들이 독립된 인격을 가지고 생활하게 된 것은 사실상 『신청년』이 새로운 흐름을 이끌기 시작한 이후부터이다. 『신청년』 제5호의 「1916년」이란 글에서 천두슈는 처음으로 여성들이 피정복자의 지위에 자신을 놓아두지 말 것이며 타인들의 부속품이 되지 말라고 주장하였다. 천두슈는 이 글에서 여성참정, 과부개가, 공개적인 사교활동, 경제적 독립과 핵가족제도 등 여성해방과 관련한 내용을 설파하였다. 이후 『신청년』은 지속적으로 여성의 사회문제, 정조문제 등에 대한 혁명적인 시각을 보여 2천 년간 이어진 여성의 정조관념을 깨뜨리고 청년들에게 막대한 영향을 끼쳤다. 『신청년』으로 대표되는 신문화운동기의 여성해방운동은 5·4운동기에 싹을 피웠다. 중국 각지에서 학생들이 발간한 혁명관련 출판물이 나왔는데 그 속에는 운동 소식 이외에도 혁명사상, 사교의 공개, 여성의 해방, 자유연애, 교육평등 등의 논리가 가득했다. 5·4운동에서 제기된 사상들은 그 시대를 구제하기 위한 처방이었기에 여성해방은 비로소 그 실천력을 지니게 되었다.

5·4운동 이후 여성해방의 첫 목소리는 교육의 평등을 외치는 소리였다. 두 번째로는 직업에서의 여성해방이, 세 번째로는 결혼에서의 여성해방이, 그리고 네 번째로는 봉건적인 성도덕으로부터의 여성해방이 주장되었다. 마지막으로는 여성참정운동의 확산이 이루어졌다.

5·4운동 시기에 민주적 사고가 고양되면서 여성해방을 어떻게 실현시킬 것인가에 관한 여러 논의가 잇따라 제출되었고 공개적 사교, 교육의 평등, 경제적 독립, 자주적 혼인에 대한 열띤 요구들이 출현하였다. 그러나 무엇이 중국 여성해방의 정확한 방향인가에 대해서는 각 계급, 각 계층 간에 공통된 인식을 갖지 못하였다. 마르크스주의의 수용에 따라 초보적인 공산주의 사상을 갖춘 지식인들이 마르크스주의의 관점을 가지고 여성문제를 본격적으로 분석하기 시작했다. 그래서 여성 전체의 역량을 규합하여 남자들과 지배계급이 독단적으로 처리하는 사회제도를 타파해야 한다고 주장하기 시작하였다. 여기에서부터 남성과 더불어 인류의 나머지 절반으로서 하늘을 떠받치고 있는 여성이 남성과 똑같이 사회혁명에 참여하여 여성해방과 사회제도의 변혁을 이루어야 한다는 여성혁명노선이 출현하게 되었다.

9. 제국주의 전쟁의 발발

(1) 러일전쟁과 열강의 식민지 쟁탈

1) 러일전쟁의 발발과 포츠머스 강화조약

중국에서 발생한 의화단 운동은 러시아가 만주를 점령할 수 있는 구실을 제공했다. 러시아는 의화단을 진압하고 질서를 회복한다는 명분으로 만주로 진격하여 만주 전역을 점령했다. 러시아는 의화단 운동이 진압된 후에도 남만주로 파견한 병력을 철수하지 않고 만주를 러시아의 보호지역으로 인정하도록 청에게 강요했다. 이에 대해 일본이 강력히 항의했고, 만주문제와 조선문제를 둘러싸고 러시아와 일본 사이에 심각한 대립관계가 형성되었다. 양측의 입장은 전혀 좁혀지지 않았고 러시아와 일본 사이에 개전의 징후가 점차 뚜렷해져 갔다. 1904년 2월 6일 러시아 주재 일본공사가 러시아정부에 교섭 중지와 국교단절에 관한 공문을 제출하였다. 청일전쟁이 끝난 지 10년 만에 또다시 동북아시아에서 전쟁이 발발했다. 20세기 최대의 사건 중 하나로 손꼽히는 러일전쟁이 시작된 것이다.

러일전쟁의 전장은 기본적으로 만주였다. 만주에서 전쟁이 벌어지자 청은 중립을 발표하고, 두 교전국에게 선양(沈陽)과 성징(盛京)의 왕릉을 보호하고 만주에 대한 청의 통치권을 침해하지 말 것을 요구했다. 일본은 청의 중립을 인정하고 전후 청의 영토에 대한 어떠한 요구도 하지 않겠다고 약속한 반면, 러시아는 만주를 중립지대로 인정하거나 만주의 지위에 대해 논의하기를 거부했다.

1905년 1월 일본이 뤼순항을 함락하여 남만주에서 러시아를 몰아내었고, 5월에는 쓰시마 해전에서 발트함대를 괴멸시키며 러시아 해군에 완승을 거두었다. 이로써 일본의 승리가 확정적인 것이었지만 군사적·재정적으로 이미 전력이 고갈된 일본은 미국에 강화의 주선을 요청했다. 전쟁에서 일본을 지지하기는 했으나 일본이 승승장구하여 대한제국만이 아니라 만주까지 영향력을 확대하기는 바라지 않았던 루스벨트는 일본의 요청을 받아들였다. 러시아도 국내에서 혁명활동이 지속되고 있었으므로 더 이상 전쟁을 수행할 수 없었기에 루스벨트의 주선을 받아들였다. 1905년 9월 5일 체결된 포츠머스 강화조약에서 일본은 대한제국에 대한 일체의 지도권, 러시아가 가지고 있던 뤼순·다롄의 조차권, 남만주철도에 대한 일체의 권리, 북위 50도 이남의 남사할린 할양 등을 얻어 냈다.

이후 러시아는 동북아시아에서 발칸반도로 눈을 돌렸고, 이 지역에서 오스트리아-헝가리 제국, 독일과 충돌하여 제1차 세계대전이 발발하는 원인을 마련하게 된다. 그리고 러시아와 일본 사이에 얽혀 있던 만주지역에 대한 이해관계는, 1907년 7월 30일 러시아와 일본이 러일협상을 통해 북만주와 남만주에 대한 특수권익을 각각 나누어 갖는 것으로 조정되었다. 또한 일본은 같은 해 6월 10일 러시아와 동맹관계인 프랑스와 프일협상을 체결했으며, 러시아는 같은 해 8월 31일 일본과 동맹관계인 영국과 영러협상을 체결했다. 이렇듯 1907년에 체결된 러일·프일·영러 사이의 협상 체결은 국제정치에서 독일 포위망 형성을 의미했다. 이것도 훗날 제1차 세계대전 당시 동북아시아의 국제정치를 규정하는 중요한 요소로 등장한다.

2) 제국주의 열강의 식민지 점령

포츠머스 강화조약은 일본과 러시아의 합의였으므로, 대한제국과 청에 관련된 사항은 별도로 한국·청과 교섭해야 했다. 우선 한국 문제에 있어 일본은 포츠머스 강화조약 체결 직전인 1905년 7월 27일 미국과 가쓰라·태프트협약을 체결하여 미국의 필리핀 지배와 일본의 대한제국 보호국화를 상호 승인하였다. 그리고 강화조약 체결 이후에는 이토 히로부미를 전권대사로 대한제국에 파견하여 11월 17일 제2차 한일협약(을사조약)을 체결했다. 이 조약을 통해 일본은 대한제국의 외교권을 박탈하고, 통감부를 설치하였다. 이로써 대한제국은 일본의 보호국이 되었다.

청에 대해서는 고무라 외상을 전권대사로 베이징에 파견하여 1905년 12월 22일 청일협약(베이징조약)을 체결하고 포츠머스 강화조약의 내용과 함께 16개 항구 개방, 압록강 남부의 삼림지역에 대한 청일합동개발 합의 등을 추가로 승인받았다. 단 여기에서 청은 일본과 러시아의 특권으로 제한적이긴 했지만 만주가 여전히 중국의 영토로 남을 것임을 보증 받았다. 이에 청은 1907년 4월 20일, 만주족의 발상지라는 만주지역의 특별한 정치적 지위를 종결시키고 펑톈성(奉天省, 지금의 랴오닝성[遼寧省])·지린성(吉林省)·헤이룽장성(黑龍江省) 3성을 설치했다.

고종은 1907년 6월에 개최된 제2회 헤이그만국평화회의에 특사 세 명을 파견하여 제2차 한일협약의 무효를 국제사회에 호소하며 일본에 대한 마지막 저항을 했다. 하지만 이들은 일본 측의 방해와 열강의 무관심 속에서 정식회의에 참석하지 못했다. 7월 20일 일본은 이를 계기로 고종을 강제 퇴위시키고, 군대해산과 사법권 이양을 내용으로 하는 정미약조를 체결했다. 이제 대한제국은 통감의 동의가 없으면 어떠한 결정도 할 수 없게 되었다. 형식적인 합병 절차만 남은 것이다.

마침내 1910년 8월 29일 일본은 한일병합 조약이 체결되었음을 공식적으로 발표했다. 이를 주도한 제3대 통감 데라우치 마사다케(寺內正毅)가 10월 1일 제1대 조선총독으로 부임했다. 열강들은 일본의 대한제국 병합을 동아시아 분할의 최종적 완료로 받아들였다.

(2) 동아시아에서의 제1차 세계대전

1) 일본의 칭다오 점령과 산둥 문제

1914년 8월 4일 독일에 선전포고를 한 영국은 전쟁이 동북아시아로 확대되어 독일의 동양함대와 오스트리아의 순양함이 홍콩과 웨이하이웨이(威海衛) 등을 공격할 경우에 대비해야만 했다. 처음에 영국은 중국 해역에 있는 독일의 무장상선을 수색하여 격파하기 위해 일본 해군의 출동을 의뢰했다. 일본은 영국의 요청을 받아들이는 한편, 독일의 무장상선 수색 격파만이 아니라 독일에 대한 전면적인 선전포고를 예고했다.

일본은 독일에게 중국과 일본 해역에서 독일 함대를 즉각 철수시키고 자오저우만 조차지를 중국에 반환하되 우선 일본에 인도하라는 내용의 최후통첩을 보내는 한편, 미국·네덜란드 등의 재일 공사관에게 영토 확대의 야심이 전혀 없음을 통고했다. 영국은 일본이 독일의 자오저우만 권익의 중국 반환을 약속한 이상 전후 처리에 문제가 없다고 판단하면서도, 일본의 권익 독점을 방지하고자 영국군과의 공동작전을 제안했다. 이를 모두 받아들인 일본은 마침내 8월 23일 독일에게 선전포고를 하고 제1차 세계대전에 본격적으로 참전하기 시작했다.

일본이 참전에 적극적이었던 이유는 독일의 조차지가 있는 산둥 반도를 차지하게 되면, 영국의 조차지 웨이하이웨이(威海衛)를 제외하고는 한반도와 랴오둥(遼東) 반도와 산둥 반도로 둘러싸인 바다의 제해권을 일본이 장악할 수 있기 때문이었다. 이것은 한반도 통치의 안정화, 랴오둥 반도에서 만몽지역으로의 권익 확장, 그리고 산둥 반도에서 베이징에 이르는 경제적 진출로도 이어질 것으로 기대되었다.

일본 육군은 9월 2일 산둥 반도의 룽커우(龍口)에 상륙한 이후 지난(濟南)까지 점령하여 산둥철도 전체를 장악했다. 10월 31일에는 영국군과 함께 칭다오를 총공격하기 시작하여 11월 7일 함락시켰다.

일본이 독일과의 전쟁을 통해서 산둥 반도 등을 점령해 나가는 가운데, 영국은 점령지의 최종적인 귀속은 전쟁이 종결된 이후 연합국 사이의 협의로 결정된다고 일본에게 통고했다. 하지만 연합국 측이 1917년 2월부터 시작된 독일의 무제한 잠수함작전에 대응하기 위해 일본 해군의 지중해 파견을 요청하자, 일본은 산둥 반도 등의 귀속을 교섭조건으로 제시했고, 이에 대해 영국·프랑스·러시아·이탈리아 등이 동의했다. 그 결과 전후 열린 파리강화회의에서 일본은 독일로부터 빼앗은 모든 권익을 인정받았다.

제1차 세계대전이 발발하자 중화민국의 초대총통 위안스카이(袁世凱)가 이끄는 베이징 정부는 중국의 영토로 전투를 확대하지 않도록 교전국 공사들에게 통고했다. 8월 6일에는 중립을 선언하고 같은 날 중립을 선언한 미국의 협조를 얻어 일본의 참전을 저지하고자 했다. 그동안 중국의 영토보전과 문호개방 및 기회균등을 주장하며 중국에 대한 영향력을 높여오던 미국도 일본을 견제하기 위해 베이징 정부의 요청에 적극적으로 호응했다.

베이징 정부는 일본군이 칭다오를 점령하고 군정까지 실시하자 일본이 국제적으로 약속했던 독일의 산둥 반도 권익 반환을 이행하도록 요구했다. 하지만 일본은 이를 거부하고 1915년 1월 18일 '21개조 요구'를 비밀리에 강요했다. 일본이 독일에게 승리하고 그 권익을 차지한다 해도 독일의 산둥반도 권익은 중국과 독일 사이의 조약에 따른 것이므로, 이 지역을 차지하기 위해서는 베이징 정부의 공식적인 승인이 절대적으로 필요했기 때문이다. '21개조 요구'가 산둥 지역에 대한 독일 권익의 양도와 확대를 요구하는 제1호(4개조)로 시작할 수밖에 없었던 이유이다. 이어서 제2호(7개조)의 내용은 남만주와 동부 내몽골에서 일본의 특수한 지위를 강화시키는 것이었다. 구체적으로는 러일전쟁 중에 취득한 안봉(安奉) 철도 경영권과 러일전쟁 이후 러시아로부터 양도받은 랴오둥 반도(뤼순과 다롄) 조차권과 남만주철도 경영권의 기한을 연장하고, 남만주와 인접한 동부 내몽골의 토지 임차권과 소유권 및 광산 채굴권 등을 인정받는 것이었다. 이런 의미에서 '21개조 요구'는 러일전쟁의 최종적인 전후처리이기도 했다. 이외에도 중국 주요기업에 대한 참여, 정치·군사·재정에 대한 일본인 고문 초빙, 중국 치안의 공동유지 등 중국의 보호국화로 이어질 수 있는 심각한 내용이 포함되었다.

일본의 '21개조 요구'를 수락한 이후 권위가 떨어진 위안스카이는 1916년 1월 군주제를 부활시켜 스스로 황제에 즉위함으로써 위기를 수습하고자 했다. 하지만 오히려 중국 전역에서 대중적 반대운동이 격화되는 가운데 군벌들이 독립을 선언하기 시작했다. 그는 두 달 만에 군주제를 포기하고 사태를 수습하려했으나, 얼마 후 병으로 세상을 떠나면서 군벌의 난립이 본격화되었다.

2) 중국의 제1차 세계대전 참전

위안스카이가 사망한 후 베이징 정부를 장악한 군벌은 돤치루이(段祺瑞)였다. 돤치루이가 권력을 장악해 나가던 1917년 2월, 제1차 세계대전은 가장 중요한 국면에 접어들고 있었다. 독일의 무제한 잠수함 작전이 시작되면서 그동안 중립을 유지하던 미국이 독일에게 선전포고를 한 것이다. 돤치루이 정권도 미국의 권고를 받아들여 3월 14일 독일과의 국교단절을 선언했다. 독일이 패배한다면 독일의 산둥 반도 권익을 회수할 수 있을 것으로 판단했기 때문이다. 영국·프랑스·러시아도 반 군벌세력인 쑨원(孫文) 등이 독일을 지지하는 것을 우려하여 중국의 참전을 지지했다. 처음에 일본은 중국이 전승국의 일원으로 강화회의에 참가하여 '21개조 요구' 등을 부정하는 사태를 우려했기 때문에 중국의 참전을 반대했다. 하지만 일본 함대를 지중해로 파견하는 대신 영국·프랑스·러시아로부터 독일의 산둥 반도 권익과 독일령 미크로네시아의 귀속을 인정받자, 일본은 중국의 참전에 동의했다. 이때 일본은 돤치루이 정권을 재정적·군사적으로 지원하여 유럽으로 파견하는 중국의 '참전군'을 일본군의 지도하에 육성한다는 조건도 관철시켰다. 이러한 외부의 참전 압력 속에서 돤치루이는 독일에 대한 선전포고를 둘러싼 내부 권력 투쟁에 승리하고 마침내 8월 14일 독일에게 선전포고를 했다. 동북아시아에서 일본에 이어 두 번째로 제1차 세계대전에 참전한 것이다.

1918년 11월 11일 전쟁이 독일의 패배로 끝나자, 중국은 독일의 권익을 회수할 수 있다는 기대에 부풀었다. 1919년 1월부터 열린 파리강화회의에 승전국 자격으로 참가한 중국 대표는 일본의 강압으로 체결된 '21개조 요구'는 무효이므로, 당장 일본으로부터 독일의 산둥 반도 권익을 회수하겠다고 주장했다. 하지만 일본은 돤치루이가 아직 총리직에 있던 1918년 9월에 이미 산둥 반도에 관한 비밀협정을 맺었다고 선언했다. 그 내용은 지난(濟南)과 칭다오에 경찰병력을 주둔시키고 군사기지를 건설할 수 있는 권리가 일본에 주어졌고, 중국에 대출해 준 자금에 대한 일부 상환을 위해 일본이 산둥 반도에 건설하려고 계획 중인 새로운 철도 두 군데에서 거둬들이는 수입 전체를 일본에 저당 잡혔다는 것이다. 더군다나 이미 영국·프랑스·이탈리아가 일본 해군의 지중해 파견의 대가로 산둥 반도에 대한 일본의 권익을 보장하기로 했고, 미국도 유럽에서의 전쟁에 집중하기 위해 일본과 중국에서의 권익을 서로 인정하는 협정을 체결한 상태였다. 결국 5·4운동과 같은 중국 민중의 격렬한 저항에도 불구하고 6월 28일 중국의 서명 없이 베르사유강화조약은 체결되었다. 중국의 참전이 주로 노동력 충원이라는 형태로 이뤄진 결과, 전후 처리에서 중국은 군사 행동이라는 형태로 참전한 일본에 비해 승전국으로서의 권리를 제대로 발휘할 수 없었다. 바꿔 말하면 중국이 일본으로부터 산둥 반도를 반환받기 위해서는 중국을 둘러싼 열강들의 관계 변화라는 새로운 조건이 필요했던 것이다. 일본의 중국 진출을 견제하기 위해 미국의 주도로 열린 1921년 워싱턴회의가 그것이었다.

워싱턴회의에는 미국·영국·프랑스·중국·일본·이탈리아·벨기에·네덜란드·포르투갈 등 9개국이 참가했다. 우선 미국·영국·프랑스·일본이 조인한 4개국 조약은 태평양에 있는 각국의 현재 영토를 유지하고 존중하며 영일동맹을 폐기한다는 내용이었다. 미국·영국·일본·프랑스·이탈리아가 조인한 5개국 조약은 주력함정의 보유 비율을 미·영 5, 일 3, 불·이 1.75로 제한하고, 10년간 주력함 건조의 중지를 규정한 해군군축조약이었다. 참가국 모두 조인한 9개국 조약에서는 중국의 주권과 독립을 존중하고 영토를 보전하며 중국에서의 각국별 상업상 우월권과 독점권을 부인하며 기회균등에 노력하기로 합의했다. 그리고 이와는 별도로 독일의 산둥 반도 권익을 중국에 반환하고, 일본은 시베리아로부터 철군한다는 내용의 조약도 체결되었다. 베르사유조약에서 해결하지 못했던 칭다오를 비롯한 산둥 반도의 중국 반환이 이루어진 것이다. 이런 의미에서 워싱턴회의는 '승전국' 중국의 전후처리이기도 한 것이다. 하지만 베이징 정부의 대표단이 요구한 치외법권 철폐, 관세자주권 회복, 조차지 반환 등이 받아들여지지 않았다는 점에서 워싱턴회의는 제1차 세계대전 '승전국' 중국이 여전히 열강의 하위에 놓인 종속적 존재에 불과하다는 현실을 확인시켜 주는 국제 회담이기도 했다.

워싱턴회의로 아시아·태평양 지역에서의 열강 간 세력 다툼은 일시적 안정기에 들어섰다. 이를 흔히 워싱턴 체제라 한다. 베르사유체제가 제1차 세계대전 이후 유럽의 국제정치를 규정지은 것이라면, 워싱턴체제는 동북아시아의 제1차 세계대전을 종결짓고 1931년 만주사변이 일어날 때까지 근 10년간 동북아시아의 국제정치를 규정지은 것이라 할 수 있다.

사료 읽기

제2조 러시아 제국 정부는 일본 제국이 한국에서 정치상 군사상 및 경제상의 탁월한 이익을 갖는다는 것을 인정하고 일본 제국 정부가 한국에서 필요하다고 인정하는 지도 보호 및 감리의 조처를 위하는 데 이를 저지하거나 간섭하지 않을 것을 약정한다.

제5조 러시아 정부는 청국 정부 승낙하에 여순구, 대련 및 그 부근 영토 및 바다의 조차권과 해당 조차권과 관련되거나 일부를 조성하는 모든 권리 특권 및 양여를 일본 제국 정부에 이전 양도한다.

제9조 러시아 제국 정부는 사할린 섬 남부 및 그 부근에 있는 모든 도서와 해당 지방에 있는 모든 공공 조영물 및 재산을 완전한 주권과 함께 영원히 일본 제국 정부에 양여한다. 북위 50도를 그 양여 지역의 북방 경계로 정한다.

「포츠머스 조약」

10. 반제국주의 민족운동

(1) 조선의 3·1 운동과 타이완의 항일운동

1917년 러시아혁명 직후 레닌은 모든 교전국에게 '무병합·무배상'과 함께 '민족자결'을 제안했다. 1918년 1월 미국 대통령 윌슨도 '민족자결'을 포함한 평화원칙 14개조를 발표했다. 물론 레닌과 달리 윌슨의 '민족자결'은 패전국의 식민지에만 적용된다는 단서를 달고 있었다.

1919년 1월부터 파리강화회의가 개최되자 '민족자결'에 대한 동아시아 식민지 및 반식민지 지역의 기대감이 매우 높아졌다. 이 기대감을 제일 먼저 행동에 옮긴 것은 식민지 조선이었다. 2월 8일 도쿄에서는 조선인 유학생 600명이 '2·8독립선언'을 발표하고, 이어서 조선에서는 항일독립을 내건 '3·1운동'이 전국으로 퍼졌다. 일본은 군대와 헌병경찰을 동원해 무자비한 탄압으로 대응했다. 영국과 미국을 비롯한 세계 각국은 일본의 폭력적인 진압을 비판하면서도 일본의 조선 지배까지는 부정하지 않았다. 결과적으로 '3·1운동'은 성공하지 못했다. 하지만 이후 상하이에 대한민국 임시정부가 수립되는 등 조선인의 다양한 민족운동으로 이어졌다. 특히 식민지 조선에서는 지주·자본가 및 일부 지식인을 중심으로 모인 민족주의 계열이 물산장려운동과 민립대학 설립 운동을 주도하는 한편, 다른 한쪽에서는 사회주의사상을 수용한 새로운 운동세력이 성장하여 1925년 4월 조선

공산당이 결성되기에 이르렀다. 조선공산당은 1926년 '6·10만세운동'을 주도했다가 일제의 탄압으로 궤멸상태에 빠졌다. 이런 상황 속에서 1927년 2월 민족주의 진영과 사회주의 진영이 민족협동전선을 표방하며 신간회를 조직하기도 했지만, 일제의 탄압과 내부분열로 4년 만에 해산되었다. 이후 사회주의 진영이 노동조합운동과 농민조합운동에 주력한 데 비해, 민족주의 진영은 조선학 운동 등을 통해 새로운 활로를 모색했다.

일본의 또 다른 식민지 타이완에서는 1907년부터 1915년까지 중남부 지역을 중심으로 10여건의 항일운동이 발생했다. 이중에서 1915년 7월의 자오바니엔 사건은 종교조직을 기반으로 전국에 의병대를 조직하여 일본군과 여러 차례 교전을 펼칠 정도였다. 1930년에도 타이완 원주민인 고산족에 의한 항일무장투쟁이 간헐적으로 이어지기는 했지만, 대부분 타이완총독부의 야만적인 토벌작전으로 진압되었다. 제1차 세계대전 이후에는 타이완 내 지식인들과 일본 유학생을 중심으로 타이완의회 설립 청원운동이 전개되었다. 이들이 일본제국의회에 제출한 타이완의회 설립 청원서는 1934년까지 15차례나 계속되었지만, 일본은 청원을 받아들이지 않았다.

이러한 개량주의적 운동과 달리 노동자와 농민의 계급운동을 목표로 삼고 타이완 총독 전제정치 반대, 제국주의 침략정책 반대, 제국주의 전쟁 반대 등을 강령으로 내세운 타이완민중당이 1927년에 창당되었다가 해산되었다. 1928년에는 중국대륙에서 타이완공산당이 결성되기도 했지만, 1931년 일본의 대대적인 검거로 와해되었다. 그 결과 식민지 타이완에서는 1945년 일본의 패망 후 연합국의 합의로 중화민국에 반환되기까지 지도적인 항일독립운동 단체가 없었다.

(2) 중국의 5·4운동

1919년 5월4일의 반일 시위사건을 중심으로 그 전후의 수년에 걸친 5·4운동은 학생, 지식인, 민족자본가, 노동자가 처음 대규모로 연합해서 궐기한 반제(反帝), 반봉건(反封建) 투쟁이었고 이것을 전환기로 중국혁명은 구민주주의 혁명단계로부터 신민주주의 혁명의 단계로 들어갔다.

5·4운동의 발생 배경을 살펴보면, 먼저 일본제국주의의 침략에 대처하면서 발생하였다. 즉 청일전쟁 후 일본의 중국 침략은 노골화하였고 1915년 원세개가 제정운동을 전개할 무렵 일본의 21개조 요구를 들어주면서 산둥 지역에서의 독일의 권익을 일본이 차지하였다. 1916년 일본의 7개 차관을 도입하면서 화중, 화북지방에 일본의 방직공장 설치와 중국 노동력 이용 및 판매시장화가 단행되었다. 1918년의 중일 방적협정 체결 후 북중국 내에서의 일본군의 활동이 인정되는 등 일본의 약탈, 침탈 정책이 표면화 하자 이에 대해 저항한 것이었다. 둘째 3·1운동의 영향을 받아 천두슈(陳獨秀), 푸스니엔(傅斯年) 등이 3·1운동의 성격을 잡지를 통해 밝히고 중국청년에게 보수적·퇴영적인 것을 물리치고 진취적·과학적인 세계관을 가질 것을 충동시켰던 데서 찾아볼 수 있다. 셋째 러시아 혁명의 영향을 받아 푸스니엔, 천두슈, 리다자오 등이 중국청년의 정치적 신념을 불러 일으켰다. 넷째 제1차 세계대전 중에 중국의 민족자본이 성장하여 대규모의 노동자 계층이 형성되었고, 이들의 정치의식이 고양되면서 프롤레타리아를 중심으로 하는 도시폭동이 일어나자 이러한 경향이 중국민족 의식변화에 크게 기여하였다. 결국 민족자본, 민족산업의 성장이 5·4운동을 일으키는 원동력으로 작용하였던 것이다. 다섯째 신문화 운동이 크게

영향을 미쳤다. 즉 이미 중국 내에서는 미국 등 해외 유학생들이 귀국하여 근대학문과 민주주의, 과학적 사고의 사상이 유입되었고, 청조 고증학풍을 이은 과학적 사고방식이 학문 연구에 투입됨으로써 새로운 사상개조운동이 전개되고 있었다. 이와 더불어 백화(白話) 운동이 일어나 서민에게까지 보급됨으로써 문맹퇴치와 지식전달 등에 크게 이용되어 근대시민의식을 양성하는 데 크게 기여하였다.

이러한 시대적 배경을 가지면서 전개된 5·4 운동의 성격은 다음과 같이 요약할 수 있다. 먼저 중국의 혁명운동이 새로운 단계로 접어들게 하는 전기를 마련하여 반제, 반봉건, 반군벌을 투쟁의 목표로 하여 대중운동으로 전개되어 새로운 단계로의 길을 열었다. 둘째 신문화 운동을 통하여 민중의식 개조운동의 일환으로 대규모의 계몽운동이 전개되었다. 셋째 종래의 경제외적 강제가 강하게 작용하여 노동의 악조건이 형성되고 있었는데 이에 대한 불합리성을 노동자 계급이 자각하는 경향이 두드러졌다.

이와 같은 5·4 운동은 중국 혁명의 새로운 개막을 알리는 획기적 계기였으나 몇 개의 대도시에 국한되었고, 군벌정치와 외국열강의 중국지배라고 하는 반식민지, 반봉건적 상태는 1920년대에도 계속되어 혁명의 전진에는 새로운 운동의 고조가 필요하였다.

강의노트

5·4운동

○ 5·4운동의 개념

① 좁은 의미 : 1919년 5월 4일에 일어난 반일 애국 시위에서 시작하여 6월 3일 이후의 3파 투쟁을 거쳐 6월 28일 베르사이유 조약 조인 거부에 이르는 일련의 애국 민족 운동.

② 넓은 의미 : 이 운동을 사상적으로 준비한 1915년의 신문화 운동으로부터 1921년 중국공산당 창당까지 혹은 정치사적으로는 1913년 제2혁명 실패부터 1924년 제1차 국공합작 또는 1926년 북벌 시기까지를 5·4기라고 함.

ㅇ **5·4운동의 전개**

① 1 단계 : 북경중심의 학생운동 (5. 4. ~ 5월 중순), 4월 24일 파리강화회의에서 독일 산둥 권한 회수 문제가 거부됨 → 4월 30일 중국에 전보 도착 → 5월 4일 수천명의 북경 학생들이 행진 데모

내용 : 파리 강화 조약 조인 거부, 21개조 철폐, 친일파 요인 파면.

5월 5일 북경학생 동맹 휴학

5월 6일 북경학생 연합회 결성

② 2 단계 : 5·4운동형태의 전국적 확산(5월 중순 ~ 하순)

상해를 위시한 천진, 무한 등 전국적 대도시로의 확대 남경, 한구, 광주(운남 ~ 흑룡강성) 수업거부, 일본상품 불매운동, 국산품 애용운동 전국적 진압 → 운동의 격화 → 상인·기업가·노동자·학생의 연대투쟁 가능.

③ 3 단계 : 3파 투쟁 6月(6.3. 이후)

학생의 동맹수업거부, 상인의 철시, 노동자의 파업

매국노 파면, 강화조약 조인 거부 (6/28 중국대표 조인거부) 배일운동.

6.16. 상해에서 전국 학생 연합회 성립

사료 읽기

조선청년독립단은 우리 2천만 민족을 대표하여 정의와 자유의 승리를 득한 세계의 만국 앞에 독립을 기성(期成)하기를 선언하노라. (중략) 우리 민족은 일본의 군국주의적 야심의 사기와 폭력 아래 우리 민족의 의사에 반하는 운명을 당하였으니 정의로 세계를 개조하는 이때에 당연히 이의 광정을 세계에 요구할 권리가 있으며, 또 오늘날 세계 개조의 주역이 되고 있는 미국과 영국은 보호와 합병을 지난날 자기들이 솔선하여 승인한 잘못이 있는 까닭으로, 이때에 지난날의 잘못을 속죄할 의무가 있다고 단언하는 바이다. 또 합병 이래의 일본의 조선 통치 정책을 보건대, 합병 시의 선언에 밝혔던 우리 민족의 행복과 이익을 무시하고 정복자가 피정복자에게 대하는 고대의 비인도적 정책을 습용하여 우리 민족에게는 참정권과 집회·결사의 자유, 언론·출판의 자유 등을 불허하며 심지어 신교의 자유, 기업의 자유까지도 적지 않게 구속하며 행정·사법·경찰 등 여러 기관이 다투어 조선 민족의 사적인 권한까지도 침해하였다. (…중략…) 어느 방면으로 보아도 우리 민족과 일본과의 이해는 서로 배치되며 항상 그 해를 보는 자는 우리 민족이니, 우리 민족이 우리 민족의 생존할 권리를 위하여 독립을 주장하노라. (…중략…) 우리 민족에게는 한 명의 병사도 없다. 우리 민족은 병력으로써 일본에 저항할 실력이 없다. 그러나 일본이 만일 우리 민족의 정당한 요구에 불응할진대 우리 민족은 일본에 대하여 영원히 혈전을 선언하노라. 우리 민족은 구원(久遠)히 고상한 문화를 지녔으며, 반만년 동안 국가 생활의 경험을 가진 민족이다. 비록 다년간 전제 정치 아래에서 여러 해독과 경우의 불행이 우리 민족의 오늘을 이르게 하였다 할지라도 정의와 자유를 기초로 한 민주주의 위에 선진국의 모범을 따라 새 국가를 건설한 뒤에는 건국 이래 문화와 정의와 평화를 애호하는 우리 민족은 세계의 평화와 인류의 문화에 공헌할 수 있게 될 줄로 믿는 바이다. 이미 우리 민족은 일본이나 혹은 세계 각국이 우리 민족에게 민족 자결의 기회를 부여하기를 요구하며, 만일 불연(不然)이면 우리 민족은 생존을 위하여 자유의 행동을 취하여 이로써 독립을 기성(期成)할 것을 선언하노라.

「2 · 8 독립선언서」

오호라! 국민 여러분! 가장 친애하고 가장 존경하고, 가장 혈기를 지닌 우리 동포 여러분! …(중략)… 악몽과 같은 소식이 전해져오니 하늘색조차 캄캄합니다. 무릇 베르사유 평화회담이 열렸을 때 우리가 희망하고 경축한 것은 세계에 정의가 있고 인도가 있고 공리가 있다고 한 것이 어찌 아니었겠습니까? 칭다오(靑島)를 돌려주고 중국과 일본사이의 밀약을 및 군사협정뿐만 아니라 기타 불평등조약까지 취소하는 것이 바로 공리이고 정의입니다. 공리를 어기고 강권을 강요하여 우리의 토지를 다섯 나라가 공동 관리하여 우리를 독일이나 오스트리아와 같은 패전국대열로 치부하는 것은 공리가 아니면 정의도 아닙니다. …(중략)… 산동(山東)이 망하면 중국도 망합니다. 우리 동포는 이 대지 위에, 이 산하 위에 같이 거주하면서 어찌 이처럼 강폭한 열강이 우리를 능욕하고, 우리를 압박하고, 우리를 노예로 삼고, 우리를 말과 소처럼 부리는 것을 보면서도 어찌 만에 하나라도 구해달라고 호소하지 않을 수 있겠습니까? …(중략)… 조선에서는 독립을 꾀하면서 "독립이 아니면 차라리 죽음을 달라"고 외쳤습니다. 무릇 국가의 존망과 영토의 분할이라고 하는 중대한 문제에 이르러서도 그 백성이 여전히 큰 결심을 내려 최후의 구원에 나서지 못한다면 그야말로 20세기의 천박한 종자로 인류에 끼지 못하게 될 것입니다. 우리 동포가 노예나 말과 소처럼 부려지는 고통을 참지 못하고 분발하여 구하려 나서고자 한다면, 즉 국민대회를 열고 노천강연을 행하며 뜻을 굽히지 않겠다고 전국에 전보로 알리는 것이 오늘의 급무입니다. 기꺼이 나라를 팔아먹고 멋대로 적과 내통하는 자에게 대해서는 최후의 대응방법밖에 없으니 바로 권총과 수류탄에 의지하는 것입니다. 위기일발의 순간이니 모두가 나서 꾀할 것을 바랍니다.

「베이징학생계선언」(1919.5 · 4.)

11. 제국주의 침략 전쟁의 확대

(1) 만주사변의 발생

세계대공황의 여파가 동북아시아에까지 미치면서 일본이 러일전쟁과 '21개조 요구'로 확보한 만주와 내몽골에 대한 배타적 권익도 위기에 직면하게 되었다. 이에 일본 관동군 참모 이시하라 간지와 이타가키 세이시로 등은 만주의 이권을 확고히 하고자 1931년 9월 18일 이른바 '만주사변'을 일으켰다. 즉 중국 펑톈(奉天) 북부 교외에 위치한 류타오후(柳條湖)에 있는 남만주철도(만철)의 일부 설로를 스스로 폭파하고, 이를 중국군의 소행이라며 즉각적인 군사행동을 취한 것이다.

1932년 2월까지 관동군은 서쪽으로는 랴오닝성(遼寧省)의 진저우(錦州), 북쪽으로는 헤이룽장성(黑龍江省)의 하얼빈(哈爾濱)을 함락하면서 만주의 대부분을 장악했다. 이렇게 만주를 장악한 일본은 만주에 대한 국제사회의 이목을 돌리기 위해 상하이에서 일본인에 대한 중국인 습격 사건을 일으키고, 1932년 1월 28일 이를 구실 삼아 상하이로 해군육전대를 파견하여 중국군과 3개월간 전투를 벌였다(제1차 상하이사변). 그리고 이러한 혼란을 틈타 관동군은 3월 1일 중화민국 성립으로 퇴위한 청의 마지막 황제 푸이를 집정으로 내세워 만주국을 성립시켰다. 이후 관동군은 만주국에게 '일만의정서'를 강요하여 일본의 권익 유지와 관동군 주둔을 관철시켰다.

중국의 난징 국민정부는 만주사변을 비롯한 일련의 사태를 국제사회에 호소하는 방식으로 해결하고자 했다. 당시 난징 국민정부의 국정 전반을 이끌던 장제스는 1927년 국공분열로 시작된 중국공산당과의 대립을 보다 심각하게 생각하고 있었으므로, 일본의 만주침략에 대해 무력적으로 대응하기 보다는 외교적으로 국제사회에 일본의 불법성을 호소하는 방식을 취했다.

이런 가운데 일본군이 만주에서 화북까지 침략의 대상지역을 확대해 나가자, 마침내 국제연맹 이사회는 난징 국민정부의 요청을 받아들여 만주에 영국의 리튼을 단장으로 한 조사단 파견하기로 결정했다.

1932년 10월 리튼조사단은 만주와 일본에 대한 '국제연맹 조사단 보고서'를 발표했다. 보고서는 관동군의 무력행동의 불법성과 만주국의 괴뢰적 성격을 지적하면서 만주에 대한 중국의 주권을 인정하는 동시에 만주에 대한 일본의 특수 권익도 인정하고, 일본을 포함한 열강의 만주 공동관리를 그 해결책으로 제시했다. 이에 따라 1933년 2월 24일 국제연맹 총회에서는 만주지역을 전문적으로 다루는 '19개국 위원회' 설립이 결정되었다. 이에 반발한 일본은 3월 27일 국제연맹 탈퇴를 선언했다(1935년 3월 27일 발효).

한편 리튼보고서를 토대로 국제연맹의 일련의 조치가 준비되던 시기에 관동군은 만주와 인접한 러허성(熱河省)을 점령하고 만리장성을 따라 세력을 확장하여 톈진까지 점령한 후, 1933년 5월 31일 난징 국민정부에게 탕구정전협정 체결을 강요했다. 이것의 목적은 만리장성 이남에 광대한 비무장지대를 설정하고 만주국 지역을 난징 국민정부로부터 분리시키는 데 있었다. 이로써 만주사변에서 시작된 중일간의 군사적 충돌은 일단락되었다.

(2) 아시아·태평양 전쟁의 발발

1937년 7월 7일 밤 일본군은 베이징 근교 루거우차오에서 누군가 쏜 몇 발의 총성을 구실로 삼아 군사행동을 일으켰다. 전면적인 중일전쟁이 시작된 것이다.

일본은 육군이 화북에서 공격할 때 해군도 화중과 화남 지역으로 작전을 확대해 가면서 상하이·한커우·항저우·광저우 등 화중과 화남의 60여개 도시를 무차별 폭격했다. 이 과정에서 1937년 12월에는 중국 국민당의 수도 난징도 함락되었다. 이때 일본군은 전투원과 비전투원 구별 없이 대학살을 자행하여 국제적 비판을 불러일으켰다.

전쟁이 유리하게 전개되자 일본은 1938년 11월 9개국조약을 비롯한 기존 질서의 유효성을 공식적으로 부인하고 일본·만주국·중국 3국이 제휴하는 '동아신질서 건설'을 선언했다. 이처럼 일본이 중국의 이권에 대해 배타적인 입장을 공식화하자, 미국은 중국 국민당에게 차관 2,500만 달러 제공을 결정하고, 일본에 대한 비행기 및 부품 수출을 금지하는 등 실질적인 대일제재 조치를 취하기 시작했다. 영국과 프랑스도 미국의 움직임에 동참하면서 일본을 압박했다. 그럼에도 일본이 톈진의 영불 조계를 봉쇄하는 등 강경한 자세를 고수하자, 마침내 미국은 1939년 7월, 6개월 후 미일통상항해조약을 폐기한다고 일본에 통고했다. 그리고 소련은 서북경로를 통해서, 미국·영국·프랑스는 화남(華南) 연안을 경유하여 중국 국민당에게 원조물자를 제공했다. 열강의 원조물자 덕분에 중국 국민당의 저항이 지속된다고 판단한 일본은 원조경로를 차단하기 위해 광둥과 하이난섬 등도 점령했으나, 열강들은 프랑스 인도차이나 경로와 미얀마 경로를 새롭게 개통해 중국 국민당 원조를 계속했다. 이런 의미에서 1939년 9월 독일의 폴란드 침략으로 시작된 유럽의 제2차 세계대전은 일본에게 절호의 기회였다. 독일군이 두 달 만에 유럽대륙을 제패하면서 영국·프랑스·네덜란드가 동남아시아 식민지에 신경을 쓸 수 없게 되었기 때문이다.

마침내 동남아시아 침략을 위한 '남진'을 결정한 일본은 1940년 9월 프랑스령 인도차이나 북부로 진격하고, 독일·이탈리아와는 군사동맹 조약을 체결했다. 여기에서는 독일과 이탈리아가 구상하는 '유럽의 신질서 건설'과 일본이 구상하는 '대동아의 신질서 건설'에서 각각의 '지도적 지위'를 서로 인정하고 있다. 또한 세 국가 중 한 국가가 "유럽 전쟁 또는 중일분쟁과 관계없는 국가에게 공격을 받았을 때에는 세 국가가 모든 정치적·경제적·군사적 방법으로 서로 원조한다"고 정했는데, 이것은 미국을 상정한 것이었다. 일본은 이 군사동맹에 소련도 포함시키고자 했다. 남진을 추진하기 위해서는 '북방의 평정'이 필요할 뿐만 아니라, 소련의 중국 지원도 중지시켜 중일전쟁을 조속히 종결지어야만 했기 때문이다. 하지만 소련과 전쟁을 준비하고 있던 독일이 반대하여 일본은 1941년 4월 모스크바에서 단독으로 소련과 중립조약을 체결했다.

한편 유럽에서 제2차 세계대전이 일어나자, 미국은 '무기대여법'에 서명하고 영국에게 무기를 제공했다. 이처럼 유럽 전선에 적극적이었던 미국은 일본과의 전쟁 가능성을 피하고자 협상을 시도하여 1941년 4월부터 미일교섭이 시작되었다. 하지만 6월에 독일이 소련을 침공하자, 일본은 남진을 지속하기 위해 '영·미와의 개전 불사'를 결정하고, 7월 말에는 프랑스령 인도차이나 남부까지 진군했다. 이것은 영국과 미국의 동남아시아 식민지에 대한 재분할을 의미했으므로, 영국과 미국이 대일 경제제재를 준비하게 만드는 결정적 계기가 되었다. 특히 미국은 국내의 일본 자산을 동결하고 대일 석유 수출을 금지하는 등 경제제재 조치를 강화하는 한편, 중국 국민당을 적극적으로 지원하여 일본을 견제하고자 했다. 이런 과정에서 미국과 영국은 아편전쟁 이래의 모든 불평등조약을 폐지하고 중국 국민당 정부와 새로운 조약을 체결했다.

1941년 12월 8일 일본군이 하와이의 진주만을 기습 침략함으로써 전황은 아시아를 넘어 태평양으로 확대되었다. 이후 1942년 6월까지 일본군은 홍콩·마닐라·싱가포르·랑군 등 영국·미국·네덜란드의 동남아시아 식민지를 차례차례 점령했고, 일본 정부는 점령지 행정을 총괄하기 위해 '대동아성(大東亞省)'을 신설했다. 또한 일본 정부는 '미국(America)·영국(Britain)·중국(China)·네덜란드(Dutch)'에 포위당하고 있다고 일본 국민에게 선전하고, 동남아시아 침략을 서구 제국주의 침탈로부터 '아시아 민족을 해방'시키는 '성전(聖戰)'이라고 합리화했다. 대외적으로 이를 선전하기 위해 1943년에는 필리핀을 형식적으로 '독립'시키고, '중화민국 국민정부'와는 조계 반환과 치외법권 폐지에 관한 협정을 체결했다. 그리고 같은 해 11월에는 일본의 주도로 이들을 도쿄로 불러들여 '아시아 해방'을 골자로 하는 '대동아공동선언'을 발표했다.

그러나 일본이 내건 '아시아 해방'과 '대동아공영권 건설'은 침략의 실태를 감추기 위한 슬로건이었다. 이것은 중일전쟁의 전개과정을 통해서 명백히 드러난다. 우선 식민지 조선과 타이완에서는 '황국신민화'라는 명분 아래 궁성요배, 신사참배, 창씨개명, 일본어 상용 등이 강제되었고, 약 20만 명 이상이 징병되었다. 또한 강제연행과 강제노동도 대규모로 이뤄졌으며, 다수의 여성을 종군위안부로 강제 동원하였다.

(3) 일본의 패망

1943년 11월, 미국 대통령 루스벨트, 영국 수상 처칠, 중국 국민당 정부 주석 장제스는 카이로에서 대일전선의 진척상황과 세 나라의 공동작전 등을 논의했다. 전후 일본 처리문제는 주로 루스벨트와 장제스 사이에 논의되었다. 양측은 제1차 세계대전 이후 일본이 무력으로 차지한 태평양의 모든 섬을 반환시키고, 일본이 중국에게 빼앗은 만주, 타이완, 펑후 열도는 중국에 반환하며, 일본 격퇴이후 조선을 자유 독립국가로 만들기로 합의했다. 하지만 전후 인도 처리 문제를 고려한 영국이 '조선 독립안'을 반대한 결과, '조선 독립'을 명시하지 않고 "일본 격퇴 후 조선이 일본 통치에서 벗어나도록 결정한다"라고 수정되었다.

카이로 회담 직후 루스벨트와 처칠은 테헤란에서 소련 수상 스탈린과 만나서 독일과의 전쟁이 끝나더라도 일본과의 전쟁을 수행할 것을 확약했다.

1944년 들어서 소련군이 동부 전선에서 반격을 시작하고, 6월에는 영미 연합군이 서부 전선의 노르망디에 상륙했다. 태평양 전선에서는 미군이 7월에 사이판을 함락하고, 동남아시아에서는 일본군이 미얀마에서 인도로 진격하다가 패배하면서 패색이 짙어졌다. 미군은 11월부터 일본 본토에 대한 폭격을 시작했으며, 중국 전선에서는 중국군과 연합군이 윈난 서부와 미얀마 북부에서 승리를 거두기도 했다.

1945년 2월 루스벨트, 처칠, 스탈린은 소련의 얄타에서 만났다. 이 시점에서 독일의 항복은 시간문제였기 때문에, 이 회의의 주된 내용은 독일이 항복한 후 어떻게 정치적 처리를 할 것인지에 관한 것이었다. 하지만 이와 동시에 외몽고(몽골 인민공화국)의 현상 유지, 1904년 이후 일본에게 침해받은 러시아의 권익 회복, 쿠릴열도의 소련 할양 등을 비밀리에 합의했다. 이런 의미에서 카이로선언과 얄타협정은 나중의 포츠담선언과 함께 동아시아의 새로운 국제질서를 구축하는 토대가 되었다고 할 수 있다.

1945년 4월말 히틀러가 자살한 후 5월 8일 독일은 무조건 항복했다. 전황의 악화에 직면한 일본은 소련의 참전을 방지하기 위해 소련에게 중개를 의뢰했지만, 소련은 명확한 회답을 하지 않았다. 이런 가운데 미국·영국·중국은 7월 17일 독일의 포츠담에서 만나 일본에 대한 포츠담 선언을 발표했다. 이 선언은 일본의 군국주의 제거, 연합국 군대의 일본 영역내 각 지점 점령, 카이로선언에 기초한 영본영토 축소, 일본군 무장해제, 전쟁범죄인 처벌과 민주주의 확립, 배상 지불과 군수산업 금지 등을 열거하고 일본의 무조건 항복을 권고했다.

포츠담선언에는 천황제에 대한 기술이 없었기 때문에, 일본 정부는 포츠담선언을 묵살하고 전쟁 완수에 매진한다고 발표했다. 이를 포츠담선언 거부로 받아들인 연합국 측은 8월 6일 히로시마, 8월 9일 나가사키에 원자폭탄을 투하했다. 9일 밤에는 소련도 일본에게 선전 포고하고, 만주, 쿠릴열도, 사할린을 공격했다. 내심 소련의 중재를 기대하고 있던 일본의 마지막 바람이 무너진 것이다. 결국 일본은 8월 14일 어전회의에서 포츠담선언 수락이 결정되어 15일 무조건 항복을 선언한 후, 9월 2일 항복문서에 조인했다.

사료 읽기

애초 세계 각국이 각자의 것을 얻어 서로 의지하고 도우며 만방공영의 즐거움을 함께 함은 세계 평화 확립의 근본 의의이다.

그런데 미영은 자국의 번영을 위해서는 타국가, 타민족을 억압하고 특히 대동아에 대해서는 끊임없이 침략 착취를 행하여 대동아 노예화의 야망을 마음대로 펼치려 하고 결국에는 대동아의 안정을 근저로부터 뒤집으려고 하니, 대동아전쟁의 원인 여기에 있다.

대동아 각국은 서로 제휴하여 대동아전쟁을 완수하고 대동아를 미영의 질곡으로부터 해방시켜 그 자존자위를 완수하여 아래의 강령에 기초 대동아를 건설함으로써 세계평화의 확립에 기여하려고 한다.

1. 대동아 각국은 협동하여 대동아의 안정을 확보하고 동의에 기초하여 공존공영의 질서를 건설한다.
1. 대동아 각국은 서로에 자주독립을 존중하고 호조돈목(互助敦睦)의 결실을 거두어 대동아 친화를 확립한다.
1. 대동아 각국은 상호에 전통을 존중하고 각 민족의 창조성을 신창(伸暢)의 대동아의 문화를 앙양한다.
1. 대동아 각국은 호혜 아래 긴밀하게 제휴하여 그 경제적 발전을 도모하며 대동아의 번영을 증진한다.
1. 대동아 각국은 만방과의 교의(交誼)를 돈독히 하고 인종적 차별을 철폐하며 널리 문화를 교류하고, 나아가 자원을 개방함으로써 세계의 진운(進運)에 공헌한다.

「대동아공동선언」(1943.11)

12. 한·중 신정부의 수립

(1) 대한민국 정부의 수립

제2차 세계대전이 끝난 직후 미국과 소련은 동아시아 지역에서 직접 대결을 피하고 협조 관계를 유지하려고 하였다. 미국은 동아시아 각국에 사회주의 이념에 동조하는 세력이 있어 소련의 영향력을 무시할 수 없었다. 일본의 항복과 더불어 한반도에는 미군과 소련군이 들어왔다. 이들은 일본군의 무장을 해제시킨다는 구실로 38도선을 경계로 남과 북을 나누어 점령하였다. 소련은 한반도의 북위 38도선 이북과 만주 지역 이외에는 뚜렷한 거점을 확보하지 못하였으므로 미국과 직접 대결을 피하고 동아시아 지역에서 자국에 우호적인 정부를 수립하려 하였다.

한반도에서는 조선 건국 준비 위원회가 구성되어 활동하였으나 미국과 소련에 의해 군정이 실시되었다. 1945년 12월 모스크바에서는 한국 문제를 처리하기 위한 미국, 영국, 소련 3국 외무장관 회의가 열렸다. 이 회의에서는 임시정부를 수립하고 최장 5년간 신탁통치를 실시한다는 데 합의하였다. 모스크바 3국 외상 회의의 결과를 놓고 국내에서는 격렬한 대립이 일어났다. 우익은 이를 신탁통치로 간주하고 반탁 운동을 전개한 반면, 좌익은 임시정부 수립에 주목하여 회의의 결과를 전체적으로 지지하였다. 모스크바 3상 회의의 결과를 실천에 옮기기 위해 1946년 서울에서 미·소공동위원회가 열렸다. 그러나 회의는 미국과 소련의 주장이 팽팽히 맞서 결렬되고 말았다. 회의가 결렬된 직후인 1946년 6월 이승만은 남한만의 단독 정부를 수립할 것을 주장하였다. 한국민주당은 이를 즉각 찬성한 반면, 김구를 비롯한 임정출신, 중도파, 좌익 세력은 반대하였다.

단독 정부 수립에 반대하던 김구, 김규식 등은 북한에 대해 분단을 막고 통일 정부를 세우기 위한 협상을 제안하였다. 북한이 이 제안을 받아들임으로써 1948년 4월 평양에서 남북 제정당, 사회단체 대표자 연석회의가 열렸다. 이 회의에는 북한의 정당과 사회단체 외에 남한에서 김구, 김규식 등의 민족주의자와 중도적 입장을 취하던 정치 세력, 그리고 좌익계 정치 세력이 참여하였다. 남북 협상에서는 미·소 두 나라 군대 철수와 단독 정부 수립 반대로 뜻을 모았으나 이를 실천에 옮길 수 있는 구체적 방안을 세우지는 못했다.

단독 정부 수립이 추진되자 남한에서는 이에 반대하는 운동이 거세졌다. 1948년 4월 3일 제주에서는 단독 정부 수립 반대와 미군 철수 등을 주장하는 주민들의 무장 봉기가 일어났다. 이들은 무장 유격대를 조직하고 한라산을 근거지로 하여 경찰 및 군인, 우익 청년 단체들과 맞섰다. 무장 유격대를 진압한다는 명분 아래 수많은 제주도민이 학살되었다. 10월 19일 여수에서는 제주 무장 유격대를 진압하기 위해 출동하라는 명령을 받은 군부대가 이에 반발하여 반란을 일으켜, 여수와 순천 일대를 점령하였다. 이들 반란은 곧 진압되었으나, 반란군 중 일부는 산속으로 들어가 빨치산이 되어 저항을 계속하였다.

1948년 5월 10일 남한 단독 정부를 세우기 위한 총선거가 실시되었다. 단독 정부 수립에 반대하던 민족주의자와 중도 세력은 총선거에 참여하지 않았다. 초대 국회에서 헌법을 제정하고 이승만을 대통령에 선출함으로써, 1948년 8월 15일 마침내 남한에서 대한민국 정부가 닻을 올렸다. 이어 북한에서도 9월 9일 조선민주주의인민공화국이 세워짐으로써 남과 북에는 별개의 정부가 들어섰다. 이로써 38도선으로 갈라진 분단은 고착화되었다.

(2) 중화인민공화국 정부의 수립

제2차 세계대전에서 연합국측에 가담한 중국은 전승국으로서 일본의 항복을 받아들였다. 그러나 8년간 지속된 대일항전으로 중국군 전사자는 100여만 명, 민간인 희생자는 거의 1천만 명이 넘고 경제적 손실도 엄청난 것이었다. 당시 국민당 정부군의 병력은 약 430만이었고 공산당의 홍군은 8로군과 신4군을 합해 128만이었으며 이 밖에 민간의 민병이 약 200만으로 정규군으로 비교하면 국민당 정부군이 훨씬 우세하였다.

국공의 내전은 먼저 일본군의 무장해제를 위한 일본군 점령 지역을 선점하려는 각축전에서 시작되었다. 즉 8로군의 총사령관 주더(朱德)는 홍군에게 즉각 일본군 점령지로 진격하여 그들의 무장해제를 단행할 것을 하달하였다. 이에 대해 장제스(蔣介石)는 홍군의 군사이동을 억제하고 국민당 정부군에 대해서는 원수를 원수로 갚아서는 안 된다는 연설과 함께 일본군 총사령관에게 국민당 정부에게 투항할 것을 명하였다. 그러나 8월 말까지 각지에 분산되어 있었던 공산군은 화베이 지방의 70% 이상을 장악한 데 반해 국민당 정부군은 충칭(重慶)을 중심으로 대후방에 몰려 있었으므로 신속한 군사작전을 수행할 수가 없었다. 거기에 대일선전포고와 함께 만주에 진격한 소련군은 일본군으로부터 노획한 무기를 홍군에게 넘겨주었으므로 만주에서의 홍군의 세력은 막강하였으며 군사장비면에서 점차 우세하게 되었다.

1946년 4월 장제스는 충칭에서 난징(南京)으로 수도를 옮기고 국민당 정부가 정식으로 업무를 개시하였다. 장제스는 국민당군의 우세와 미국의 원조에 의해 중국 공산당의 병합은 힘들지 않을 것으로 낙관하였다. 그러나 국공의 대립은 처음부터 심각하였고 전후처리를 둘러싼 국공의 분쟁이 확대되면서 전 중국은 다시 내전에 휘말려 들어갔다.

중국 민중의 내전 반대 열망 속에서 마오쩌둥(毛澤東)과 장제스는 충칭에서 회담을 열어 국공 간에 쌍십협정을 체결하였다(1945.10.10.). 그러나 회담이 진행되고 있는 동안에도 국공 양군은 동북 지방의 전략요지를 장악하는 데 힘을 쏟고 있었다. 미국은 마샬 장군을 트루만 대통령의 특사로 파견하여 국공이 내전을 종식하고 통일정부를 수립하도록 중재를 하였다. 그러나 1946년 봄에 만주지방에서 린뱌오(林彪)가 지휘하는 30만의 공산군이 국민당 정부군을 공격하자 국민당 정부는 공산당과의 정치협상을 파기하고 반공을 가결하였다. 이에 대해 옌안(延安)의 공산당은 친일파, 악질 지주를 처형하고 그 재산을 몰수하여 토지개혁을 단행하였다. 공산당의 기반은 농민을 주축으로 하였으므로 토지개혁은 공산당이 농촌을 장악하는 데 결정적으로 유리하였다.

국공 내전은 1947년 3월까지는 국민당 정부군이 압도적으로 우세하였으나 만주지방만은 소련의 지원을 받고 있던 공산군이 단연 우세하였다. 장제스의 총공격령이 내려지자 상하이, 난징을 비롯한 강남 일대와 공산당이 장악한 옌안 등 주요도시가 국민당 수중으로 떨어졌다. 공산당군은 도시를 내어주고 농촌을 장악하는 마오쩌둥의 전략에 따라 유격전을 전개하였다. 국민당군은 중일전쟁 시기 일본군이 도시와 철도라는 점과 선을 장악하였을 때와 유사한 상황에 빠졌고 병참선이 길어지면서 병력이 서로 고립 · 분산되었다. 거기에 국민당 정부군의 기강도 흐트러져 군율의 해이와 부패가 극심하였다.

국공 양군의 전세는 1947년 7월을 기하여 공산군측의 우세로 반전되었다. 즉 린뱌오가 지휘하는 동북야전군은 만주지역을 석권하면서 1948년 4월에 지린(吉林), 무단(牧丹)에 주둔하고 있던 47만의 국민당군을 랴오선(遼瀋) 전투에서 괴멸시키고 전 만주를 점령하였다. 이에 앞서 덩샤오핑(鄧小平)이 지휘하는 화베이 지역 야전군은 우한(武漢)과 난징으로 진격하고 펑더화이(彭德懷)가 이끄는 8로군이 옌안을 탈환하였다. 덩샤오핑, 천이(陳毅) 등의 야전군은 쉬저우(徐州)를 중심으로 한 화이하이(淮海) 전투에서 중원지방을 점령한 후 마침내 1949년 1월 평진(平津)전투에서 베이징과 톈진을 공산군이 점령하여 화베이 전역을 장악하게 되었다.

이리하여 1949년 8월 1일 국민당 정부는 중국 본토를 공산당에게 빼앗기고 패잔병 50만 명과 200만 명의 피난민을 이끌고 타이완으로 철수하였다. 4년간 계속된 국공 내전은 끝나고 중국 본토에는 중화인민공화국이 수립되었다. 타이완으로 옮겨 간 장제스는 타이베이를 수도로 하여 국민당 정부를 재건하고 본토 수복의 기회를 엿보았으나 뜻을 이루지 못하였다.

사료 읽기

루즈벨트 대통령, 장개석 대원수, 처칠 수상은 각자의 군사·외교고문과 함께 북아프리카에서 회의를 마치고 아래의 일반적 성명을 발한다.

각 군사 사절은 일본 국에 대한 장래의 군사 행동을 협정하였다.

삼대 동맹국은 해로 육로 공로로써 야만적 적국에 대하여 가차없는 압력을 가할 결의를 표명하였다. 이 압력은 이에 증대되어 가고 있다. 삼대 동맹국은 일본국의 침략을 제지하고 다만 이를 벌하기 위하여 지금의 전쟁을 수행하고 있는 바이다.

연합국은 자국을 위하여서는 아무런 이득을 추구하는 것이 아니며 또한 영토 확장에 아무 생각을 가진 것이 없다.

연합국의 목적은, 일국으로부터 1914년 제1차 세계전쟁의 개시 이후에 있어 일본국이 탈취 또는 점령한 태평양에 있어서의 일부의 도서를 일본국으로부터 박탈할 것과, 아울러 만주·대만 팽호도 등 일본국이 청국인으로부터 도취한 일체의 지역을 중화민국에 반환함에 있다.

일본국은 또한 폭력 및 탐욕에 의하여 일본국이 약취한 다른 일체 지역으로부터도 구축될 것이다.

전기 삼대국은 조선 인민의 노예 상태에 유의하여 적당한 시기에 조선을 자유롭게 독립시킬 것을 결정한다.

이 목적으로써 삼대 연합국은 일본국과 교전중인 동맹 제국과 협조하여 일본국의 무조건 항복을 재래하기에 필요한 중대하고 장기적인 작전을 견인 계속한다.

「카이로선언」(1943.11)

유구한 역사와 전통에 빛나는 우리들 대한국민은 기미 3·1운동으로 대한민국을 건립하여 세계에 선포한 위대한 독립정신을 계승하여 이제 민주독립국가를 재건함에 있어서 정의·인도와 동포애로써 민족의 단결을 공고히 하며 모든 사회적 폐습을 타파하고 민주주의 제 제도를 수립하여 정치, 경제, 사회, 문화의 모든 영역에 있어서 각인의 기회를 균등히 하고 능력을 최고도로 발휘케 하며 각인의 책임과 의무를 완수케 하여 안으로는 국민생활의 균등한 향상을 기하고 밖으로는 항구적인 국제평화의 유지에 노력하여 우리들과 우리들의 자손의 안전과 자유와 행복을 영원히 확보할 것을 결의하고 우리들의 정당 또 자유로이 선거된 대표로써 구성된 국회에서 단기 4281년 7월 12일 헌법을 제정한다.

「제헌헌법」 전문

[참고문헌]

『연표와 사진으로 보는 중국사』, 심규호, 일빛, 2003.
『연표와 사진으로 보는 한국사』, 하일식, 일빛, 2003.
『연표와 사진으로 보는 일본사』, 박경희, 일빛, 2001.
『동양사개론』, 신채식, 삼영사, 2018.
『중국역사 상권』, 이근명 편역, 신서원, 2002.
『중국역사 하권』, 이근명 편역, 신서원, 2003.
『중국사 상 · 하』, 맥세계사편찬위원회, 한혜성 역, 느낌이있는책, 2014.
『중국의 역사 [진한사]』, 니시지마 사다오, 최덕경 임대희 역, 혜안, 2013.
『근대중국 : 개혁과 혁명 상 · 하』, 신승하, 대명출판사, 2004.
『한국사』, 고려대학교 한국사연구소 편, 새문사, 2016.
『한국사 100장면』, 박은봉, 실천문학사, 2010.
『사료로 본 한국문화사』, 고대편, 김철준 최병헌 편저, 일지사, 2009.
『인물로 읽는 삼국사기』, 정구복 편저, 동방미디어, 2004.
『처음 읽는 동아시아사 1』, 신주백 김형열 박삼헌 오민영 윤대영 한기모, 휴머니스트, 2016.
『한중일이 함께 쓴 동아시아 근현대사 1』, 한중일3국공동역사편찬위원회, 휴머니스트, 2013.
『한중일이 함께 쓴 동아시아 근현대사 2』, 한중일3국공동역사편찬위원회, 휴머니스트, 2012.
『함께 읽는 동아시아 근현대사』, 유용태 박진우 박태균, 창비, 2016.
『임진왜란과 한중관계』, 한명기, 역사비평사, 1999.
『전근대한일관계사』, 이영·김동철·이근우, 한국방송대학교출판부, 1999.
『동아시아 역사와 일본, 일본 역사교육자협의회 편, 송완범 신현승 윤한용 역, 동아시아, 2011.
『일본사 101 장면, 강창일·하종문, 가람기획, 2006.
『한국과 일본의 서양문명 수용, 동북아역사재단 편, 경인문화사, 2011.
『동아시아 경제문화 네트워크』, 한림대학교 아시아문화연구소 편, 태학사, 2007.
『전통시대 동아시아의 외교와 변경기구』, 연민수 외, 동북아역사재단, 2013.
『사료로 보는 아시아사』, 유인선 외, 위더스북, 2014.

1) 황허 문명은 신석기 시대에 황허 유역을 중심으로 발전한 문명으로 대표적으로 앙소문화와 용산문화가 있다. 황허 유역에 문화가 형성될 수 있었던 유리한 조건으로는 황토를 들 수 있다. 황허의 중류지역에 해당하는 산시성(陝西省) 일대의 황토고원 지대에서 빠른 물살로 인해 침식되어 쓸려 내려온 황토는 완만한 경사의 황허 하류 지역에 퇴적되며 농사를 짓기에 적합한 토양 환경을 형성하였다. 이에 황허의 지류에 공동체 취락이 형성되면서 황허 문명이 시작하였다.

2) 종래에 창장을 양쯔 강으로 칭하기도 하였다. 양쯔라는 이름은 고대 제후국인 양(揚)나라에서 따온 것으로 유럽인들이 즐겨 쓰는 이름이며 중국에서는 잘 사용하지 않는다. 양쯔 강은 창장의 하류 유역을 지칭하기도 한다.

3) 신채식,『동양사개론』, 삼영사, 2018, pp.75-77.

4) 점을 치던 신관

5) 심규호,『연표와 사진으로 보는 중국사』, 일빛, 2002, pp.22-23.

6) 얼리토우의 문화층은 4기로 나뉘는데 가장 이른 시기의 제4층은 룽산문화 말기이고 제3층은 상 문화의 가장 초기단계이며 제2층은 상대 중기 전반에 가까운 단계이고 제1층은 상대 중기 문화인 얼리강(二里崗)기 문화에 해당한다.

7) 탕왕이 건국한 나라의 정식 이름은 상(商)이지만 읍제국가 체제에서 도읍하고 있는 대읍의 명칭이 곧 국가의 명칭을 대신하기도 하였다. 상의 후기 도읍지가 현재 안양시에 해당하는 은허이므로 당시 대읍의 명칭인 은(殷)이 곧 국가의 명칭이기도 하였다. 따라서 사마천은『사기』에서「은본기」를 서술하면서 당시 왕조의 명칭으로 '은'을 제시하였다. 오늘날 이 왕조의 정식 명칭으로 '상'을 사용하지만 '은'을 병기하여 은(상)이라고 하기도 한다.

8) 심규호, 앞의 책, p.22.

9) 신채식, 앞의 책, pp.82-83.

10) 중국사연구실 편역,『중국역사』상권, 신서원, 1993, pp.93-95.

11) 박경희,『연표와 사진으로 보는 일본사』, 일빛, 2001, p.16.

12) 강창일, 하종문,『한 권으로 보는 일본사 101 장면』, 가람기획, 2006, pp.28-29.

13) 박경희, 앞의 책, pp.16-17.

14) 신채식, 앞의 책, p.177.

15) 김호동,「고대유목국가의구조」,『강좌 중국사 Ⅱ』, 지식산업사, 1989, p.270.

16) 김호동, 위의 글, p.273.

17) 박은봉,『한국사 100장면』, 실천문학사, 2010, p.38.

18) 이영, 김동철, 이근우,『전근대한일관계사』, 한국방송대학교출판부, 1999, pp.29-30.

19) 신채식, 앞의 책, pp.244-245.

20) 신주백 등,『처음 읽는 동아시아사1』, 휴머니스트, 2016, pp.98-99.

21) 심규호, 앞의 책, p.42.

22) 신주백 등, 앞의 책, pp.100-101.

23) 신채식, 앞의 책, p.138-139.

24) 신채식, 위의 책, pp.139-140.

25) 율은 형법, 영은 행정 법규, 격은 율령을 개정, 추가, 보완한 규정, 식은 율, 령, 격을 시행할 때 적용하는 구체적인 시행 세칙이다.
26) 토지 없는 농민들을 보호하여 이들이 귀족의 노비로 전락하는 막고, 국가의 조세를 부담하는 공민을 확보하기 위한 조치.
27) 국학의 학생들을 유교 경전 독해 능력의 정도에 따라 상, 중, 하의 3등급으로 구분한 일종의 졸업시험. 이 성적을 관리 임용에 참고하여 국학 출신자들의 관직 진출을 제도적으로 보장하였다.
28) 박경희,『연표와 사진으로 보는 일본사』, 일빛, 2001, p.39.
29) 6세 이상에게 반전(토지)을 빌려주는 제도로 국민을 '양(良)'과 천(賤)'으로 나누어 양민에게는 2단(1단은 약 107㎡)을, 천민에게는 그 3분의 1을 빌려주었다.
30) 중앙 정부에서 지방의 주·군에 중정관을 파견하고 관내 지망자의 덕행과 재능을 심사하여 1품에서 9품까지의 향품을 매겨 추천하여 관리로 선발하는 제도. 향품과 관품 간에는 4등급의 차이가 있었다.
31) 이영, 김동철, 이근우, 앞의 책, pp.100-108.
32) 8세기 중엽에 일본의 쇼무 천황이 세운 사찰이다. 에도 시대에 재건된 금당은 높이가 47.5m에 이르는 세계 최대의 목조 건축물이다.
33) 군진을 통괄하면서 군사, 민정, 재정의 삼권을 동시에 장악한 영외관(令外官)으로 후에 번진을 장악하여 독립적인 권력을 행사하였다.
34) 범양, 평로, 하동 삼진의 절도사였던 안록산과 그 부하장수 사사명에 의해 전개된 반란으로 양귀비의 오빠인 양국충이 재상이 되자 그 정적이었던 안록산이 양국충을 제거한다는 명목으로 난을 일으켰다.
35) 신채식, 앞의 책, p.318.
36) 신채식, 위의 책, pp.321-326.
37) 신채식, 위의 책, pp.326-327.
38) 심규호, 앞의 책, p.215.
39) 일본 율령 체제에서 지방 행정 구역인 구니(國)를 감독하기 위해 파견된 지방관, 주로 중앙의 귀족 가운데에서 임명되었으며, 해당 지방의 제사·행정·사법·군사 등을 맡았다.
40) 강창일, 하종문, 앞의 책, pp.82-84.
41) 박경희, 앞의 책, pp.126-129.
42) 가마쿠라 시대에 쇼군과 주종 관계를 맺은 무사
43) 강창일, 하종문, 앞의 책, pp.110-112.
44) 박경희, 앞의 책, 131.
45) 조정과 무가, 또는 귀족과 무사
46) 박경희, 앞의 책, pp.179-181.
47) 박은봉, 앞의 책, p.142.
48) 신채식, 앞의 책, pp.475-476.
49) 신주백 등, 앞의 책, p.185.
50) 신채식, 앞의 책, pp.478-480.

51) 신주백 등, 앞의 책, p.187.
52) 신채식, 앞의 책, pp.485-486.
53) 신주백 등, 앞의 책, pp.189-190.
54) 신채식, 앞의 책, pp.502-503.
55) 신주백 등, 앞의 책, pp.193-194.
56) 신주백 등, 위의 책, pp.194-195.
57) 신주백 등, 위의 책, p.293.
58) 박은봉, 앞의 책, pp.206-207.
59) 신주백 등, 앞의 책, pp.293-294.
60) 강창일, 하종문, 앞의 책, p.183.
61) 박은봉, 앞의 책, p.208.
62) 강창일, 하종문, 앞의 책, pp.183-185.
63) 조선 왕릉을 파헤친 자
64) 신주백 등, 앞의 책, pp.300-301.
65) 16세기에 에스파냐가 대포를 갖춘 대형 선박을 이용하여 아카풀코의 은과 필리핀에 집결된 중국 상품을 교환한 태평양 무역을 일컫는다.
66) 고동환, 「조선후기 서울의 도시구조 변화와 도시문화」, (동양사학회, 역사와 도시). 고동환, 「조선초기 한양의 형성과 도시구조」, 『지방사와 지방문화』, 제8집, 2005.
67) 조영헌, 「북경 수도론과 대운하」, 중국사연구, 제55집, 2008. 전순동, 「영락제의 북경 천도와 그 의의」, 『중국사연구』, 제65집, 2010. 박한제, 「중국역대 수도의 유형과 사회변화」(동양사학회, 『역사와 도시』), 서울대학교 동아문화연구소, 『중국 역대 도시구조와 사회변화』, 서울대학교 출판부, 2003.
68) 김광옥, 「일본 '근세' 도시의 성립과 전개」(동양사학회, 『역사와 도시』), 오이시 마나부, 「일본 근세도시 에도의 기능과 성격」, 『도시인문학연구』, 제1집, 2009.
69) 지방에서 치러진 향시에 합격하여 수도에서 행해지는 회시를 칠 자격을 갖춘 자.

김형열

동의대학교 사학과 교수
부산대학교 사학과 졸업
난징대학 역사계 박사

주요 저역서

『도시화와 사회갈등의 역사』
『동아시아사의 인물과 라이벌』
『중국 근현대 주요인물 연구』
『처음 읽는 동아시아사 1』
『동아시아 교류와 문화변용』
『주은래와 등영초』

동아시아사 강의

1판 1쇄 발행 _ 2019년 10월 20일
1판 2쇄 발행 _ 2021년 2월 28일

저 자 • 김 형 열
발 행 인 • 정 현 걸
발 행 • 신 아 사
인 쇄 • 대명프린팅
출판등록 • 1956년 1월 5일 (제9-52호)
주 소 • 서울시 은평구 통일로 59길 4(2F)
전 화 • 02)382-6411 · 팩스 02)382-6401
홈페이지 • www.shinasa.co.kr
E-MAIL • shinasa@daum.net

ISBN 978-89-8396-368-0 (93910)

정가 14,000원